DCG 6

EN FICHES ET EN SCHÉMAS

Collection dirigée par Mohamed-Ali Khaldi

La finance d'entreprise

Mohamed-Ali Khaldi
Abdelbasset Sabir

ellipses

Retrouvez tous les ouvrages de la collection sur
www.editions-ellipses.fr

ISBN 9782340-058514

8/10 rue la Quintinie 75015 Paris

www.editions-ellipses.fr

Collection Le DCG en Fiches & en Schémas

La nouvelle réforme de DCG met l'accent sur l'acquisition des compétences techniques et les capacités d'analyse.
Le nouveau programme de DCG doit être mieux adapté aux besoins des cabinets et du marché du travail. Il est structuré autour de 4 parcours de 3 ou 4 UE chacun.
– Le droit des affaires ;
– La gestion comptable et financière ;
– L'analyse économique et managériale ;
– La communication et l'environnement numérique.
Les livres de notre collection ont pour ambition de donner aux étudiants le goût d'apprendre et surtout de maîtriser les concepts à travers des exemples améliorant la compréhension du programme et de faire le lien entre la théorie et la pratique.

Cette collection, conforme à cette nouvelle réforme, est conçue pour vous préparer efficacement à mieux réussir le DCG.

Pour chaque thème :
– un schéma pour suivre la progression ;
– un cours clair et bien structuré ;
– une synthèse pour retenir l'essentiel ;
– des cas corrigés et commentés pour s'entraîner et s'autoévaluer ;
Tous les auteur(e)s de cette collection sont très expérimenté(e)s, chacun(e) enseigne en DCG et/ou en DSCG et membre du jury.

M.A. KHALDI
Directeur de la collection
Maître de conférences en Master CCA Université Paris Descartes

Des conseils pour réussir l'UE6

L'épreuve

La finance d'entreprise est une épreuve écrite portant sur 3 dossiers, d'une durée de 3 heures, coefficient 1 et le nombre de crédits européens est de 14.

Objectifs de l'épreuve

- Vérifier la capacité des candidats à maîtriser les concepts pour mener un diagnostic financier à travers l'analyse de compte de résultat, de bilan et des tableaux de flux ;
- Connaître l'intérêt et les méthodes d'évaluation d'un projet d'investissement et son financement
- Maîtriser les mécanismes concernant la gestion de la trésorerie et du risque de change.
- Maîtriser le commentaire et l'analyse des résultats et surtout apprendre à rendre compte de façon claire et précise ;
- La rénovation met l'accent sur l'acquisition des compétences techniques et celles relevant de l'analyse.

Préparation à l'épreuve

La préparation à l'épreuve « finance d'entreprise » exige une connaissance des concepts qui sont développés dans ce manuel. Elle doit être sérieuse et rigoureuse.
Il faut un entraînement régulier à la résolution des cas simples, des exercices plus complexes et des annales afin de vous permettre une bonne acquisition des connaissances et un recul par rapport aux outils manipulés.
Dans ce manuel, il y a des exemples simples pour mieux comprendre et maîtriser les concepts, des cas à la fin de chaque chapitre et les corrigés pour mieux s'entraîner.
Pour bien réussir, il faut :

- Savoir rédiger des phrases claires et bien structurées sans fautes d'orthographe ;
- Utiliser le vocabulaire approprié ;
- Être vigilant aux verbes utilisés
- Prendre de recul pour bien maîtriser les concepts et commenter et analyser les résultats.

Le jour de l'épreuve

- – Lire le sujet en intégralité pour repérer les thèmes à traiter en premier et faire votre stratégie et surtout pour identifier le fil conducteur et les principales difficultés. Les réponses sont souvent dans les questions suivantes ;
- – Bien gérer le temps, le barème renseigne sur le temps à consacrer à chaque dossier ;
- – Repérer les annexes inhérentes à chaque dossier pour ne pas perdre votre temps ;
- – Traiter chaque dossier sur une feuille séparée pour pouvoir faire des allers-retours d'un dossier à un autre tout en gardant une bonne présentation ;
- – Mettre le numéro de chaque question sur votre feuille. S'il y a une question à traiter sur l'annexe, il faut mette le numéro de la question et vous indiquez voir annexe (A, B, etc.) ;
- – Porter un soin particulier à la présentation de votre copie, à l'écriture, au style et au vocabulaire ;
- – Tous les résultats doivent être commentés.

Enfin, il est important de relire votre copie et bien vérifier les annexes à rendre avec la copie.

Bon courage et bonne chance

Thèmes des sujets des sessions 2008 à 2021

Années	Thèmes
2008	Dossier 1 (11,5 points) : Diagnostic financier : SIG, EBE, ETE, Tableau de flux. Dossier 2 (5,5 points) : Plan de financement : Construction, Emprunt, Ajustement. Dossier 3 (3 points) : Le marché obligataire : Coupon, Variation du cours, valeur théorique
2009	Dossier 1 (8 points) : Diagnostic financier : SIG, Retraitements, Tableau de flux CDB. Dossier 2 (8 points) : Investissement : BFR normatif, FNT, VAN. Dossier 3 (4 points) : Gestion du risque de change : Position de change, Change à terme, Option.
2010	Dossier 1 (6 points) : Diagnostic financier : Tableau de flux OEC, MBA, VA, EBE, RE. Dossier 2 (9 points) : Étude du couple Rentabilité, Risque : Rentabilité économique, Rentabilité financière, Risque. Dossier 3 (5 points) : Gestion de la trésorerie : Escompte, Découvert, Affacturage.
2011	Dossier 1 (10 points) : Diagnostic financier : Profitabilité, Solvabilité, Rentabilité, Tableau de flux OEC, Ratios. Dossier 2 (6 points) : Investissement et Financement : FNT, VAN, IP, Coût de l'emprunt. Dossier 3 (4 points) : Rentabilité, Risque d'un portefeuille-titres : Efficience du marché, PER.
2012	Dossier 1 (11 points) : Diagnostic financier : Tableau de financement PCG/CDB, Ratios. Dossier 2 (6 points) : Projet d'investissement : SR, MS, LO, VAN. Dossier 3 (3 points) : Gestion du risque de change : Position de change, Risque, Option.
2013	Dossier 1 (11 points) : Diagnostic financier : Marge, Production, VA, EBE, CAF, Ratios, Tableau de flux OEC. Dossier 2 (5 points) : Projet de développement : BFRE, Rentabilité économique, BFR normatif. Dossier 3 (4 points) : Choix de financement : Coût de revient de l'emprunt/crédit-bail,
2014	Dossier 1 (10 points) : Diagnostic financier : CAF, Retraitements, Risque, Tableau de flux OEC, ETE. Dossier 2 (6 points) : Projet d'investissement : FNT, VAN, Moyens de financement, Effet de levier. Dossier 3 (4 points) : Gestion du portefeuille-titres : Risque global, PER, OAT.
2015	Dossier 1 (9 points) : Diagnostic financier : Tableau de flux OEC, RBE, Ratios. Dossier 2 (5,5 points) : Structure financière et marché financier : Structure optimale, Rentabilité économique, Valeur de l'entreprise, Introduction en bourse, AMF, Notation financière, Taux de rendement actuariel. Dossier 3 (5,5 points) : Gestion de la trésorerie : budget de trésorerie, Moyens de financement, Taux réel de financement.
2016	Dossier 1 (11 points) : Diagnostic financier : VA, EBE, CAF, Tableau de flux OEC. Dossier 2 (6 points) : Plan de financement, BFR normatif Dossier 3 (3 points) : Gestion du risque de change : Couverture, Risque.
2017	Dossier 1 (10 points) : Diagnostic financier : Ratios, tableau de financement PCG. Dossier 2 (6 points) : Risque et rentabilité : Résultat différentiel, Seuil de rentabilité, Rentabilité économique, rentabilité financière, effet de levier. Dossier 3 (4 points) : Plan de trésorerie : Utilité, équilibrage.
2018	Dossier 1 (11 points) : Diagnostic financier : MBA, CAF, Tableau de financement OEC. Dossier 2 (6 points) : Projet d'investissement : CAF, FNT, VAN, IP, TRI, financement. Dossier 3 (3 points) : Gestion des excédents de trésorerie : optimisation du placement financier, rentabilité moyenne, écart-type.

Années	Thèmes
2019	Dossier 1 (11 points) : Diagnostic financier : Analyse de tableau de financement, BFRE. Dossier 2 (6 points) : Plan de financement : remboursement d'emprunt, CAF, commentaire. Dossier 3 (3 points) : marché obligataire : prix d'achat d'obligation, intérêt d'avoir des obligations à taux fixe.
2020	Dossier 1 (11 points) : Analyse financière et mesure de risque : SIG, ratios, bilan financier. Dossier 2 (4,5 points) : Gestion de la trésorerie : budget de trésorerie. Dossier 3 (4,5 points) : Gestion du besoin en fonds de roulement d'exploitation : besoin en fonds de roulement normatif.
2021	Dossier 1 (11 points) : Diagnostic financier : SIG, Tableau de financement, note de synthèse. Dossier 2 (5 points) : CAF, coût du capital, VAN, critères non financiers. **Dossier au choix** Dossier 4 (4 points) : Financement : endettement, crédit-bail. Dossier 5 (4 points) : Rentabilité et risque d'un portefeuille d'actions

Introduction

La finance d'entreprise (*Corporate finance*) est une science de gestion de l'entreprise, consistant à savoir comment une entité respecte les règles immuables telles que la création de valeur où la rentabilité des investissements doit être supérieure aux coûts des ressources.

Les outils comme l'analyse financière permettent de vérifier que les équilibres garantissant la pérennité de l'entreprise sont respectés.

L'analyse financière présente l'aspect monétaire des actes de gestion, ainsi que les implications financières des différents aspects de la vie économique de l'entreprise.

L'analyse financière consiste à apprécier le plus objectivement possible la performance économique et financière à partir des comptes ou états financiers composés d'un bilan, d'un compte de résultat et d'une annexe.

Il est indispensable de savoir lire ces états financiers. Les comptes permettent d'analyser la rentabilité, la solvabilité et le patrimoine de l'entreprise.

Les états financiers comprennent trois éléments indissociables (art. L.123-13 du code du commerce) :

- le bilan qui présente l'état du patrimoine de la société à une date donnée ;
- le compte de résultat qui analyse les bénéfices ou les pertes annuelles ;
- l'annexe dont l'objet est de fournir des informations complémentaires sur le bilan et le compte de résultat, en particulier lorsque ceux-ci ne suffisent pas à donner une image fidèle de la situation financière.

Ces états doivent obligatoirement être déposés au greffe du tribunal de commerce

Tous les responsables d'entreprise soulignent l'incertitude et la difficulté de la prévision face à la situation économique actuelle.

Dans un tel contexte il est indispensable pour les entreprises de connaître leurs assises économiques et financières.

I. L'analyse financière pour qui et pourquoi ?

Les objectifs et les questions sont différents selon la personne concernée par l'analyse. Les utilisateurs de l'analyse financière sont :

Les dirigeants, pour eux, l'analyse financière est un outil indispensable à tous les stades du processus de décision.

- C'est est un moyen d'éclairer la direction dans la définition de la politique générale de l'entreprise. Le dirigeant doit, en effet, connaître la situation présente avant d'engager l'entité dans de nouvelles voies.

- Elle doit donner aussi la possibilité de se situer par rapport aux entreprises du même secteur et à l'environnement.
- Les pourvoyeurs de fonds (les banques et établissements de crédit) ont une approche différente. Ils décident, grâce à l'analyse financière, de l'octroi de prêts en fonction de leur opinion sur la santé de l'entreprise ;
- Les associés (actionnaires) y recherchent le niveau de rentabilité de leurs placements et l'étude du risque qu'ils comportent ;
- Les salariés qui souhaitent obtenir une pérennité de leur emploi ;
- Les fournisseurs cherchent à établir le niveau de risque de voir leurs créances impayées à l'échéance.
- Le commissaire aux comptes, qui doit certifier que les comptes annuels sont sincères, réguliers et donnent une image fidèle de la situation.

II. Les principaux objectifs de l'analyse financière

L'analyse financière peut se définir comme un **ensemble d'instruments** et de **méthodes de diagnostic** qui visent à énoncer une appréciation concernant la situation financière d'une entité.
Le champ d'application de l'analyse financière se concentre sur les domaines suivants :
- Amélioration de la gestion de l'entreprise à partir d'un diagnostic interne ou externe précis ;
- Contribution à la prise de décision ;
- Estimation de la valeur d'une entreprise ;
- **Étude d'une entreprise (concurrent, partenaire, etc.) sur le plan de sa gestion, de sa solvabilité ou de sa rentabilité.**

III. L'analyse financière prospective

Le gestionnaire financier cherchera à établir un système prévisionnel cohérent pour l'ensemble de la période future envisagée. L'analyse permettra de déterminer les besoins de financement, les choix des moyens de financement, ainsi que de définir une politique de crédit à l'égard des clients, etc.
L'analyse financière est aussi un moyen de juger si les effets des décisions du dirigeant **concourent ou non à la réalisation des objectifs fondamentaux** de l'entreprise.
C'est alors un moyen de contrôle et de détection des dysfonctionnements possibles
Elle autorise à porter un jugement sur l'efficacité des décisions prises et sur l'aptitude des dirigeants à combiner le couple rentabilité/risque

IV. L'approche

Pour formuler un jugement relatif à la situation et aux performances de l'organisation étudiée l'analyste met en œuvre des démarches d'investigation concernant :

- le financement de l'entreprise étudiée : nature et composition des ressources, coûts, risques financiers induits ;
- l'emploi des fonds : nature et structure, niveau de variabilité des résultats dégagés, risques économiques encourus ;
- l'ajustement entre les ressources et les emplois. Cet ajustement, qui constitue un point clé de l'analyse. L'activité de l'entreprise est caractérisée par la superposition de cycles de déroulement des opérations d'exploitation, d'investissement et de financement.

Dans cette perspective la question centrale concerne la mise en cohérence de ces différents cycles et de leurs incidences financières

Fiche 1

L'analyse du compte du résultat

Schéma de synthèse

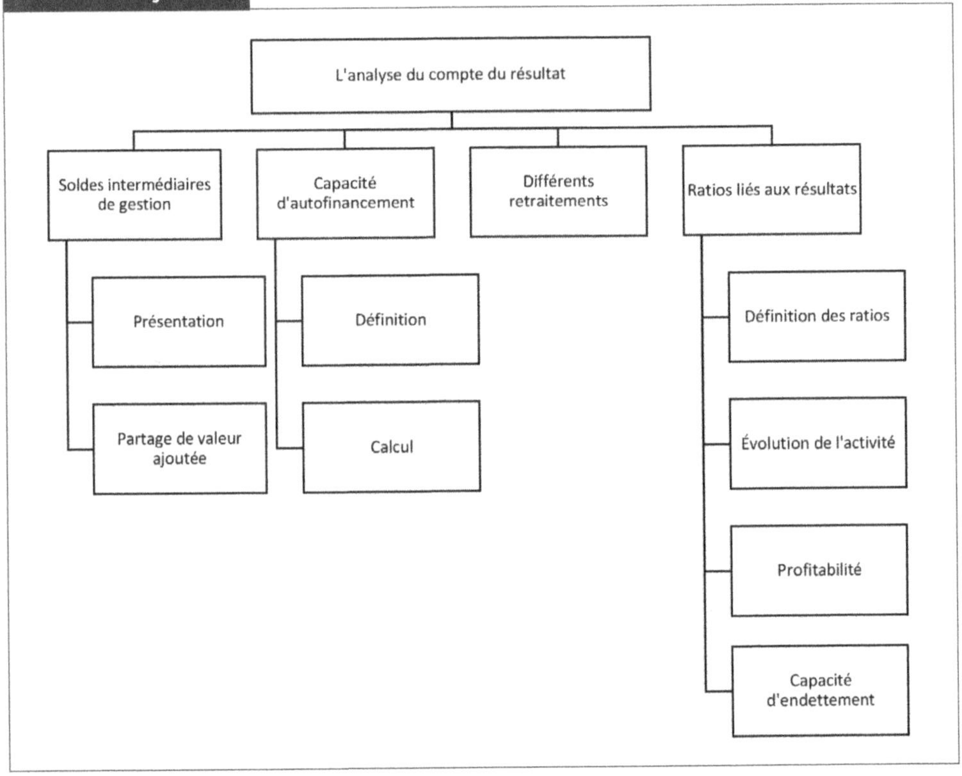

Le compte de résultat tel qu'il est présenté par le Plan Comptable se révèle insuffisant pour expliquer la formation du résultat net. Il existe plusieurs méthodes d'analyse.

I. Soldes intermédiaires de gestion (SIG)

1. Présentation

Il s'agit d'un découpage du compte de résultat en soldes significatifs expliquant le résultat net. Ces soldes sont au nombre de 8.

Les soldes intermédiaires du plan comptable peuvent se présenter sous forme de tableau de la façon suivante.

Éléments	Explication
Ventes de marchandises – Coût d'achat des marchandises vendues	• Coût d'achat des marchandises vendues = Achats nets + frais (+ ou –) variation stock (6037)
= **Marge commerciale**	Marge commerciale : elle mesure la performance commerciale de l'entreprise. Elle concerne les entreprises commerciales et/ou les entreprises ayant une activité de négoce. On peut calculer le taux de marge commerciale qui est égal à : $\frac{\text{marge commerciale}}{\text{vente de marchandises}} \times 100$ Ce taux de marge va nous permettre de comparer les entreprises d'un même secteur.
Production vendue + production stockée + production immobilisée	
= **Production de l'exercice**	Production de l'exercice : elle ne concerne que les entreprises industrielles et prestataires de services. On peut calculer le taux de croissance : $\frac{PN - PN-1}{PN-1} \times 100$ La production de l'exercice mesure en valeur tout ce qui a été produit par l'entreprise.
Marge commerciale + Production de l'exercice – consommation en provenance des tiers	Consommation en provenance de tiers : 60, 61 et 62 (sauf 607,6097 et 6037)
= **Valeur ajoutée**	La VA mesure la richesse créée par l'entreprise du fait de ses opérations d'exploitation. Elle permet de mesurer la croissance de l'entreprise. La valeur ajoutée détermine le poids économique de l'entreprise. Plus la valeur ajoutée est élevée, plus l'entreprise est indépendante de l'extérieur.
Valeur ajoutée + Subvention d'exploitation – Impôts, taxes et versements assimilés – Charges de personnel	EBE représente les ressources potentielles de trésorerie générées par les opérations d'exploitation (indépendamment de la politique fiscale et financière de l'entreprise). C'est un flux de trésorerie potentielle issu des opérations d'exploitation. L'EBE peut être assimilé à une capacité d'autofinancement d'exploitation. Si EBE négatif il s'agit d'un IBE (insuffisance)
= **Excédent brut d'exploitation**	
Excédent brut d'exploitation + reprises et transferts de charge d'exploitation + Autres produits – Dotations aux amortissements – Autres charges	

Éléments	Explication
= **Résultat d'exploitation**	Résultat d'exploitation : traduit la performance économique de l'entreprise. C'est un indicateur de rentabilité. À partir de ce résultat, il est possible de calculer le taux de rentabilité économique : rentabilité économique = $\frac{\text{REX}}{\text{actif économique}} \times 100$
Résultat d'exploitation ± Quote-part de résultat sur opérations faites en commun + produits financiers – Charges financières	
= **Résultat courant avant impôts**	C'est le résultat d'exploitation corrigé de la politique financière de l'entreprise. Sa comparaison avec le résultat d'exploitation montre les incidences de la politique financière. Les charges d'intérêts absorbe-t-elle le résultat d'exploitation, ou, au contraire, les produits financiers viennent compenser un résultat faible ?
Résultat courant avant impôts ± Résultat exceptionnel – Participation des salariés – Impôt sur les bénéfices	Résultat exceptionnel : comme son nom l'indique, c'est le résultat généré par les opérations occasionnelles, inhabituelles, extraordinaires de l'entreprise. Il permet de déterminer les plus ou moins-values de l'entreprise.
= **Résultat de l'exercice**	Il traduit la politique générale de l'entreprise. C'est ce résultat qui sera soit distribué, soit mis en réserve, soit les deux.
Calcul des +/– values	La dernière ligne du tableau n'est pas un solde. Ce n'est qu'un élément explicatif du résultat exceptionnel (cf. opérations en capital dans les produits et charges exceptionnelles).

2. Partage de la valeur ajoutée

Valeur ajoutée (VA) mesure l'apport effectué par l'entreprise c'est-à-dire son personnel et ses équipements. C'est le reflet de la structure de l'entreprise et ses méthodes d'exploitation. Elle va permettre de rémunérer les différents partenaires de l'entreprise. Les partenaires de l'entreprise et On peut calculer le poids grâce au rapport de ces différents éléments par la valeur ajoutée.

Éléments	Part	Poids en %
État	Impôts, Taxes, Versements Assimilés (ITVA) et impôt sur les bénéfices ;	
Personnel	Salaires, cotisations (charges de personnel) et participations	
Prêteurs	Charges d'intérêts	
Associés	Dividendes	
Entreprise	Autofinancement.	
Total VA		

II. Capacité d'autofinancement (CAF)

1. Définition

La CAF est l'aptitude de l'entreprise à disposer par ses propres moyens de ressources pour investir et rémunérer les capitaux (sans tenir compte de tout apport extérieur : augmentation de capital, emprunt, etc.). La CAF finance les investissements de croissance et de remplacement.

2. Calcul

A. Le PCG préconise la méthode soustractive à partir de l'EBE

EBE + **transferts de charges** + Autres produits d'exploitation (75) – Autres charges d'exploitation (65) +/– Quote-part des opé faites en commun + Produits financiers encaissables (76) – Charges financières décaissables (66) + produits exceptionnels encaissables 771,778) – Charges exceptionnelles décaissables (671,678) – Participation des salariés aux résultats (691) –Impôts sur les bénéfices (695)	
= **CAF**	

B. À partir du résultat net (méthode additive)

On peut aussi la calculer à partir du résultat de l'exercice en réintégrant les charges calculées et en déduisant les produits calculés.

Résultat de l'exercice + Dotations aux amortissements, dépréciations et provisions (681, 686, 687). – Reprises sur amortissements, dépréciations et provisions (781, 786, 787). + Valeurs comptables des éléments d'actif cédés (675) – Produits des cessions d'éléments d'actif (775) – Quote-part de subvention d'investissement virée au compte résultat	
= **CAF**	

L'intérêt du calcul de la CAF réside dans sa comparaison avec l'endettement de l'entreprise cf. capacité d'endettement
La CAF est la part de la valeur ajoutée captée par l'entreprise et ses associés.

Autofinancement = CAF – dividendes

III. Différents retraitements

Des variantes de l'analyse des produits et des charges sont possibles. Elles permettent d'obtenir des SIG économiquement plus significatifs, permettant de mieux approcher la réalité de l'entreprise et d'effectuer des comparaisons interentreprises.
On détermine une VA aux coûts des facteurs. La VA est définie comme la somme des coûts des facteurs de production (capital et travail).
Le passage de la VA PCG aux coûts de facteurs nécessite des retraitements au niveau de l'EBE et du résultat d'exploitation.
Redevances de crédit-bail et de location financière : Liées au financement des investissements productifs et donc représentent un coût du capital technique. Le retraitement consiste à ventiler les redevances annuelles en deux parties :

- l'une correspondant à une dotation aux amortissements : L'équivalent de la DAP qu'aurait due pratiquer l'entreprise si elle avait été propriétaire
- l'autre à des charges financières : La charge d'intérêt qu'aurait dû supporter l'entreprise si elle avait contractée un emprunt

  En définitive, on déduira la redevance crédit-bail de la consommation en provenance des tiers et on réintégrera une partie en DAP et une autre en charges financières.

Le fondement de ce retraitement est de considérer que l'entreprise est propriétaire des biens acquis par crédit-bail (ce qui permet de mieux comparer les entreprises entre elles)
Personnel intérimaire et participation des salariés : ces deux postes sont considérés comme des charges de personnel car elles correspondent au coût du facteur travail.
La capacité d'autofinancement retraitée = CAF PCG + Dotations amortissements CBE : elle exprime un flux potentiel de trésorerie sécrété à partir de l'ensemble des opérations de l'entreprise.
Elle ne constitue pas, en soi, un indicateur de performance et de rentabilité.
Son niveau dépend, dans une large mesure, de l'arbitrage opéré entre le recours à des ressources propres et l'endettement, et donc d'un choix politique déterminant la structure financière de l'entreprise.
La capacité d'autofinancement conduit naturellement au calcul de l'autofinancement, par déduction des dividendes mis en distribution qui correspondent à la rémunération des capitaux propres.

Exemple

Dans les autres achats et charges externes du compte de résultat de la société « Bienvue », figure un montant de 1 000 K€.
On a notamment :
- Personnel extérieur : 80 K€
- Redevances crédit-bail : 150 K€. Elle correspond à un matériel d'une valeur de 500 K€, amortissable sur 5 ans

On déduira des consommations en provenance des tiers les 80 + 150 K€ ; puis on réintégrera 80 K€ dans charges de personnel et on ventilera les 150 K€ :
- DADP = 500/5 = 100 K€
- Charges d'intérêt = 150 – 100 = 50 K€

IV. Ratios liés aux résultats

1. Définition des ratios

Les ratios sont des rapports mettant en relation deux grandeurs homogènes liées par une logique économique, afin d'en tirer des indications de tendance.
Pour comprendre et expliquer un ratio, il convient de rechercher le lien économique entre deux grandeurs homogènes.
L'étude des ratios permet de suivre et de mesurer l'évolution des performances économiques et financières de l'entreprise mais aussi d'effectuer des comparaisons externes avec d'autres entreprises du secteur.
Cependant leur élaboration est subjective : selon les parties prenantes, les entreprises, les banquiers ou les actionnaires, des ratios différents peuvent être calculés pour l'analyse d'un même problème.
Pour analyser la performance d'une entreprise à partir des états financiers, il est utile de calculer un ensemble de ratios qui pourront être classés en quatre groupes : les ratios d'activité, les ratios de rentabilité, les ratios de liquidité et les ratios de structure financière.

2. Évolution de l'activité

L'activité est plus large que l'exploitation. Elle intègre des éléments hors exploitation

Nature	Formules	Interprétations
Taux de croissance du chiffre d'affaires HT	$\frac{CA_n - CA_{n-1}}{CA_{n-1}}$	L'évolution du CA permet de mesurer le taux de croissance de l'entreprise.
Taux de croissance de la valeur ajoutée	$\frac{VA_n - VA_{n-1}}{VA_{n-1}}$	L'évolution de la VA est également un indicateur de la croissance de richesse générée par l'entreprise.

Nature	Formules	Interprétations
Taux d'intégration	Valeur ajoutée/ Chiffre d'affaires HT	Il mesure le taux d'intégration de l'entreprise dans le processus de production ainsi que le poids des charges externes.

3. Profitabilité

Les ratios de rentabilité mettent en relation les résultats sur plusieurs niveaux.

Nature	Formules	Interprétations
Taux de croissance du résultat net	$\frac{R_n - R_{n-1}}{R_{n-1}}$	L'évolution du résultat net permet de mesurer l'évolution de la rentabilité de l'entreprise.
Taux de marge nette	Résultat net/ Chiffre d'affaires HT	Il mesure la capacité d'une entreprise à générer du résultat net à partir du chiffre d'affaires.
Taux de marge commerciale	Marge commerciale/ Ventes de marchandises HT	Ratio s'appliquant uniquement aux entreprises commerciales et permet de le comparer avec celui des entreprises du même secteur
Taux de marge brute	EBE/Chiffre d'affaires HT	Il mesure la capacité de l'entreprise à générer une rentabilité d'exploitation à partir du chiffre d'affaires. EBE est indépendant de la politique financière et fiscale.)
Rentabilité financière	Résultat net/ Capitaux propres	Il mesure l'aptitude de l'entreprise à rentabiliser les fonds apportés par les associés.il représente le taux de rentabilité exigé par les actionnaires

4. Capacité d'endettement

Dettes financières/CAF, montre dans quelle mesure la CAF est suffisante pour financer le remboursement des dettes financières. Les banques exigent que ce ratio soit < 3 ans.
Autonomie financière = Dettes financières/Capitaux propres

Ce qu'il faut retenir

- Le compte de résultat fait apparaître la variation de richesse de l'entreprise pour une période donnée.
- L'analyse du compte de résultat a pour but de mesurer l'évolution de l'activité et de la profitabilité.
- Les SIG : calcul consistant à retrouver le résultat de l'exercice en faisant apparaître plusieurs soldes significatifs et utiles pour le diagnostic financier
- Le calcul des SIG suppose une bonne connaissance du compte de résultat.
- Des retraitements ont été apportés au calcul de certains soldes.
- L'objectif est double :
  - approcher la réalité économique de l'entreprise
  - faciliter les comparaisons entre entreprises ayant opéré des choix différents (appel au personnel intérimaire, crédit-bail.
- Être capable d'analyser dans le temps les différents soldes et s'assurer de la cohérence des résultats avec le secteur et/ou normes.
- La CAF est l'aptitude de l'entreprise à disposer par ses propres moyens de ressources pour investir et rémunérer les capitaux (sans tenir compte de tout apport extérieur : augmentation de capital, emprunt, etc.).
- Elle peut être calculée de deux façons :
  - À partir de résultat net ;
  - À partir de l'excédent brut d'exploitation.

Cas Rabosse

Document 1 **compte résultat de l'exercice N de la société en €**

Charges		Produits	
Charges d'exploitation		**Produits d'exploitation**	
Achats de marchandises	160 000	Ventes de marchandises	200 000
Variation des stocks	20 000	Production vendue	4 089 350
Achats matières premières	715 000	Production stockée	210 000
Variation des stocks MP	(40 000)	Production immobilisée	310 000
Autres achats et charges externes	1 587 300	Subvention	15 000
Impôts, taxes et versements assimilés	135 000	Reprise d'exploitation	80 000
Charges de personnel	2 092 000	Autres produits	170 000
DAP d'exploitation	173 500		
Autres charges	10 000		
Total 1	4 852 800	**Total 1**	5 074 350
Charges financières		**Produits financiers**	
DAP financières	16 500	Autres intérêts et produits assimilés	45 000
Intérêts et charges assimilées	51 500		
Total II	68 000	**Total II**	45 000
Charges exceptionnelles		**Produits exceptionnels**	
Sur opérations de gestion	2 000	Sur opérations de gestion	
Sur opérations en capital		Sur opérations en capital	
Valeurs comptables des éléments d'actif cédés	35 000	Produits des cessions	40 000
DAP exceptionnelles		RAP exceptionnelles	
Total III	37 000	**Total III**	40 000
Impôts sur les bénéfices (IV)	105 000		
Solde créditeur = bénéfice	96 550		
Total général (I + II + III + IV)	**5 159 350**	**Total des produits (I + II + III)**	**5 159 350**

Pour réaliser cette mission, à l'aide de document 1, vous pouvez :

1. Complétez le tableau des soldes intermédiaires de gestion du PCG
2. S'agit-il d'une société de négoce ou de production. Justifiez votre réponse.
3. Expliquez la valeur ajoutée et l'excédent brut d'exploitation

Solution

1. SIG

Soldes		Montant
Ventes de marchandises – Coût d'achat des marchandises vendues		200 000 –180 000
= Marge commerciale		20 000
Production vendue + production stockée + production immobilisée		4 089 350 210 000 310 000
= Production de l'exercice		4 609 350
Marge commerciale + Production de l'exercice – Consommation en provenance de tiers Achats matières premières Variation de stock Autres achats	 715 000 –40 000 1 587 300	20 000 4 609 350 –2 262 300
= Valeur ajoutée		2 367 050
Valeur ajoutée + Subvention d'exploitation – Impôts, taxes et versements assimilés – Charges de personnel		2 367 050 15 000 –135 000 –2 092 000
= Excédent brut d'exploitation		155 050
Excédent brut d'exploitation + reprises et transferts de charge d'exploitation + Autres produits – Dotations aux amortissements – Autres charges		155 050 80 000 170 000 –173 500 –10 000
= Résultat d'exploitation		221 550
Résultat d'exploitation ± Quote-part de résultat sur opérations faites en commun + produits financiers – Charges financières		221 550 45 000 –68 000
= Résultat courant avant impôts		198 550
Produits exceptionnels – Charges exceptionnelles		40 000 –37 000
= Résultat exceptionnel		3 000
Résultat courant avant impôts ± Résultat exceptionnel – Participation des salariés – Impôt sur les bénéfices		198 550 3 000 –105 000
= Résultat de l'exercice		96 550
Produits de cession des éléments d'actif – Valeur comptable des éléments d'actif cédés		40 000 –35 000
= Plus-values sur cession		5 000

2. Calcul de la CAF avec les deux méthodes

1re méthode : à partir de l'EBE

EBE + Autres produits d'exploitation (75) + Produits financiers encaissables (76) + Produits exceptionnels encaissables 771,778) – Autres charges d'exploitation (65) – Charges financières décaissables (66) – Charges exceptionnelles décaissables (671,678) – Participation des salariés aux résultats (691) – Impôts sur les bénéfices (695)	155 050 170 000 45 000 –10 000 –51 500 –2 000 –105 000
= CAF	201 550

2e méthode : à partir de résultat de l'exercice

Résultat de l'exercice – Reprises sur amortissements, dépréciations et provisions (781, 786, 787). – Produits des cessions d'éléments d'actif (775) + Dotations aux amortissements, dépréciations et provisions (681, 686, 687). + Valeurs comptables des éléments d'actif cédés (675) – Quote-part de subvention d'investissement virée au compte résultat	96 550 –80 000 –40 000 190 000 35 000
= CAF	201 550

3. Activité et justification

Il s'agit d'une entreprise de production ayant une activité de négoce. La production de l'exercice représente 95,84 % du CA, alors que la marge commerciale ne représente que 4,16 %.

Explication de la VA et de l'EBE

La valeur ajoutée et la richesse créée par l'entreprise. Elle rend compte de l'efficacité des moyens d'exploitation de l'entreprise.

L'excédent brut d'exploitation représente le résultat de l'entreprise indépendamment de sa politique fiscale et financière. Il n'est pas influencé par le caractère exceptionnel.

L'EBE est un bon indicateur des performances industrielles et commerciales de l'entreprise.

L'analyse du bilan

Fiche 2

Schéma de synthèse

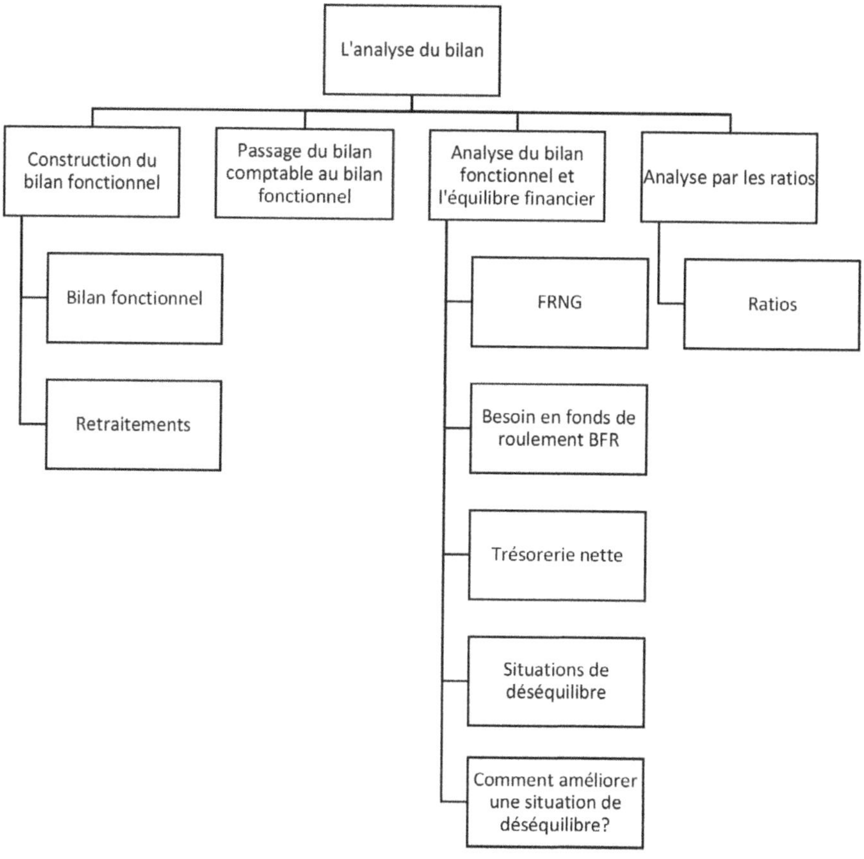

L'analyse fonctionnelle du bilan permet d'analyser le fonctionnement financier de l'entreprise et l'analyse fonctionnelle du résultat permet d'y distinguer des marges et des résultats intermédiaires.

Les contraintes financières pesant sur l'entreprise sont :

– La solvabilité : c'est l'aptitude à assurer à tout moment le paiement des dettes exigées. Une entreprise est solvable si ses actifs permettent de rembourser ses dettes, quant à l'insolvabilité c'est la cessation de paiement ;
– La rentabilité : c'est le complément de la solvabilité, ce critère est une condition nécessaire au maintien de l'équilibre financier.

I. Construction du bilan fonctionnel

1. Bilan fonctionnel

A. Présentation

Le bilan fonctionnel est un instrument d'analyse, sa structure et son continu ne sont définis par aucun texte réglementaire. Ce sont les théories financières et la pratique des analystes financiers qui ont fixé le fond et la forme. Le bilan fonctionnel repose sur la distinction entre les cycles longs et les cycles courts. Il met en évidence le cycle investissement/financement et le cycle d'exploitation. Il permet de calculer le FRNG (Fonds de Roulement Net Global), le BFR (Besoin en Fonds de Roulement) et la trésorerie qui vont permettre pour mesurer l'équilibre financier de la société.
Il met en évidence les mouvements financiers engagés dans les différents cycles d'activité et les emplois et ressources qui en résultent.
Le bilan du PCG représente une image du patrimoine à un instant donné (c'est statique).
L'optique fonctionnelle considère l'entreprise dans une hypothèse de continuité de l'activité qui suppose le renouvellement normal des éléments du bilan.
L'analyse fonctionnelle du bilan repose sur la décomposition des masses du bilan comptable d'après la fonction à laquelle elles se rapportent.

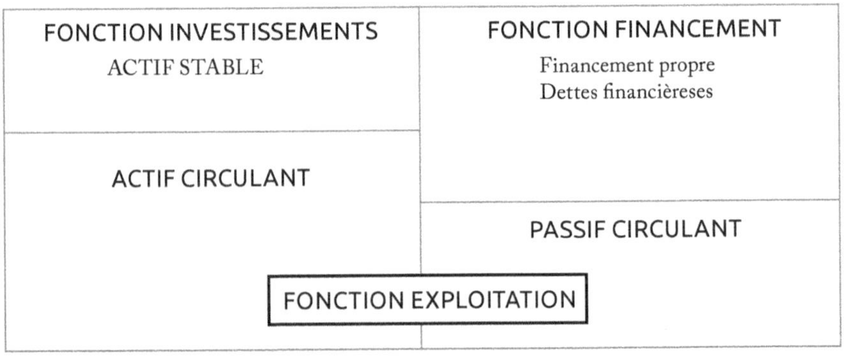

Le schéma ci-dessus fait intervenir trois types d'opérations différentes, les opérations d'investissement (ou de désinvestissement), les opérations d'exploitation et les opérations de financement.
Le bilan fonctionnel correspond à une photographie à un moment donné, du déroulement des différents cycles.

B. Construction

Le bilan fonctionnel est élaboré à partir des valeurs brutes du bilan, avant répartition du résultat.
À l'actif, il y a les emplois stables (immobilisations brutes) et l'actif circulant (montant brut des stocks, créances et disponibilité).

Au passif, les ressources stables (ressources propres : capitaux propres, amortissement, provisions et les dettes financières) et les dettes circulantes (dettes fournisseurs, dettes diverses, CBC et soldes créditeurs des banques).

Actif	Montants	%	Passif	Montants	%
Actif stable ou emplois stables Immobilisations brutes **Total actif stable**			Ressources stables : Financements propres Dettes financières **Total ressources stables**		
Actif circulant : *Actif circulant d'exploitation – stocks – créances-exploitation *Actif circulant hors exploitation-créances-hors-exploitation *Trésorerie-actif **Total actif circulant**			Passif circulant : Dettes d'exploitation Dettes hors-exploitation Trésorerie-passif **Total passif circulant**		
Total général			Total général		

C. Exemple

Soit le bilan comptable (en K€) de la société DCG suivant.

Actif	Brut	A.Prov.	Net	Passif	
Immobilisations incorporelles				Capital social	2600
Frais d'établissement	120	60	60	Réserve légale	20
Fonds commercial	600		600	Autres réserves	180
Immobilisations corporelles				Résultat de l'exercice	200
Terrains	120		120	Total I	**3000**
Constructions	1230	61	1169	Provisions pour risques	55
Installations techniques	515	91	424	**Total II**	**55**
Autres immobilisations corporelles	228	59	169	Emprunts dettes financières (1)	1275
Total I	**2813**	**271**	**2542**	Dettes fournisseurs	1689
Stocks matières 1res	93		93	Dettes fiscales et sociales (2)	863
Stocks de produits finis	2809	322	2487	Dettes sur immobilisations	310
Créances clients	1962	77	1885	**Total III**	**4137**
Autres créances (3)	33		33		
Valeurs mobilières de placement	50		50		
Disponibilités	102		102		
Total II	**5049**	**399**	**4650**		
Total général	**7862**	**670**	**7192**	**Total général**	**7192**

(1) : dont concours bancaires courants : 325

(2) dont dette d'IS : 20

(3) dont hors exploitation : 33

Travail à faire

➥ **Établir le bilan fonctionnel**

Solution

Bilan fonctionnel (en k€) de la société DCG

Actif brut			Passif		
Emplois stables		**2813**	**Ressources stables**		**4675**
Actif immobilisé brut	2813		Capitaux propres Amortissements et provisions Dettes financières stables	3000 725 950	
Actif circulant		**5049**	**Passif circulant**		**3187**
– Actif circulant d'exploitation – Actif circulant hors exploitation – Trésorerie actif	4864 83 102		– Passif circulant d'exploitation – Passif circulant hors exploitation – Trésorerie passif	2532 330 325	
Total		**7862**	**Total**		**7862**

2. Retraitements

Ils permettent de mieux évaluer la réalité économique de l'entreprise et de rendre comparable les calculs relatifs à des entreprises ayant fait des choix économiques ou financiers différents.

A. Au sein du bilan

Les Amortissement et les provisions pour dépréciation sont éliminés de l'actif et sont rajoutés aux ressources propres.

Les amortissements et provisions représentent des capitaux épargnés pour financer le renouvellement des immobilisations ou de possibles dépréciations. À ce titre, ils constituent des ressources de financement.

Ressources propres = capitaux propres + amortissements et provisions

Les concours bancaires courants et soldes créditeurs de banques sont retranchés des dettes financières et ajoutés au passif circulant. Ils constituent le passif de trésorerie.

Au passif, les intérêts courus correspondent à des dettes à court terme hors exploitation. Sont exclus des dettes à long terme, on peut les inclure dans les dettes sur immobilisations.

À l'actif, ils sont dans le poste autres immobilisations financières, il faut les mettre dans les créances à court terme hors exploitation.

B. Hors bilan

Certains éléments ne figurent pas dans le bilan PCG doivent être intégrés dans le bilan fonctionnel :

Les effets escomptés non échus (EENE) sont réintégrés à l'actif circulant dans les créances d'exploitation et aux dettes circulantes dans les concours bancaires courants. Ce retraitement permet une évaluation réaliste du BFRE.

Le crédit-bail : c'est une forme alternative à la solution classique de l'acquisition d'une immobilisation financée par emprunt. Les équipements financés par crédit-bail ne figurent pas à l'actif du bilan comptable puisque l'entreprise utilisatrice n'en est pas juridiquement propriétaire. Il n'y a évidemment pas d'emprunt au passif. Cependant, l'entreprise verse une redevance périodique.

Le bilan fonctionnel montre la réalité économique plutôt que l'apparence juridique. Il intègre l'immobilisation financée par crédit-bail comme s'il s'agissait d'immobilisation acquise et financée par emprunt. Ainsi :

- La valeur d'origine est ajoutée aux emplois stables ;
- L'équivalent des amortissements qui auraient déjà été effectués est réintégré aux ressources propres ;
- L'équivalent de la partie non amortie est réintégré aux dettes financières.

Exemple

La société DCG utilise depuis 3 ans un matériel financé par un contrat de crédit-bail dont les dispositions sont les suivantes :
Valeur du matériel : 560 K€
Durée du contrat : 5 ans
Valeur du matériel en fin du contrat : 110 K€
Le montant des effets escomptés non échus est de 30 K€

Travail à faire :

➥ **Modifiez le bilan fonctionnel précédent en tenant compte de ces éléments**

Solution

Crédit-bail :

Annuité d'amortissement linéaire représentant la dépréciation annuelle du matériel : (560 – 110)/5 = 90 K€

On intègre

Aux emplois stables : 560 K€
Aux ressources stables 560 K€
Dont amortissement : 90 × 3 = 270 K€
Dont dettes financières : 560 – 270 = 290 K€

Effets escomptés non échus :

On ajoute 30 K€ à l'actif circulant dans les créances d'exploitation et 30 K€ aux dettes circulantes dans les soldes créditeurs de banques.

Le bilan fonctionnel (en K€) est le suivant.

Actif brut			Passif		
Emplois stables		**3373**	**Ressources stables**		**5235**
Actif immobilisé brut	3373		Capitaux propres Amortissements et provisions Dettes financières stables	3000 995 1240	
Actif circulant		**5079**	**Passif circulant**		**3217**
– Actif circulant d'exploitation – Actif circulant hors exploitation – Trésorerie actif	4894 83 102		– Passif circulant d'exploitation – Passif circulant hors exploitation – Trésorerie passif	2532 330 355	
Total		**8452**	**Total**		**8452**

II. Passage du bilan comptable au bilan fonctionnel

Le passage du bilan comptable au bilan fonctionnel nécessite un certain nombre de retraitements dont les plus importants sont donnés par le tableau suivant :

Tableau des retraitements en vue de l'établissement du bilan fonctionnel

Postes du bilan comptable		Destination dans le bilan fonctionnel
Immobilisations en valeurs brutes	→	Actif stable
Actif circulant : • Stocks **– créances :** • Avances et acomptes versés • Créances clients et effets escomptés non échus • TVA déductible (autres créances exploit) • Créances diverses • Intérêts courus • VMP	→ → → → → →	Actif circulant d'exploitation Créances d'exploitation Créances d'exploitation Créances d'exploitation Créances hors exploitation Créances hors exploitation Créances hors exploitation
Disponibilités (banques, caisse, C.C.P.)	→	Trésorerie active
Comptes de régularisation de l'actif : • Charges constatées d'avance • Charges à répartir sur plusieurs exercices • Primes de remboursement emprunt • Écarts de conversion actif	→ → → →	Créances d'exploit ou hors-exploitation (spécifié) Immobilisations d'exploitation ou hors-exploitation Immobilisations hors exploitation à rattacher aux créances exploitation ou dettes

Capitaux propres : • Capital et réserves • Report et résultat • Amortissements et provisions pour dépréciation	→ → →	Financements (ressources) propres idem + les amortissements et les provisions : (Colonne actif : amortissements et provisions + provisions pour risques et charges)
Dettes : Emprunt (sauf concours bancaires et soldes créditeurs de banques ainsi que les intérêts courus)	→	Ressources financières
Avances et acomptes reçus Dettes fournisseurs et comptes rattachés TVA à décaisser (dettes fiscales et sociales) Dettes envers les associés Dettes sur immobilisations Impôt sur les bénéfices	→ → → → → →	Dettes d'exploitation Dettes d'exploitation Dettes d'exploitation Dettes hors-exploitation Dettes hors-exploitation Dettes hors – exploitation
		Trésorerie passive = Concours bancaires et soldes créditeurs de banque + effets escomptés non échus
		Intérêts courus → dettes hors – exploitation
Comptes de régularisation du passif : Produits constatés d'avance Écarts de conversion passif	 → →	Dettes d'exploit ou hors exploitation à rattacher à sa dette ou créance

Remarque

Les retraitements de crédit-bail :

Montant de l'immobilisation acquise en crédit-bail → immobilisations

Montant amorti → financements propres

Montant restant à amortir → dettes financières

Le montant des redevances affecte le compte de résultat

Les EENE :

Les EENE → Créances d'exploitation et EENE → Trésorerie passive

III. Analyse du bilan fonctionnel et l'équilibre financier

1. FRNG

Dans la conception fonctionnelle du bilan, on considère que l'actif stable brut (immobilisations brutes) doit être financé en priorité par des ressources stables ou durables. La différence entre les ressources stables et les emplois stables est dénommée fonds de roulement net global (FRNG), c'est le montant disponible pour financer l'exploitation. Il est déterminé à partir d'un bilan fonctionnel en valeurs brutes selon le schéma suivant

Actif Durable (Immobilisations brutes)	Financement stable • Financement propre • Dettes financières
FRNG	
Actif circulant	Passif circulant
	BFR

FRNG = ressources stables – emplois stables

Le fonds de roulement est un indicateur de sécurité de l'entreprise. Le FRNG constitue une garantie de liquidité de l'entreprise.

Si FRNG > 0, l'équilibre financier est préservé

Si FRNG < 0, il existe un risque financier important.

2. Besoin en fonds de roulement BFR

Le besoin en fonds de roulement a deux composantes :

– **le BFRE : besoin en fonds de roulement d'exploitation (a)**

– **le BFRHE : besoin en fonds de roulement hors-exploitation (b)**

A. Besoin en fonds de roulement d'exploitation (BFRE)

BFRE = Stocks + créances exploitation – dettes exploitation

Le BFRE est un besoin stable qui est lié au niveau d'activité de l'entreprise. Il dépend de la vitesse de rotation des stocks et des durées des crédits clients et fournisseurs.

- Si dettes d'exploitation > actif circulant d'exploitation, alors on a une ressource d'exploitation (**RFRE**) ;
- Sinon, c'est un besoin (**BFRE**)

Le BFRE a un caractère dual :

- **Une dimension structurelle puisqu'il est le résultat de la nature de l'activité et des conditions d'exploitation.**
- **Une dimension évolutive car il est soumis aux fluctuations (stocks, achat, vente), l'évolution de l'activité et à l'infléchissement dus aux mesures de gestion (pour agir sur l'une ou l'autre de ses composantes).**

Le BFR traduit le besoin en financement de l'entreprise qui est lié à son cycle d'exploitation (achat, production, vente) ; pendant ce cycle d'exploitation il existe un décalage entre les flux réels et les flux financiers et c'est l'existence de ces décalages qui sont à l'origine du BFR.
Il apparaît clairement que plus la durée de stockage est courte + la durée client est courte + la durée fournisseur est longue, mieux sera financé le BFRE.

B. Besoin en fonds de roulement hors-exploitation (BFRHE)

Le BFRHE tient compte des éléments acycliques de l'entreprise, il est issu des opérations de répartition, financement et d'investissement.
BFRHE = Actif circulant hors exploitation – dettes hors-exploitation
Le BFR = BFRE + BFRHE
BFR = Stocks et en cours + créances de l'actif circulant – dettes circulantes
La constitution des stocks, le décalage entre les encaissements et les décaissements créent un besoin de financement qui doit être couvert par le FRNG.
Si le FRNG > BFR, il reste à la disposition de l'entreprise des liquidités. Dans le cas contraire, l'entreprise devra se procurer des fonds pour faire face à ce besoin.

3. Trésorerie nette

La trésorerie nette participe, avec le FRNG, au financement du cycle d'exploitation de l'entreprise.
Trésorerie nette = Trésorerie actif – Trésorerie passif
Trésorerie nette = Trésorerie positive – Trésorerie négative
C'est la résultante du financement du BFR par FRNG
Trésorerie nette = FRNG – BFR
Il existe donc une relation d'équilibre entre FRNG, BFR et TN :
FRNG = BFR + TN
- si FRNG > BFR, l'entreprise dégage des disponibilités et dispose d'une marge de sécurité
- si FRNG < BFR, l'entreprise doit recourir à un endettement financier à court terme.

4. Situations de déséquilibre

A. Existence d'un besoin en fonds de roulement (BFR positif)

BFR > 0	FRNG > 0
TN > 0	

Les ressources stables financent entièrement le BFR et dégagent des disponibilités.

Il convient de rechercher si le montant des disponibilités ne recouvre pas un sous-emploi de capitaux.

<table>
<tr><td rowspan="2">BFR > 0</td><td>FRNG > 0</td></tr>
<tr><td>TN < 0</td></tr>
</table>

Le BFR est financé à la fois par des ressources permanentes et par des découverts bancaires. Cette situation provisoire exige l'appréciation du risque bancaire courant.

B. Existence d'une ressource en fonds de roulement (RFR ou BFR négatif)

1er cas

<table>
<tr><td rowspan="2">TN > 0</td><td>BFR < 0 (RFR)</td></tr>
<tr><td>FRNG > 0</td></tr>
</table>

Les ressources induites par le cycle d'exploitation s'ajoutent à un excédent de ressources permanentes (FRNG) pour dégager un excédent de liquidités important.
Il convient de rechercher si cet excédent ne recouvre pas un sous-emploi de capitaux.

2e cas

<table>
<tr><td>FRNG < 0</td><td rowspan="2">BFR < 0</td></tr>
<tr><td>TN > 0
(RFR)</td></tr>
</table>

Les ressources provenant du cycle d'exploitation RFR financent une partie de l'actif stable et dégagent de la trésorerie. Un renforcement des ressources stables est à envisager.

3e cas

<table>
<tr><td rowspan="2">FRNG < 0</td><td>BFR < 0</td></tr>
<tr><td>TN < 0</td></tr>
</table>

Les ressources procurées par le cycle d'exploitation et les concours bancaires et les soldes créditeurs de banque financent une partie de l'actif stable.
La dépendance financière externe de l'entreprise est grande et la structure des financements est à revoir.

5. Comment améliorer une situation de déséquilibre ?

Deux grands axes :
– augmenter le volume du FRNG ;
– ou/et réduire le BFR.

Pour augmenter le FRNG :
– augmenter les capitaux propres ;
– augmenter les dettes à LT ;
– réduire l'actif stable (cessions d'immobilisations).

Pour réduire le BFR :
– réduire le volume des stocks et des créances ;
– augmenter le volume des dettes sans modifier l'activité pour cela il faut agir sur les délais de rotation :
– augmenter la rotation des stocks ;
– augmenter la rotation des créances (réduire la durée de crédit accordé aux clients) ;
– réduire la rotation des dettes (augmenter la durée du crédit obtenu des fournisseurs).

IV. Analyse par les ratios

1. Ratios

A. Ratios de structure financière

La règle de l'équilibre minimum est mesurée par le ratio de couverture des capitaux investis :
Capitaux stables/(actifs stables + BFRE), ce ratio doit être supérieur à 1 car les actifs stables doivent être financés par des ressources stables.
Ou Couverture des emplois stables = Ressources stables/Emplois stables
La règle de l'endettement maximum est mesurée par le ratio suivant qui doit être inférieur à 1 :
Taux d'endettement à terme = endettement à terme/capitaux propres
Taux d'endettement = Endettement (dettes financières + CBC + EENE)/Ressources propres (Capitaux propres + Amortissements et dépréciations)

B. Ratios de mesure de la liquidité

Les ratios de liquidité mesurent la capacité de l'entreprise à payer ses dettes à court terme.
La liquidité générale est la mesure la plus répandue de la solvabilité à court terme :

$$\frac{\text{Actifs circulants}}{\text{Dettes à court terme}}$$

D'un point de vue bancaire, il est souhaitable qu'elle soit la plus élevée possible, l'idéal étant que l'entreprise détienne des actifs à court terme à un niveau suffisant pour être à tout moment en état d'assurer ses échéances.

Les ratios de liquidité restreinte et immédiate prennent en compte les actifs les plus liquides :

Liquidité restreinte : $\frac{\left(\text{Créances} + \text{disponibilités}\right)}{\text{Dettes à court terme}}$

Liquidité immédiate : $\frac{\text{disponibilités}}{\text{Dettes à court terme}}$

C. Ratios de rotation

Pour expliquer les décalages responsables d'une modification de poids du BFR d'exploitation :

$\frac{\text{BFR}}{\text{CA}}$, on calcule les ratios de rotations.

- Stocks de marchandises
  $$d = \frac{\text{Stock moyen HT (1)}}{\text{Coût d'achat des marchandises vendues}} \times 360$$
- Matières premières
  $$d = \frac{\text{Stock moyen HT}}{\text{Coût d'achat des matières utilisés}} \times 360$$
- Produits en cours
  $$d = \frac{\text{Stock moyen HT (1)}}{\text{Coût de production des encours utilisés}} \times 360$$
- Produits finis
  $$d = \frac{\text{Stock moyen HT (1)}}{\text{Coût de production des produits vendus}} \times 360$$
- Durée moyenne règlement clients :
  $$d = \frac{\text{Clients et comptes rattachés} + \text{EENE}}{\text{Chiffre d'affaires TTC}} \times 360$$
- Durée moyenne règlement fournisseur
  $$d = \frac{\text{Dettes fournisseurs et comptes rattachés (2)}}{\text{Achats TTC} + \text{Services extérieurs TTC}} \times 360$$

(1) Stock moyen = $\frac{\text{Stock initial} + \text{Stock final}}{2}$

(2) Avec créances clients = créances clients + EENE – acomptes et avances reçus
Avec moyenne dettes fournisseurs = dettes fournisseurs – Avances et acomptes versés (dettes sur immobilisations exclues). On peut prendre la moyenne.

Ce qu'il faut retenir

- Le bilan fonctionnel a pour objet de mettre en évidence l'équilibre financier de l'entreprise.
- Le bilan fonctionnel s'établit à partir d'un bilan comptable en valeurs brutes avant répartition du résultat.
- Le bilan fonctionnel est un outil d'information sur le mode de financement de l'actif stable et du cycle d'exploitation.
- Le FRNG (fonds de roulement net global) représente l'excédent des ressources stables sur les emplois de même durée.
- Cet excédent et la trésorerie participent au financement du besoin en fonds de roulement (BFR) né des décalages de paiement.
- Pour l'analyse :
  - FRNG – BFR = trésorerie nette
  - si FRNG > BFR, alors la trésorerie est positive
  - si FRNG < BFR, alors la trésorerie est négative
- En principe le FRNG doit financer le BFRE (sauf sociétés de grande distribution)
- Et on doit comparer dans le temps et dans l'espace, les ratios de structure tels que le financement des immobilisations, indépendance financière par exemple et les délais de rotation

Cas Titis

Dossier 1

Mission

Vous êtes stagiaire et votre maître de stage vous interroge sur des points concernant le bilan et vous demande de lui apporter les éléments de réponse souhaités.

Pour réaliser cette mission, vous devez :

1. Pourquoi les actifs stables doivent être financés par les ressources stables ?
2. Pourquoi les actifs circulants ont besoin d'un financement durable ?
3. Pourquoi les dettes circulantes peuvent constituer une ressource stable ?
4. Comment peut-on réduire le besoin en fonds de roulement d'exploitation ?

Dossier 2

Mission

À partir des documents 1 et 2 vous allez étudier l'équilibre financier de la société TITIS. Pour réaliser cette mission, vous devez :

1. Établir les bilans fonctionnels des années N–1 et N
2. Calculez le FRNG, BFRE, BFRHE et la trésorerie pour les deux exercices ainsi que leurs variations
3. Analysez l'évolution de la structure financière.

Document 1

L'entreprise a acquis des biens en crédit-bail

Un outillage industriel début N–1, valeur 360 000 € amortissable sur 5 ans en linéaire ;

Une machine début N, valeur 300 000 € amortissable sur 4 ans en linéaire ;

Les charges et les produits constatés d'avance concernent l'exploitation, les autres créances et les autres dettes sont relatives au hors exploitation.

Document 2 : Bilans actif au 31/12/N et 31/12/N–1

	Brut	DAP	Net	Brut	DAP	Net
Actif immobilisé						
Frais d'établissement	11493,5	6618,5	4875	11493,5	2493,5	9000
Terrains	517800	438977	517800	500000	404437	500000
Constructions	690875	269570,5	251898	690875	316120,5	286438
Installation T.M.O.I	584062,5	343237,5	314492	493662,5	227297,5	177542
Autres immobilisations	773765		430527,5	658765		431467,5
Immobilisations en cours	51562,5	7000	51562,5	137500	3000	137500
Participations	257000		250000	150000		147000
Total I	2886558,5	1065403,5	1821155	2642296	953348,5	1688947,5
Actif circulant						
Stocks	164195,5		164195,5	121615,5		121615,5
– Mat. 1res –Produits	343147,5		343147,5	179057,5		179057,5
– Marchandises	133278		133278	223591		223591
Créances clients	810303,5	43800	766503,5	745600	46500	699100
Autres créances	66750		66750	84200		84200
VMP	52000		52000	52000		52000
Disponibilités	10400		10400	15600		15600
Charges constatées	42655		42655	36200		36200
Total II	1622729,5	43800	1578929,5		46500	1411364
Charges à répartir sur plusieurs exercices	105000		105000	60000		60000
Total général	4614288	1109203,5	3505084,5	2160462,5	999848,5	3160311,5

Document 2 : Bilans passif au 31/12/N et 31/12/N–1

Passif avant répartition	Exercice N	Exercice N–1
Capitaux propres		
Capital	906250	906250
Réserve légale	90625	90625
Autres réserves	388720	283720
Report à nouveau	5550	4300
Résultat de l'exercice	126320	215000
Subvention d'investissement	80000	
Total I	1597465	1499895
Provisions pour risques et charges		
Provisions pour risques	31850	22000
Provisions pour charges	56210	46210
Total II	88060	68210
Dettes		
Emprunts et dettes auprès des établissements de crédit	533392,5	444185
Dettes fournisseurs et comptes rattachés	862289,5	813847,5
Dettes fiscales et sociales	172841	149363
Dettes sur immobilisations	125850	52150
Autres dettes	121061,5	126900
Produits constatés d'avance	4125	5761
Total III	1819559,5	1592206,5
Total général	3505084,5	3160311,5

Solution

Dossier 1

1. **Pourquoi les actifs stables doivent être financés par les ressources stables ?**

   Une immobilisation est un actif durable. Elle va générer des revenus qu'après son acquisition, ces revenus seront étalés dans le temps. Or l'acquisition nécessite un financement immédiat par fonds propres ou par emprunt, c'est pourquoi tout investissement doit être financé par des ressources stables.

2. **Pourquoi les actifs circulants ont besoin d'un financement durable ?**

   L'entreprise doit en permanence assurer le financement des stocks et des créances clients. Ils se renouvellent constamment au cours de cycle d'exploitation, ces actifs doivent être financés par des ressources stables car le besoin de financement est permanent.

3. **Pourquoi les dettes circulantes peuvent constituer une ressource stable ?**

   Les fournisseurs accordent des délais de paiement donc l'entreprise bénéficie d'avances consenties par les fournisseurs. C'est une ressource stable car l'avance est renouvelée en permanence.

4. **Comment peut-on réduire le besoin en fonds de roulement d'exploitation ?**

   On peut réduire le BFRE par une bonne gestion des stocks et par la négociation des délais de règlement clients et fournisseurs et surtout il faut bien suivre l'encaissement des créances clients.

Dossier 2

1. **Établir les bilans fonctionnels des années N–1 et N**

	N–1	N		N–1	N
Emplois stables Actif immobilisé. brut (total I) Charges à répartir Valeur d'origine : Biens acquis en crédit-bail (2)	3062296 2642296 60000 360000	3651558,5 2886558,5 105000 660000	Ressources stables Total I Prov. Pour risques et charges Amort. & prov. Actif Amort. Crédit-bail (3) Ressources propres Dettes financières (1) Valeur nette crédit-bail (4)	3326588,5 1499895 68210 999848,5 72000 2639953,5 398635 288000	3950021 1597465 88060 1109203,5 219000 3013728,5 495292,5 441000
Actif circulant d'exploitation Stocks et en cours – mat. 1res –produits – Marchandises Créances clients et comptes rattachés Charges constatées d'avance	1306064 121615,5 179057,5 223591 745600 36200	1493579,5 164195,5 343147,5 133278 810303,5 42655	Dettes d'exploitation Dettes fournisseurs Dettes fiscales et sociales Produits constatés d'avance	968971,5 813847,5 149363 5761	1039255,5 862289,5 172841 4125
Actif circulant hors exploitation Autres créances VMP	136200 84200 52000	118750 66750 52000	Dettes hors exploitation Dettes sur immobilisations Autres dettes	179050 52150 126900	246911,5 125850 121061,5
Trésorerie Actif Disponibilités	15600 15600	10400 10400	Trésorerie Passif Concours bancaires courants	45550 45550	38100 38100
Total	4520160	5274288	Total	4520160	5274288

Dettes financières (1)	N–1	N
Emprunts CBC	444 185 –45 500	457 192,5 –38 100
Dettes financières	398 635	495 292,5

(2) valeur d'origine des biens acquis en crédit-bail

En N–1 360 000

En : N 360 000 + 300 000 = 660 000

(3) Amortissements du crédit-bail

En N–1 : 360 000 × 0,20 = 72 000

En N : 72 000 × 2 + (300 000/4) = 219 000

(4) Valeur nette crédit-bail

	N–1	N
Valeur d'origine Moins amortissements	360 000 72 000	660 000 147 000
Total	288 000	513 000

2. Calculez le FRNG, BFRE, BFRHE et la trésorerie pour les deux exercices ainsi que leurs variations

	N–1	N	Variation en %
Ressources stables	3 326 588,5	3 950 021	18,74
Emplois stables	3 062 296	3 651 558,5	19,24
FRNG	264 292,5	298 462,5	12,93

	N–1	N	Variation en %
Actif circulant d'exploitation	1 306 064	1 493 579,5	14,36
Dettes d'exploitation	968 971,5	1 039 255,5	7,25
BFRE	337 092,5	454 324	34,77

	N–1	N	Variation en %
Actif circulant hors exploitation	136 200	118 750	–12,81
Dettes hors exploitation	179 050	246 911,5	37,9
BFRHE	–42 850	–128 161,5	1,99

	N–1	N	Variation en %
Trésorerie Actif	15 600	10 400	–33,33
Trésorerie Passif	45 550	38 100	–16,35
Trésorerie nette	–29 950	–27 700	–7,51

Vérification

	N–1	N	Variation en %
FRNG	264 292,5	298 462,5	12,93
BFRE	337 092,5	454 324	34,77
BFRHE	–42 850	–128 161,5	199
BFR	294 242,5	326 162,5	10,85
Trésorerie nette	–29 950	–27 700	–7,51

3. Analysez l'évolution de la structure financière

Évolution de la structure financière

	Composantes du ratio	N–1	N
Couverture des emplois stables	$\frac{\text{Ressources stables}}{\text{Emplois stables}}$	108,63 %	108,17 %
Couverture des capitaux investis	$\frac{\text{Ressources stables}}{\text{Emplois stables + BFRE}}$	97,80 %	96,20 %
Taux d'endettement	$\frac{\text{Ressources stables}}{\text{Ressources propres}}$	27,70 %	32,33 %

Le FRNG a augmenté faiblement (12,93 %) au cours de l'exercice N, alors que le BFRE augmente de façon plus importante (34,77 %). Mais le calcul des ratios de couverture des emplois stables et des capitaux investis tempère ce constat puisque leur augmentation est faible. Cependant, il faut surveiller le développement du BFRE qui posera sans doute à terme un problème de financement.

L'activité hors exploitation dégage des ressources en augmentation de 199 %, mais le BFR a augmenté de 10,85 %.

Les ressources stables permettent de financer la totalité des emplois stables mais le FRNG ne finance pas la totalité du BFRE.

Le BFRE résultat des décalages dans le temps des flux générés par le cycle d'exploitation. Il s'agit donc d'un élément structurel pour lequel il faut assurer un financement durable.

Dans notre cas, le BFRE est financé à hauteur de 38 100 par des crédits bancaires à court terme. Ceci n'est pas satisfaisant et il faut négocier avec la banque un emprunt à long terme.

Nos conseils

Revoir la gestion de stocks surtout le stock de produits qui a presque doublé. Peut-être l'entreprise a un problème de distribution : elle fabrique mais elle n'arrive pas à vendre ;

Il faut revoir les délais clients et bien suivre l'encaissement des créances ;

Transformer les CBC en emprunts à LT cela lui permettra d'augmenter sa rentabilité car les taux à LT sont plus favorables ;

Compte tenu de faible taux d'endettement (32 %), il est possible d'emprunter afin de réaliser de nouveaux investissements et développer l'activité de l'entreprise tant en bénéficiant d'un effet de levier.

Le bilan financier ou liquidité

Fiche 3

Schéma de synthèse

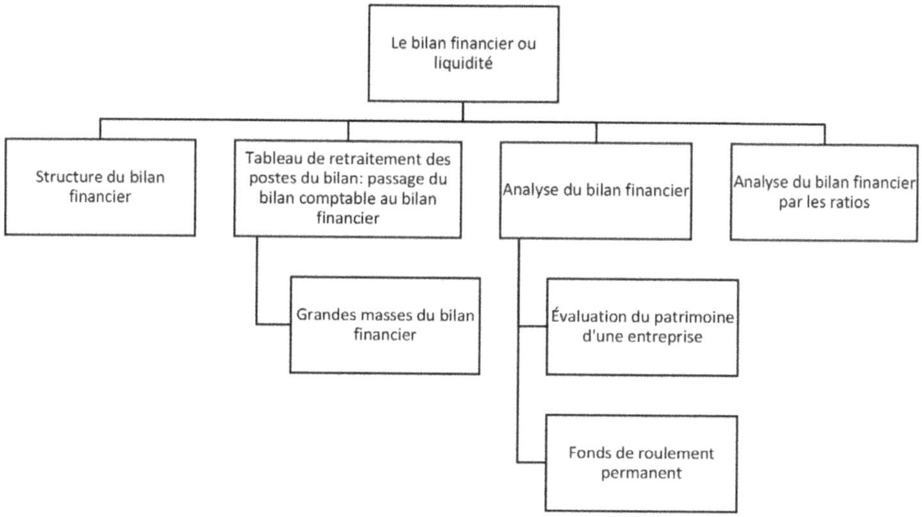

Nous avons vu que le bilan fonctionnel renseigne les tiers sur le mode de financement de l'actif stable et du cycle d'exploitation.

Le bilan financier permet d'évaluer le patrimoine d'une entreprise ou d'apprécier son aptitude à faire face à ses échéances à court terme, il est donc nécessaire de présenter le bilan financier sous un aspect permettant la séparation des éléments à plus d'un an de ceux à moins d'un an.

Le bilan financier est aussi appelé également bilan liquidité.

Le bilan financier ou bilan liquidité ou bilan patrimonial permet d'informer les tiers sur la solvabilité de l'entreprise étudiée.

L'analyse liquidité apporte un éclairage différent sur la situation financière d'une entreprise, d'autant plus qu'en période de crise, la solvabilité occupe une place importante.

I. Structure du bilan financier

Le classement des masses est basé sur la distinction entre les postes à plus d'un an et ceux à moins d'un an.

Bilan financier en valeurs nettes

Actif à plus d'un an : • Actif immobilisé (net) • Créances à plus d'un an	**Capitaux permanents :** • Capitaux propres • Dettes à plus d'un an (DLT)
Actif à moins d'un an : • Stocks (V.E) • Créances à moins d'un an (1) (VR) • Disponibilités (VD)	**Passif à moins d'un an :** • Dettes à moins d'un an (DCT)

II. Tableau de retraitement des postes du bilan : passage du bilan comptable au bilan financier

1. Tableau de retraitements des postes du bilan comptable

Actif	Passif
<u>Actif immobilisé à plus d'un an :</u> (en valeurs nettes réévaluées) + Immobilisations incorporelles – Frais d'établissement + Immobilisations corporelles à plus d'un an + Immobilisations financières à plus d'un an + Créances à plus d'un an + Stocks à plus d'un an (stock outil) + charges constatées d'avance à plus d'un an	**<u>Capitaux propres</u>** : Capital social + réserves + report à nouveau + subventions nettes d'impôt + écart de réévaluation + provisions réglementées nettes d'impôt – capital souscrit non appelé + prov. pour risques et charges à plus d'un an, nettes d'impôt, ayant un caractère de réserve +/– values + Écart de conversion actif – Écart de conversion passif **Actif fictif :** – charges à répartir sur plusieurs exercices – frais d'établissement – prime de remboursement des obligations
<u>Actif circulant à moins d'un an :</u> * Stocks à moins d'un an (en valeurs nettes) * Créances à moins d'un an (en valeurs nettes) : Créances clients et comptes rattachés à moins d'un an + autres créances à moins d'un an + charges constatées d'avance à moins d'un an + effets escomptés non échus + valeurs mobilières de placement non aisément négociables	**<u>Dettes à plus d'un an</u>** Emprunts à plus d'un an + Impôt latent sur subvention d'investissement et provisions présentes en capitaux propres + prov. pour risques et charges à plus d'un an sans caractère de réserve + Dettes à plus d'un an dont produits constatés d'avance à plus d'un an

* Actif disponible (en valeurs nettes) Disponibilités + VMP facilement négociables	**Dettes à moins d'un an** Emprunts à moins d'un an + Impôt latent à moins d'un an sur subvention d'investissement et provisions présentes en capitaux propres + provisions pour risques et charges à moins d'un an + dettes à moins d'un an + Effets escomptés non échus + découverts bancaires et soldes créditeurs de banque (ils sont dans les dettes CT) + Dividende à payer

Remarque

On peut utiliser le tableau des +/– values

Éléments	Valeur réelle (1)	Valeur bilantielle (2)	+/– values (1)-(2)
Totaux			**XXXX**

2. Grandes masses du bilan financier

Le classement des masses est basé sur la distinction entre les postes à plus d'un an et ceux à moins d'un an.

Bilan financier en valeurs nettes

Actif à plus d'un an : • Actif immobilisé (net) • Créances à plus d'un an	Capitaux permanents : • Capitaux propres • Dettes à plus d'un an (DLT)
Actif à moins d'un an : • Stocks • Créances à moins d'un an (1) • Disponibilités	Dettes à moins d'un an (DCT)
Totaux	Totaux

(1) *(dont effets escomptés non échus)*

Le bilan financier est un document synthétique qui traduit l'aptitude de l'entreprise à faire face à ses engagements.
Le bilan financier permet d'apprécier le risque financier c'est-à-dire le risque de faillite, de soutenabilité de la dette à travers les notions de solvabilité et de liquidité.
Il permet d'évaluer la valeur du patrimoine de l'entreprise et d'informer ainsi ses partenaires.
C'est un document très souvent demandé par les banques pour accorder un crédit.
Le bilan financier est construit de façon à apprécier le degré de liquidité.

À l'actif, les éléments sont classés par ordre de liquidité croissante (actifs à plus d'un an et actifs à moins d'un an).

Au passif, les éléments sont classés par ordre d'exigibilité croissante (capitaux propres retraités, dettes à LT qui constituent les capitaux permanents puis dettes à CT).

Le bilan financier se construit après répartition du résultat en fonction des échéances des actifs et des passifs.

Il existe, comme pour le bilan fonctionnel, des particularités, des retraitements et des reclassements (ex : EENE – Effets escomptés non échus, CCA – charges constatées d'avance).

Les éléments sont pris en compte pour leur valeur nette comptable ou pour leur valeur de marché (ex : terrain).

Certains éléments ne sont pas pris en compte car ils sont considérés comme des actifs fictifs (ex : capital non appelé, frais de recherche).

Les plus ou moins-values qui en résultent apparaissent au niveau des capitaux propres.

La règle de l'équilibre financier est : les capitaux permanents financent les actifs à plus d'un an.

III. Analyse du bilan financier

1. Évaluation du patrimoine d'une entreprise

À partir du bilan financier, on peut apprécier la valeur réelle du patrimoine d'une entreprise et donc son aptitude à faire face à ses engagements financiers en cas de liquidation (solvabilité).

Actif net = Capitaux propres – actif fictif

ou

Actif net = Actif réel à 1 an – Dettes à 1 an

2. Fonds de roulement permanent

Il est calculé à partir du bilan financier en valeurs nettes :

FR. financier (ou permanent) = Capitaux permanents – Actif > 1 an

FR. financier = Actif < 1 an – Dettes < 1 an

Le fonds de roulement financier est un indicateur de sécurité financière de l'entreprise, les capitaux permanents devant financer l'actif à plus d'un an.

Si FR. financier > 0 l'équilibre financier est préservé

Si FR. financier < 0 le risque financier est important.

IV. Analyse du bilan financier par les ratios

Dans l'analyse du bilan financier ; on apprécie généralement :

- la liquidité financière de l'entreprise : aptitude de l'entreprise à disposer de liquidités pour régler ses dettes venant à échéance : Actif à moins d'un an > dettes à court terme (moins d'un an)
- la solvabilité de l'entreprise : aptitude à faire face à ses engagements financiers : Actif réel > Dettes

Tableau des ratios

Dénomination	Structure et niveau normal
Liquidité générale	$\frac{\text{Actifs} < 1 \text{ an}}{\text{Dettes} < 1 \text{ an}} > 1$
Liquidité réduite	$\frac{\text{Actifs} < 1 \text{ an} - \text{Stocks}}{\text{Dettes} < 1 \text{ an}} \approx 1$
Liquidité immédiate	$\frac{\text{Disponibilités (1)}}{\text{Dettes} < 1 \text{ an}}$ (fonction du secteur d'activité)
Ratio de solvabilité	$\frac{\text{Capitaux propores}}{\sum \text{Bilan}} > 0,5$
Ratio d'équilibre financier	$\frac{\text{Capitaux permanents}}{\text{Actifs} > 1 \text{ an}}$

(1) y compris les VMP si titres facilement négociables

Ce qu'il faut retenir

La construction du bilan financier met en pratique les principes suivants :

- les postes de l'actif sont à intégrer en valeurs nettes (contrairement au bilan fonctionnel), éventuellement réévaluées si les informations sont fournies. Dans ce cas, un écart de réévaluation (plus ou moins-values) apparaît au niveau des capitaux propres.
- les actifs fictifs sont à retrancher des capitaux propres (capital souscrit non appelé, frais d'établissement, charges à répartir sur plusieurs exercices, prime de remboursement des obligations)
- les écarts de conversion ne s'annulent pas sur le poste concerné. L'écart-passif s'ajoute aux capitaux propres et l'écart-actif vient en diminution des provisions pour risques et charges : cet écart constate une perte latente qui a fait l'objet d'une provision pour perte de change faisant partie du total des provisions pour risques et charges.
- le bilan financier se construit toujours après répartition du résultat et intègre la fiscalité latente.
- Les comptes soumis à l'impôt (comme la subvention d'investissement) devront séparer.
  - d'une part, la partie nette d'impôt : conservée dans l'entreprise de façon durable
  - d'autre part, la partie correspondant à l'impôt (court terme et long terme)
- Les postes du bilan sont classés en fonction de leur liquidité (actif) ou de leur exigibilité (passif)
- La liquidité est l'aptitude que possède un actif à être facilement transformé en liquidité (flux de trésorerie) sans perdre de valeur.
- L'exigibilité correspond au paiement d'une dette à échéance.
- Le bilan financier raisonne en termes d'encaissements et de décaissements à plus ou moins d'un an.

Cas Ines

Vous êtes stagiaires au sein du cabinet INES, on vous demande de traiter deux dossiers.

Dossier 1 FR, BFR et Ratios

Mission

L'entreprise industrielle INES est une société anonyme créée en N. L'objet social est la fabrication de petits matériels et gadgets informatiques. Son effectif est de 15 salariés.

Début N, le chef d'entreprise demande au service comptable une analyse succincte permettant de la renseigner sur la structure financière du bilan.

Pour réaliser cette mission, à l'aide de document 1, vous devez :

1. Présenter le bilan financier
2. Déterminer le fonds de roulement permanent et le besoin en fonds de roulement
3. Calculer les ratios de structure

Document 1 : Annexe : bilan au 31/12/N après répartition

Actif du bilan	Brut	A & P	Net
Immobilisations :			
Concessions, brevets, licence	10 000	3 000	7 000
Constructions et installations (1)	850 000	450 000	400 000
Titres de participations (2)	1 000	100	900
Total I	861 000	453 100	407 900
Actif circulant :			
Stocks de matières premiers et produits finis (3)	40 000		40 000
Créances clients et comptes rattachés (4).	85 000	5 000	80 000
Autres (5)	10 000		10 000
Disponibilités	4 000		4 000
Charges constatées d'avance	1 000		1 000
Charges à répartir sur plusieurs exercices	1 000		1 000
Total II	141 000	5 000	136 000
Total général	**1 002 000**	**458 100**	**543 900**

(1) valeur réelle : 300 000 ; (2) valeur probable de revente : 700

(3) dont stock outil : 4 000 ; (4) dont à plus un an : 10 000

(5) dont à plus d'un an : 1 000

Passif du bilan	Montant
Capitaux propres Capital Réserves Report à nouveau	 300 000 20 000 30 000
Total 1	350 000
Dettes Emprunts auprès d'établissements de crédit (2) Avances et acomptes reçus sur commandes en-cours Dettes fournisseurs et comptes rattachés. Dettes fiscales et sociales (3) Produits constatés d'avance	 160 000 1 900 22 000 8 000 2 000
Total II	193 900
Total général	543 900
(2) dont à plus d'un an	140 000

Dossier 2 Bilan financier, bilan condensé

Mission

L'entreprise BOREGARD vous communique son bilan définitif au 31/12/N (document 2).

M. BOREGARD après une analyse financière succincte vous indique les éléments (document 1).

Document 1 : Renseignements complémentaires

- la valeur réelle des terrains peut être estimée à 42 000 €,
- les autres créances immobilisées sont des prêts à plus d'un an,
- le stock-outil s'élève à 22 000 €,
- les créances résultant des ventes sont constituées pour ¼ de leur valeur brute d'effets à recevoir escomptables,
- les emprunts et dettes financières sont pour les 9/10 des dettes à plus d'un an,
- le bénéfice réalisé sera mis en réserve sauf une fraction de 11 710 € qui doit être distribuée sous 2 mois,
- les frais d'établissement sont à considérer comme sans valeur,
- les valeurs mobilières de placement sont composées de titres cotés en bourse donc négociables facilement,
- les provisions pour risques et charges sont sincères et correspondent à des risques à plus d'un an exception faite d'une provision de 600 € qui correspond à un risque à moins de six mois.

Pour réaliser cette mission, à l'aide de document 1 et 2, vous devez :

1. Calculez les plus ou moins-values.
2. Présentez le bilan financier complet.
3. Présentez le bilan financier condense.

Document 2 : Bilan au 3l/12/N

ACTIF	Brut	DAP	Net
ACTIF IMMOBILISE			
Immobilisations incorporelles			
Frais d'établissement	5 200	3 120	
Immobilisations corporelles			2 080
Terrains			
Constructions	21 570		21 570
Inst. Tech. Mat. et Out.	64 000	9 600	54 400
Autres immob. Corporelles	186 000	57 600	128 400
Immobilisations financières	82 600	54 750	27 850
Autres créances immobilisées	3 200		3 200
TOTAL I	362 570	125 070	237 500
ACTIF CIRCULANT			
Stocks			
Mat. 1re consommables	49 128	843	48 285
Produits finis	84 613		84 613
Marchandises	5 372		5 372
Créances			
Créances/ventes	93 400	2 717	90 683
Créances diverses	410		410
Valeurs mob. de placement	4 030	782	3 248
Disponibilités	16 799		16 799
TOTAL II	253 752	4 342	249 410
TOTAL GÉNÉRAL	616 322	129 412	486 910

PASSIF	
CAPITAUX PROPRES	
Capital	280 000
Réserves	43 000
Résultat net de l'exercice	26 710
TOTAL I	349 710
PROVISIONS POUR RISQUES ET CHARGES	4 000
Provisions pour charges	
TOTAL II	4 000
DETTES	
Emprunts et dettes financières	64 500
Dettes/achats	67 550
Dettes fiscales et sociales	1 150
TOTAL III	133 200
TOTAL GÉNÉRAL	486 910

Dossier 3 Bilan financier, bilan condensé

Mission

M. BONGRET, Directeur financier de la sté DUOLAC, doit présenter une étude financière de la firme, afin d'obtenir, du crédit hôtelier, industriel et commercial un prêt important.

Vous êtes chargé(e) de le seconder dans ce travail. Pour cela, il vous communique les bilans condensés de la société ODULAC des trois dernières années, en milliers € (document 1).

Pour réaliser cette mission, à partir de document 1 et 2, vous devez :

1. Étudiez l'évolution du fonds de roulement net.
2. Étudiez l'évolution du fonds de roulement propre.
3. Effectuez l'étude des ratios de financement et de trésorerie (document 2).

Document 1 : Bilan des trois dernières années

	N	N-1	N-2		N	N-1	N-2
Valeurs immobilisées	1200	1130	1100	Capitaux propres	672	666,70	627
Stocks et en-cours	138	187	142	Provisions et dettes à			
Valeurs réalisables	185	170	165	Plus d'un an	720	802,30	737
Valeurs disponibles	145	180	135	Dettes à court terme	276	198,00	178
TOTAL	1668	1667	1542	TOTAL	1668	1667,00	1542

Document 2 : Ratios de financement

RATIOS	Définition	N	N-1	N-2
Financement permanent	Capitaux permanents / Actif immobilisé			
Financement propre	Capitaux propres / Actif immobilisé			
Financement de l'actif circulant	Fonds de roulement / Actif circulant			

Ratios de trésorerie

Liquidité Générale	Actif circulant / Dettes à CT			
Trésorerie à échéance ou liquidité réduite	Valeurs R et D / Dettes à CT			
Trésorerie ou Liquidité immédiate	Valeurs disponibles / Dettes à CT			

Le directeur du crédit hôtelier, industriel et commercial nous fait savoir qu'il a pris connaissance de notre étude et qu'à la lumière de ces renseignements, sa banque s'engage à financer une partie de l'investissement que nous désirons réaliser aux conditions suivantes :

- assurer le reste du financement sur fonds propres (augmentation du capital),
- restreindre notre politique de distribution de dividendes

Solution

Dossier 1

1. Bilan financier

a. Tableau des Plus ou moins-values

Éléments	Valeur réelle	Valeur bilantielle	+/– values
Construction	300 000	400 000	–100 000
Titres de participation	700	900	–200
Totaux			**–100 200**

b. Bilan financier

Actif	Mt	Passif	Mt
A > 1 an		Capitaux permanents	
Concessions	7 000	Capitaux propres	350 000
Constructions	300 000	+/– values	–100 200
Titres participation	700	– charges à répartir	–1 000
Stock outil	4 000	Total capitaux propres (a)	248 800
Créances clients > 1 an	10 000	Dettes > 1 an	
Autres créances	1 000	Emprunts	140 000
		Total dettes > 1 an (b)	140 000
Total actif > 1 an	322 700	Total capitaux permanents (a) + (b)	388 800
Actif < 1 an		Dettes < 1 an	
Stocks	36 000	Emprunts C T	20 000
Créances clients	70 000	Avances et acomptes	1 900
Autres créances	9 000	Fournisseurs	22 000
CCA	1 000	Dettes fisc	8 000
Disponibilités	4 000	PCA	2 000
Total actif < 1 an	120 000	Total dettes < 1 an	53 900
Total général	442 700	Total général	442 700

2. Équilibre financier

FR financier= Capitaux permanents – Actif > 1 an	388 800 – 322 700 = 66 100
Ratio d'équilibre financier =Capitaux permanents/Actif > 1 an	388 800/322 700 = 1,205
Ratio de solvabilité = Capitaux propres/Total de bilan	248 800/442 700 = 0,562

Dossier 2

1. Tableau des Plus ou moins-values

Éléments	Valeur réelle	Valeur bilantielle	+/– values
Terrain	42000	21570	20430

2. Bilan financier

Actif	Mt	Passif	Mt
A > 1 an		Capitaux permanents	
Terrain	42000	Capitaux propres	349710
Constructions	54400	+/– values	20430
ITMOI	128400	Dividendes	–11710
Autres immobilisations	27850	frais établissements (actif fictif)	–2080
Autres créances	3200	Total capitaux propres (a)	356350
		Dettes > 1 an	
Stock outil	22000	Emprunts	58050
		PRC	3400
		Total dettes > 1 an (b)	61450
Total actif > 1 an	277850	Total capitaux permanents (a) + (b)	417800
Actif < 1 an		Dettes < 1 an	
Stocks = 48285+84613+5372 – 22000	116270	PRC	600
Créances clients =90683 – 23350	67333	Emprunts C T	6450
Autres créances	410	Fournisseurs	67550
EENE=93400 × 1/4	23350	Dettes fisc	1150
VMP	3248	Dividendes	11710
Disponibilités	16799		
Total actif < 1 an	227410	Total dettes < 1 an	87460
Total général	**505260**	**Total général**	**505260**

3. Bilan condensé

Actif		%	Passif		%
Actif > 1 an	277850	55 %	Capitaux propres	356350	71 %
Valeur exploitation	116270	23 %	Dettes > 1 an	61450	12 %
Valeurs réalisables = 67333 + 410	67743	13 %	Dettes < 1 an	87460	17 %
Valeurs disponibles = 23350 + 3248 + 16799	43397	9 %			
Total général	**505260**	**100 %**	**Total général**	**505260**	**100 %**

FR financier = Capitaux permanents – Actifs > 1 an

FR financier = (356 350 + 61 450) – 277 850

= 417 800 – 277 850 = 139 950

L'équilibre financier est préservé.

Dossier 3

1. **Évolution fonds de roulement net**

FR net = capitaux permanents – Actif > 1 an

Éléments	N	N–1	N–2	Éléments	N	N–1	N–2
Capitaux permanents	1392	1469	1364	Capitaux propres	672	667	627
A > 1 an	–1200	–1130	–1100	A > 1 an	–1200	–1130	–1100
FR net	**192**	**339**	**264**	**FR propre**	**–528**	**–463**	**–473**

2. **Fonds de roulement propre et ratios**

Éléments	N	N–1	N–2	Évolution	
Financement permanent					
Capitaux permanents/A > 1 an	1,16	1,3	1,24	En baisse	
Financement propre					
Capitaux propres/A > 1 an	56 %	59 %	57 %	Légère baisse	
Financement A < 1 an					
FR net/Actif < 1 an	41 %	63 %	60 %	En baisse	
Liquidité générale=Actif < 1 an/D < 1 an	1,7	2,71	2,48	Dégradation	
Liquidité réduite=					
Actif < 1 an (sauf stocks)/D < 1 an	1,2	1,77	1,69	En baisse	
Liquidité immédiate= val dispo/D < 1 an	53 %	91 %	76 %	En baisse	
Réalisables					
Financement propre					
Capitaux propres/Actif > 1 an	55 %				
X/1480=55 %			1200 + investissement (280)		
X = 814					
d'où augmentation capital = 814 – 672	142	K€			

Fiche 4

Les leviers de la création de valeur

Schéma de synthèse

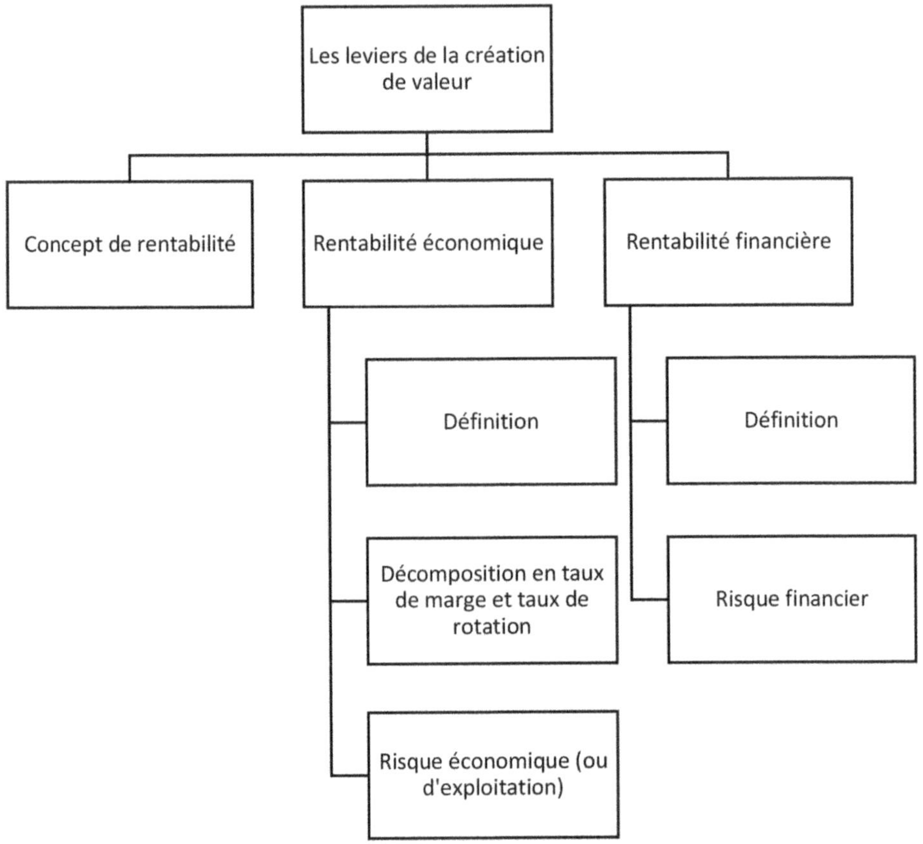

I. Concept de rentabilité

La rentabilité résulte du rapport entre un résultat et les moyens mis en œuvre pour atteindre celui-ci.
Il existe différents types de rentabilité :
Rentabilité des capitaux propres $= \frac{\text{Résultat de l'exercice}}{\text{Ressources propres}}$, ce taux risque d'être altéré par les résultats exceptionnels. On peut la mesurer aussi par :
Résultat courant après impôt/Ressources propres
Rentabilité économique, mesure la rentabilité des capitaux investis $= \frac{\text{Résultat + charges d'intérêts}}{\text{Ressources stables}}$, ce taux peut être influencé par la réglementation fiscale.
Taux de rentabilité brut $= \frac{\text{EBE}}{\text{Ressources stables}}$

II. Rentabilité économique

1. Définition

La rentabilité économique correspond à la création de richesse réalisée par le potentiel productif de l'entreprise. C'est-à-dire au rendement de l'investissement en faisant abstraction de la source de financement utilisée.
La rentabilité économique, taux de rendement des capitaux investis, est le quotient d'un résultat économique par un capital économique.
Pour la calculer, il faut déterminer l'actif économique et le résultat économique.

A. Actif économique

L'actif économique correspond à l'ensemble des biens mis en œuvre par l'entreprise, quelle que soit la source de financement.
L'actif économique de l'entreprise (désigné aussi sous le nom capital investi ou de fonds opérationnels engagés) est la somme de ses actifs immobilisés et de son besoin en fonds de roulement d'exploitation.
Actif économique = capitaux propres + dettes financières
Actif économique = Immobilisations nettes + BFRE + trésorerie d'actif
Actif économique = total actif net – provisions – dettes d'exploitation
Immobilisations nettes = immobilisations brutes – amortissements et dépréciations – provisions pour risques et charges.

B. Résultat économique

Résultat économique : c'est le revenu procuré par l'actif économique. Il se confond avec le résultat d'exploitation

Résultat économique = Résultat d'exploitation + produits financiers – DAP nettes sur actifs financiers

La rentabilité économique (ou rentabilité de l'actif économique) est égale au rapport du résultat d'exploitation après impôt sur l'actif économique.

$$\text{Taux de rentabilité économique} = \frac{\text{Résultat d'exploitation}}{\text{Capitaux propres hors résultat} + \text{dettes financières}}$$

Ce taux exprime la performance de l'entreprise (au niveau industriel ou commercial) indépendamment de la politique de financement mise en œuvre.

On peut calculer aussi :

– **Taux de rendement des actifs économiques = résultat d'exploitation/Actif économique**

– **Taux de rentabilité économique = résultat net + charges financières/ressources stables, correspond approximativement au taux de rendement des actifs économiques**

Exemple

Une entreprise dont la structure financière est la suivante :
Capitaux propres : 30 000 €
Dettes financières : 20 000 €
Résultat économique de l'année N : 3 000 €, en N+1, un doublement du résultat économique et en N+2, une augmentation de 1 000 € sans modifier l'actif économique.

Travail à faire

➥ **Calculez la rentabilité économique de N, N+1 et N+2**

Solution

Années	N	N+1	N+2
Rentabilité économique	3 000/50 000 = 6 %	6 000/50 000 = 12 %	7 000/50 000 = 14 %

2. Décomposition en taux de marge et taux de rotation

Le taux de rentabilité économique peut être décomposé en deux composantes :

$$\text{Taux de rentabilité économique} = \frac{\text{Résultat d'exploitation}}{\text{Chiffres d'affaires}} \times \frac{\text{Chiffres d'affaires}}{\text{Capital investi}}$$

Le premier terme correspond au taux de marge économique. Il représente un indicateur de profitabilité. Il permet de connaître le résultat d'exploitation dégagé par 1 € de chiffre d'affaires.

Le second terme représente le taux de rotation de l'actif économique. Il permet d'apprécier l'aptitude de l'entreprise à dégager du chiffre d'affaires à partir du capital investi. L'activité est d'autant plus productive que ce rapport est élevé.
Il y a un lien entre la rentabilité économique et le BFRE,

$$\text{Rentabilité économique} = \frac{\text{Résultat économique}}{(\text{Immobilisations} + \text{BFRE})}$$

Plus le BFRE est élevé plus la rentabilité économique diminue.

3. Risque économique (ou d'exploitation)

A. Définition

On désigne par risque d'exploitation, le risque d'une baisse de l'activité : la baisse du CA. Toute baisse du CA entraîne une régression de l'EBE, dont les effets se font sentir sur la rentabilité puis sur la liquidité.
Il mesure l'incidence d'une variation du chiffre d'affaires sur le résultat d'exploitation et donc sur la rentabilité économique.
On appelle risque économique l'impact sur le résultat économique (ou sur la rentabilité économique) d'une variation de l'activité (d'une variation du chiffre d'affaires).
Il existe plusieurs méthodes pour évaluer le risque d'exploitation

B. Outils de la mesure du risque économique

Il y a les **outils de gestion :**
– <u>Le seuil de rentabilité (SR) ou seuil de profitabilité</u>
Analyse différentielle ou analyse par charges variables
Objectif : Analyser le rapport existant entre le CA et les différentes charges supportées par l'entreprise

On distingue :

- charges variables ou charges opérationnelles (CV). Elles varient en fonction de l'activité ;
- charges fixes (CF) dit charges de structure. Elles sont indépendantes du niveau d'activité.

Le CR différentiel est une analyse du résultat faisant apparaître la ou les marges en montant et en pourcentage de CA.
Compte de résultat différentiel

Éléments	Montants	Pourcentage
CA : Chiffre d'affaires – CV		
= Marge sur CV = MSCV – CF.		
= Résultat		

Le SR est le CA pour lequel l'entreprise ne réalise ni bénéfices ; ni pertes (CA critique). Le SR est atteint lorsque la marge sur CV = CF ; c à d le résultat est nul.

SR en euros = (CA × CF)/MSCV	OU SR en euros = CF/Taux de MSCV
SR en quantité = SR (€)/PV unitaire	SR en quantité = CF/MSCV unitaire
Point mort : Date à laquelle le SR est atteint = (SR × 360)/CA Il faut faire attention à la durée qui varie suivant le nombre de jours d'activité	

– <u>L'indice et marge de sécurité</u>

Marge de sécurité = CA – SR

$I_s = \frac{(CA - SR)}{CA}$, le Pourcentage de la marge de sécurité dans les prévisions

– <u>Le levier d'exploitation (dit aussi levier opérationnel)</u>

- Indicateur qui mesure la sensibilité du résultat d'exploitation (REX) aux variations du chiffre d'affaires hors taxes (CA HT).

$$L_0 = \frac{\frac{\Delta REX}{REX}}{\frac{\Delta CA\ HT}{CAHT}}$$

Interprétation du résultat : un levier de 1,5 signifie que lorsque l'activité (chiffre d'affaires) varie de 1 %, le résultat d'exploitation varie de 1,5 %.

- Le levier d'exploitation est lié à la marge sur coût variable par la relation suivante :

$$L_0 = \frac{ax\frac{\Delta REX}{REX}}{\frac{\Delta CA\ HT}{CAHT}} = \frac{MSCV}{REX}$$

Avec

a : Taux de marge sur coût variable.

CF : Charges fixes.

MSCV : Marge sur coût variable.

RE = MCV – CF = a × CA HT – CF

ΔRE = a × ΔCA HT

- **Lo** ≥ 1 → l'entreprise réalise des bénéfices
- **Lo** ≤ 1→ l'entreprise réalise des pertes

Le levier d'exploitation est lié au seuil de rentabilité par la relation suivante : Soit SR, le seuil de rentabilité :

$$L_0 = \frac{CAHT}{CAHT - SR} = \frac{CA\ HT}{\text{Marge de sécurité}}$$

Il y a aussi les **outils de probabilité et de statistiques** : Variance, écart-type, élasticité, probabilité de ruine.

C. Facteurs influençant le risque d'exploitation

Le risque d'exploitation dépend de la structure des charges de l'entreprise. Il est d'autant plus élevé que les charges fixes sont importantes (puisque celles-ci sont par définition indépendantes du niveau d'activité).
Le risque d'exploitation augmente lorsque la marge de sécurité (différence entre chiffre d'affaires et seuil de rentabilité) diminue.
Comment peut-on diminuer le risque économique ?
Le risque économique est lié à la structure des charges, pour réduire ce risque il faudrait réduire les charges fixes pour abaisser le seuil de rentabilité.
On peut aussi, sous-traiter une partie de la production, faire appel à du personnel intérimaire, faire des économies sur les postes entraînant des charges fixes, avoir plus de flexibilité dans la fabrication, etc.

III. Rentabilité financière (Rf)

1. Définition

La rentabilité financière mesure l'aptitude de l'entreprise à dégager un résultat net à partir des capitaux propres engagés.
Elle intéresse essentiellement les actionnaires puisqu'elle mesure la rentabilité des capitaux qu'ils ont placés dans l'entreprise. Elle prend en considération le financement de l'entreprise.

A. Taux de rentabilité financière

La rentabilité financière mesure le taux de rendement des capitaux propres. On l'obtient en faisant le rapport suivant.

$$\text{Rentabilité financière} = \frac{\text{Résultat de l'exercice}}{\text{Capitaux propres (sans résultat)}}$$

$$\text{Taux de rentabilité financière} = \frac{\text{Résultat courant avant impôts}}{\text{Capitaux propres appelés}}$$

Au numérateur, le résultat courant est préféré au résultat net. Il n'est pas biaisé par les éléments exceptionnels.
Au dénominateur, le résultat doit être exclu des capitaux propres. En effet, pour mesurer une rentabilité, il convient de rapporter un résultat obtenu à la fin d'un exercice aux **capitaux** engagés au début de l'exercice.

Exemple

> Dans une entreprise, il est prévu un investissement nouveau de 1 000 €, le résultat économique attendu est de 90 €. L'entreprise à la possibilité d'emprunter 400 € au taux de 5 %.

Travail à faire

➥ **Calculez la rentabilité économique et la rentabilité financière et conclure**

Solution

Re = 90/1 000 = 9 % et Rf = 90 – (400 × 5 %)/(1 000 – 400) = 11,67 %

La rentabilité financière est supérieure à la rentabilité économique ceci est dû au levier financier

B. Effet de levier

L'outil privilégié pour apprécier la formation de la rentabilité financière est l'effet de levier financier. Il montre comment l'endettement améliore, sous certaines conditions, le taux de rentabilité financière (ou des capitaux propres).

On peut calculer directement Rf en fonction de Re :

$$\text{Rentabilité financière} = \text{Re} + [(1 - t) \times (\text{Re} - i) \times \frac{D}{CP}]$$

Rf > Re, est dû au levier financier : c'est la différence occasionnée par l'endettement financier entre la rentabilité financière et la rentabilité économique Il dépend de deux facteurs :

- **la différence entre le taux de Re et le taux d'intérêt des dettes financières (i)**
- **Le rapport entre les dettes financières (D) et les capitaux propres (cp), ce rapport, qui correspond à l'autonomie financière, est appelé « levier financier » ou bras de levier.**

Dans notre exemple l'effet de levier est de 11,67 – 9 = 2,67 %

L'effet de levier = Rf – Re = (Re – i) × D/cp

L'effet de levier après impôt = (1 – t) × (Re – i) × D/cp = 1,78 % avec t, taux d'impôt

Lorsque :

- **Re = i, l'effet de levier est nul**
- **Re > i, l'effet de levier est positif**
- **Re < i, l'effet de levier est négatif on a un effet de massue**

Si Rf > Re, dans ce cas l'endettement de l'entreprise accroît la rentabilité des capitaux propres

Si Rf < Re, l'endettement affaiblit la rentabilité de ses capitaux propres.

Un taux de rentabilité économique élevé, suivi d'un taux de rentabilité financière très inférieur indique que l'entreprise bénéficie d'un effet de levier positif, mais pénalisée par le prélèvement fiscal du fait d'un faible endettement.

Un taux de rentabilité économique est faible, voire nul ou négatif, suivi d'un taux de rentabilité financière beaucoup plus désastreux, signifie que l'effet de levier est négatif (effet de massue), l'entreprise doit payer ses charges d'intérêts par un prélèvement sur le revenu de ses ressources propres. Il s'agit pour l'entreprise d'un appauvrissement qui s'il se prolonge risque bien de lui être fatal.
On peut calculer directement Rf en fonction de Re :

$$\text{Rentabilité financière} = \text{Re} + [(1 - t)\,(\text{Re} - i) \times \frac{D}{CP}]$$

Dans notre exemple : 9 % + [(1 – 1/3) × (9 % – 5 %) × 400/600] = 10,78 %

2. Risque financier

On appelle risque financier l'impact de l'endettement sur la rentabilité des capitaux propres. C'est le risque lié à l'endettement (cessation de paiement, rentabilité attendue par les actionnaires, etc.)
Le risque d'exploitation entraîne une diminution du résultat net donc une baisse du taux de rentabilité des capitaux propres (taux de rentabilité financière).
Or l'importance de cette chute dépend du niveau d'endettement de l'entreprise. Le phénomène d'amplification de la chute de la rentabilité des capitaux propres dû à l'endettement est appelé risque financier.
Si l'endettement peut permettre d'obtenir une rentabilité financière supérieure à la rentabilité économique, il fait aussi peser un risque financier important pour les actionnaires.

A. Formule de calcul du risque financier

À la différence de la comptabilité qui ne s'intéresse qu'à la mesure comptable de la rentabilité, la finance prend en compte le risque pour apprécier notamment la valeur d'un titre financier.
Le risque financier peut se mesurer par la variance (ou écart type) de la différence entre le taux de rentabilité financière et le taux de rentabilité économique : σ (Rf) = σ (Re) (1 + D/CP)

B. Incidence de l'endettement sur le risque financier

Le risque financier d'une entreprise endettée est plus élevé que celui d'une entreprise non endettée (à risque d'exploitation égal).
Le risque financier augmente lorsque, toutes choses égales par ailleurs, le bras de levier augmente.

Ce qu'il faut retenir

- La rentabilité économique correspond à la création de richesse réalisée par le potentiel productif de l'entreprise en faisant abstraction de la source de financement utilisée.
- La rentabilité économique est le taux de rendement des capitaux investis
- Taux de rentabilité économique = $\frac{\text{Résultat d'exploitation}}{\text{Capitaux propres hors résultat + dettes financières}}$
- La rentabilité financière est le taux de rendement exigé par les actionnaires
- Taux de rentabilité financière= résultat net/capitaux propres
- La rentabilité financière est liée à la rentabilité économique par une relation mettant en relief le poids de la dette (dettes financières/capitaux propres) et le coût de la dette (i)
- Rentabilité financière = $Re + [(1 - t)\ (Re - i) \times \frac{D}{CP}]$
- L'effet de levier permet d'expliquer comment l'endettement contribue à améliorer ou à détériorer la rentabilité financière de l'entreprise.
- L'endettement est intéressant lorsque la rentabilité économique est supérieure au taux d'intérêt.

Cas Dikhal

Deux dossiers à traiter dans le cabinet DIKHAL.

Dossier 1 société BELLA

Mission

Pour l'exercice N, la société BELLA prévoit :

Un chiffre d'affaires hors taxes de 200 000 €, un taux de marge sur coûts variables de 40 %, des charges fixes (hors intérêts) de 60 000 €.

Pour réaliser cette mission, vous devez :

Calculez :

1. Le seuil de rentabilité ou de profitabilité ;
2. L'indice de sécurité ;
3. Le levier d'exploitation.
4. Appréciez le risque d'exploitation.

Deux hypothèses sont envisagées :

Hypothèse 1 : la société réalise un CAHT égal à 120 % du CAHT

Hypothèse 2 : la société réalise un CAHT égal à 80 % du CAHT

5. Calculez le levier d'exploitation pour chacune des hypothèses envisagées.

Dossier 2 société MILLEPAT

Mission

La société MILLEPAT est une entreprise d'électronique et elle est cotée

Vous disposez des informations comptables relatives à l'exercice N fournies en document 1.

Pour réaliser cette mission, à l'aide de document 1, vous devez :

1. Déterminez avant impôt sur les sociétés et après impôt sur les sociétés (taux d'IS : 33,1/3 %)

- le résultat économique ;
- la rentabilité économique ;
- la rentabilité financière.

2. Déterminez et analyser l'effet de levier constaté.
3. Indiquez l'intérêt du ratio d'autonomie financière mesurée par le rapport « Dettes financières/Capitaux propres ».
4. Analysez l'endettement financier de l'entreprise en vous appuyant sur le montant des capitaux propres et sur la capacité d'autofinancement.

Remarques

1. Les capitaux investis (ou capitaux employés) sont calculés de la façon suivante : Capitaux propres + Dettes financières.
2. Les capitaux propres à retenir sont les capitaux propres, hors résultat, à la clôture de l'exercice.

Document 1 : Bilan (en K€)

Actif immobilisé Actif circulant	43 200 28 220	Capital Réserves Résultat Situation nette Dettes financières (1) Autres dettes	15 100 20 980 5 070 41 150 16 625 13 645
Total	71 420	Total	71 420

(1) Parmi les dettes financières ne figurent ni concours bancaires courants, ni soldes créditeurs de banque.

Compte de résultat (en K€)

Charges d'exploitation (2) Charges financières (3) Impôt sur les sociétés Résultat net	37 155 880 2 535 5 070	Produits d'exploitation	45 640
Total	45 640	Total	45 640

Les charges d'exploitation comprennent un montant de dotations de 3 000 K€. Les charges financières se rapportent aux seules dettes financières.

Solution

Dossier 1 : société BELLA

Nous répondrons à toutes les questions en dressant un tableau

	−20 %	Activité normale	+20 %
CA chiffre d'affaires	160 000	200 000	240 000
Charges variables : CV		120 000	
Marge sur coût variable : MSCV	64 000	80 000	96 000
Taux MSCV		40 %	
Charges fixes	60 000	60 000	60 000
Résultat	4 000	20 000	36 000
SR = CF/Tx MSCV		60 000/0.4 = 150 000	
Is= (CA – SR)/CA		0.25	
e=CA/(CA-SR)		4	
e= Lo = $\frac{\frac{\Delta RE}{RE}}{\frac{\Delta CA\ HT}{CAHT}}$	$\frac{\frac{16\,000}{20\,000}}{\frac{40\,000}{200\,000}} = 4$		4

C'est une activité très risquée cf. levier opérationnel (élasticité) et elle ne dispose pas de marge de manœuvre

Dossier 2 : société MILLEPAT

1. Déterminez avant impôt sur les sociétés et après impôt sur les sociétés (taux d'IS : 33,1/3 %) : le résultat économique ; la rentabilité économique et la rentabilité financière.

Éléments	Montant	Détails
Capitaux propres	36 080	15 100 + 20 980
+ Dettes financières	16 625	
= Capitaux investis = actif économique	52 705	
Produits d'exploitation	45 640	
– Charges d'exploitation	37 155	
= REX	8 485	
– Charges financières	880	
= résultat brut	7 605	
– impôt sur les bénéfices	2 535	
= résultat net : RN	5 070.	
Rentabilité économique avant impôt = REX/Actif économique	16.10 %	8 485/52 705
Rentabilité économique après impôt	10.73 %	16.10 % × 2/3
Rentabilité financière avant impôt	21.08 %	7 605/36 080
Rentabilité financière après impôt = RN/capitaux propres	14.05 %	5 070/36 080

Taux d'intérêt = 880/16 625

i= 5.3 %

2. Déterminez et analyser l'effet de levier constaté

L'entreprise a bénéficié d'un effet de levier car la rentabilité économique (16.10 %) est supérieure au taux d'intérêt, par conséquent l'endettement a amélioré la rentabilité.

3. Indiquez l'intérêt du ratio d'autonomie financière mesurée par le rapport « Dettes financières/Capitaux propres ».

Le ratio d'autonomie financière mesuré par le rapport Dettes/Capitaux propres permet de mettre en évidence la dépendance de l'entreprise à l'égard des établissements financiers, la capacité théorique d'endettement.

La valeur de ce ratio doit être inférieure à 1.

Plus il est élevé, plus l'entreprise est tributaire de l'extérieur et plus le risque couru par les prêteurs est élevé. Parallèlement, plus ce ratio est élevé plus l'entreprise est sujette à l'effet de levier.

Dans le calcul de l'effet de levier on fait référence à son sujet de « bras de levier »

4. Analysez l'endettement financier de l'entreprise en vous appuyant sur le montant des capitaux propres et sur la capacité d'autofinancement.

Le calcul du ratio DF/CP indique 46 %.

L'endettement ne dépasse pas 50 % des capitaux propres, il est donc modéré et l'entreprise dispose encore d'une marge de manœuvre.

Calcul de la capacité de remboursement DF/CAF

Calcul de la CAF

Résultat net	5070
DAP	3000
CAF	8070

Calcul de la capacité d'endettement de l'entreprise : DF/CAF = 2,1

Ce ratio est satisfaisant lorsqu'il est inférieur à 3 (ou 4) ce qui est le cas ici.

Fiche 5

Le tableau de financement du PCG et tableau des flux

Schéma de synthèse

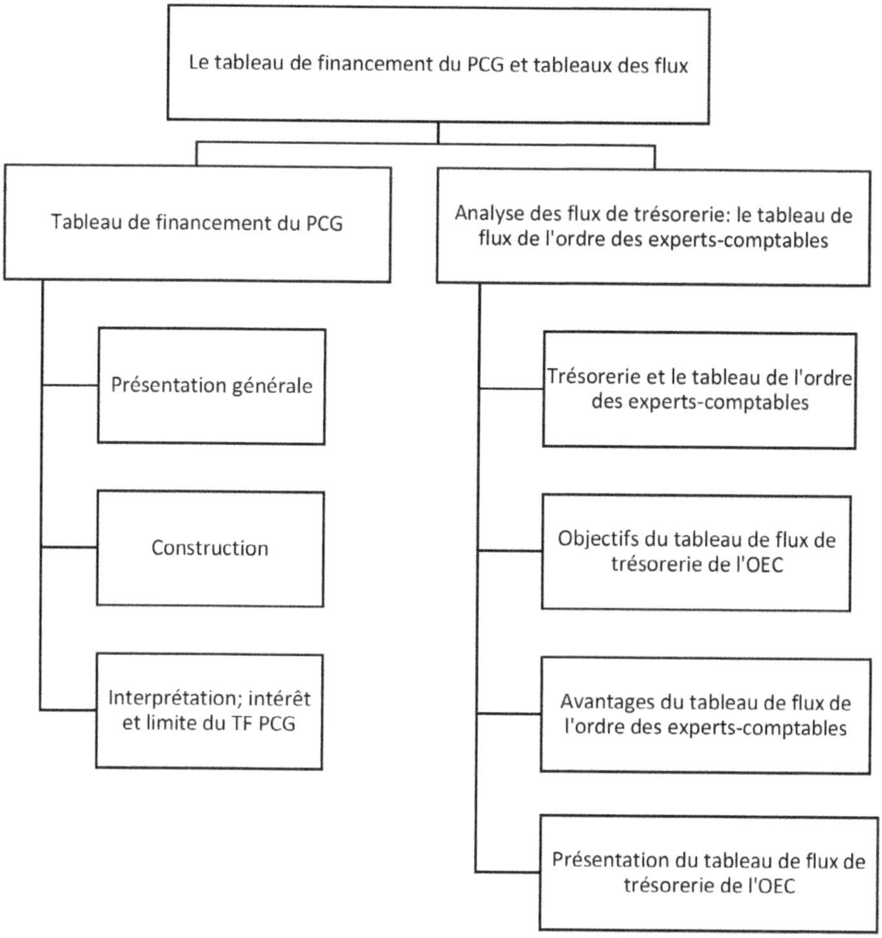

I. Tableau de financement du PCG

1. Présentation générale

Le bilan fournit à l'analyste une photographie de l'entreprise à un moment donné des différents éléments de l'actif et du passif. Il n'explique pas tous les mouvements. L'entreprise a des besoins de financement (acquisitions, paiement de dividendes, etc.) qu'elle doit financer par des ressources internes (CAF) ou externes (apports, emprunts). Pour appréhender les évolutions et justifier sa situation à la date du bilan, l'analyste va chercher à reconstituer les mouvements financiers de la période. Pour ce faire, il va utiliser l'ensemble des documents de synthèse de l'entreprise : le bilan, le compte de résultat et l'annexe.

Le PCG dans le cadre du système développé conseille de récapituler sur un document de synthèse.
– **L'ensemble des ressources que l'entreprise a obtenu au cours de l'exercice**
– **L'ensemble des emplois auxquels ses ressources ont été affectées**

La publication de ce document est obligatoire pour les entreprises ayant plus de 300 salariés et un CA supérieur ou égal à 18 millions € (si elles atteignent l'un au moins des deux critères) et les entreprises adhèrent à un centre de gestion agréé.
Le tableau de financement d'une période a pour objet d'indiquer l'ensemble des flux qui ont concerné l'entreprise entre l'ouverture et la clôture de l'exercice.
Établi a priori, il va servir d'outil de prévision. Il permet d'orienter les choix en fonction des équilibres financiers souhaités et de déterminer les possibilités de développement en fonction des ressources prévues
Établi a posteriori, il permet d'apprécier la gestion financière de l'entreprise, ses décisions d'investissements, ses choix de financement, sa politique de dividendes.
Le tableau de financement s'articule autour du fonds de roulement net global en montrant sa formation et son utilisation.
L'objectif est de montrer comment les nouvelles ressources financières dégagées par une entreprise au cours d'un exercice ont permis de financer ses nouveaux emplois.
Il possède deux parties, qui permettent de mettre en évidence la variation du fonds de roulement net global, la variation du besoin en fonds de roulement et la variation de la trésorerie au cours de l'exercice.
Ce tableau appelé aussi tableau d'emplois-ressources, repose sur les principes de l'analyse fonctionnelle.
La relation d'équilibre fonctionnel statique FRNG = BFR + TN vérifiée sur chacun des bilans, peut se vérifier de façon dynamique en termes de variation :

$$\mathbf{\Delta\ FRNG = \Delta\ BFR + \Delta\ TN}$$

La variation du FRNG = variation ressources stables – variation actif immobilisé

C'est-à-dire (augmentation des ressources stables – diminution des ressources stables) – (augmentation de l'actif immobilisé – diminution actif immobilisé)
→ (augmentation ressources stables + diminution actif immobilisé) – (augmentation actif immobilisé + diminution des ressources stables)
Toute augmentation d'un poste de l'actif stable ou toute diminution d'un poste de passif stable fera ressortir un flux d'emplois.
Toute diminution d'un poste d'actif stable ou toute augmentation d'un poste de passif stable mettra en évidence un flux de ressources.
Il se présente en deux tableaux. Le 1er fait apparaître la variation du FRNG, le second montre comment les éléments de bas de bilan ont varié.

2. Construction

A. 1er tableau : TF1

Le 1er tableau regroupe les ressources stables et les emplois stables.

a. Les ressources stables regroupent

CAF : Solde pivot dans la mesure où elle permet d'assurer le raccordement entre le compte de résultat et le bilan.

- Cession ou diminution d'actif immobilisé. Pour cette cession cf. compte 775.
- En ce qui concerne les immobilisations financières cf. mouvements crédit du compte « créances immobilisées » ; « prêts » (267 ou 274) ou le tableau des immobilisations colonne diminution. Les intérêts courus non échus sur prêts figurent en emplois hors exploitation.
- Augmentation des capitaux ou apports : c'est l'augmentation en numéraire y compris prime d'émission. Mais ne comprend pas l'augmentation par virement ou prélèvement d'un poste du capital à un autre poste du capital (incorporation de réserves).
- Augmentation des autres capitaux propres : ce sont tous les éléments que l'on assimile aux fonds propres appelés « quasi-fonds propres » (prêts participatifs, subventions reçues) cf. mouvements crédit des comptes 131, 138, 176. Exemple : subvention reçue : SF – SI + Quote-part virée.
- Augmentation des dettes financières : toutes augmentations sauf concours bancaires et soldes créditeurs de banque. Pour les emprunts obligataires la somme que l'on doit porter dans le tableau de financement 1 correspond au nombre des obligations × prix d'émission.

Dans le bilan comptable, l'objectif est d'évaluer la dette de l'entreprise vis-à-vis des obligataires : il convient donc de valoriser les emprunts obligataires à leur prix de remboursement.

Dans le tableau de financement, l'objectif est de déterminer la ressource supplémentaire générée par l'émission de l'emprunt : cette ressource est mesurée par le prix d'émission de l'emprunt. Il faut donc retrancher du montant de l'emprunt (en plus des intérêts courus) les primes de remboursement avant amortissement.
En règle générale cf. mouvements du compte 16 – débit du 169 et état des échéances des créances et des dettes.

Remarque : Le crédit-bail

Le retraitement des immobilisations financées par crédit-bail n'est pas prévu par le Plan comptable 1982, mais ce retraitement est nécessaire si l'on désire avoir un tableau de financement qui retrace l'ensemble des flux passés. Le retraitement du crédit-bail est identique à celui décrit précédemment dans le « bilan fonctionnel ».

b. Les emplois regroupent principalement

Les distributions : ce sont les dividendes de N–1 mis en paiement pendant l'exercice. Les dividendes versés au titre du résultat de l'exercice N–1 peuvent se retrouver par observation de l'évolution des postes de réserves
Pour retrouver le montant cf. mouvements du compte 457, si on ne peut pas regarder le tableau d'affectation, si impossibilité de comparer deux bilans successifs.
Les acquisitions : ce sont les investissements réalisés au cours de l'exercice et que l'on trouve dans le tableau des immobilisations.
Attention les immobilisations en cours (compte 231) figurent dans l'entreprise lors de leurs entrées et donc ne doivent pas être comptées une deuxième fois quand elles sont achevées (virement vers un compte 20 ou 21). On a procédé à un virement de poste à poste qui ne donne pas lieu à un flux ; donc ne doit pas figurer en acquisition.
Cf. débit des comptes d'immobilisations – les mouvements crédits du compte 23 ou tableau des immobilisations dans l'annexe. (comprend les augmentations de créances immobilisées ainsi que les prêts).

- Charges à repartir : il s'agit des sommes brutes transférées au débit du compte 481. Le montant brut transféré est égal au solde final + les dotations de l'exercice – le solde initial. On peut aussi voir le tableau des immobilisations dans l'annexe. Les charges à repartir équilibrent les transferts de charges correspondant et qui sont inclus dans la CAF.
- Réduction de capitaux propres : c'est le remboursement du capital aux associés ou retrait de l'exploitant individuel. Cf. comparaison entre le bilan après répartition de N–1 et le bilan avant répartition de N. Attention ne figurent pas dans les réductions de capitaux propres les sommes prises en compte dans la CAF tel que provisions réglementées car elles sont prises en compte dans les produits et charges calculées. Ne pas prendre en compte la RAP sur subvention.

- Réduction de dettes financières : tous les remboursements d'emprunts stables sauf concours bancaires et soldes créditeurs de banque. Cf. mouvements compte 16 et état des échéances et des dettes.

Intérêts courus non échus : passif hors exploitation
Solde créditeur de banque et concours bancaire : trésorerie passive
On a une Variation FRNG si les ressources sont supérieures aux emplois.

B. 2e tableau : TF2

Le calcul des variations est réalisé à partir des valeurs brutes des bilans. Pour chaque élément circulant, il convient de se demander si sa variation génère un **besoin** de financement (c'est le cas des augmentations des actifs et des diminutions des passifs) ou non (diminutions des actifs ou augmentations des passifs, on parle de **dégagement**). Pour chaque rubrique, un solde est calculé et porté dans une troisième colonne.

Solde = Dégagements – Besoins

Un solde négatif signifie un accroissement du besoin en fonds de roulement.
Les variations des postes d'actif sont calculées sur les valeurs brutes. Si nous avons les valeurs nettes, il faut leur ajouter les dépréciations de début d'exercice figurant dans la colonne A du tableau des dépréciations.
La distinction entre exploitation et hors exploitation reprend les critères du bilan fonctionnel, les autres débiteurs sont principalement les créances hors exploitation et les VMP ; les autres créditeurs sont principalement les dettes sur immobilisation, les dettes d'I.S et autres dettes hors exploitation.
Chaque fois que le produit correspondant à la créance est un produit d'exploitation, alors la créance est liée à l'exploitation. De même, chaque fois que la charge correspondant à la dette est une charge d'exploitation alors la dette est d'exploitation.
Les variations de la trésorerie nette résultant des variations des disponibilités à l'actif et des CBC au passif.
La variation du FRNG obtenue est égale à celle obtenue au tableau de financement 1 mais de signe contraire.

3. Interprétation ; Intérêt et limite du TF PCG

A. Interprétation

A posteriori, ce tableau explique comment les ressources dont l'entreprise a disposé pendant l'exercice ont permis de faire face à ses besoins.
Il permet ainsi d'apprécier les politiques d'investissement et de désinvestissement, de distribution ou d'autofinancement, d'endettement ou de remboursement.

Il est essentiel de connaître :
La politique de dividendes de l'entreprise : l'entreprise privilégie-t-elle la distribution de dividendes aux actionnaires ou au contraire la mise en réserve du résultat, c'est-à-dire l'autofinancement ?
La politique d'investissement de l'entreprise : quel est le montant des investissements réalisés durant la période écoulée ? Ce montant peut être comparé au montant des investissements réalisés les années antérieures.
Le montant des remboursements d'emprunts effectués

Comment l'entreprise finance ces investissements :
– appel aux actionnaires, c'est-à-dire augmentation du capital,
– augmentation des autres capitaux propres, grâce à des subventions,
– augmentation de la dette financière,
– autofinancement.
Le solde du **tableau I** donne la variation du fonds de roulement net global. Si cette variation du fonds de roulement net global est positive, elle traduit une amélioration de la structure financière de l'entreprise, si cette variation est négative, une détérioration.

Le tableau II permet de dégager trois variations significatives :
– La variation du besoin en fonds de roulement d'exploitation. Dans le cas d'une augmentation importante de BFRE, le tableau permet de déceler les composantes problématiques et facilite la mise en œuvre de décisions correctives,
– La variation du besoin en fonds de roulement hors exploitation.
– La variation de la trésorerie. La variation de la trésorerie n'est que la conséquence des variations du fonds de roulement et du besoin en fonds de roulement. Par exemple, si le besoin en fonds de roulement a moins augmenté que le fonds de roulement, la trésorerie se sera améliorée par augmentation des disponibilités et/ou par diminution des concours bancaires courants.

B. Intérêts

- Approche fonctionnelle au détriment d'une approche exigibilité – liquidité qui permet de mieux appréhender les équilibres structurels pour mieux anticiper l'avenir ;
- L'analyse du passage résultat – opérations – trésorerie permet de démontrer qu'il n'est pas suffisant pour une entreprise de générer que des résultats mais doit les traduire en recettes grâce à une maîtrise de sa gestion (maîtrise BFRE) ;
- Le tableau de financement regroupe en effet toutes les informations nécessaires en matière de prévision en réalisant une synthèse (résultat prévisionnel ; investissement ; BFR, etc.) et permet des comparaisons entre les entreprises.

C. Limites

Ces limites tiennent de l'ambiguïté des concepts, difficultés d'élaboration et insuffisance de l'analyse.

- Ambiguïtés des concepts : la recherche de stabilité ne fait l'objet d'aucune définition comptable, c'est un critère subjectif. Le retraitement du crédit-bail n'est pas prévu ;
- Difficultés d'élaboration : il faut que l'information soit disponible => problèmes sur les nombreux retraitements à opérer ;
- Insuffisance de l'analyse : amalgame entre l'analyse fonctionnelle et l'approche liquidités (amalgame entre FRNG et politique financière LT et MT ; BFR et trésorerie CT). Le tableau de financement II fait ressortir le BFRHE qui regroupe des éléments exceptionnels et donc qui est en contradiction avec la recherche de financement stable ;
- La trésorerie est considérée comme un reliquat alors que le concept d'ETE révèle que la partie de trésorerie générée par l'exploitation est une donnée structurelle. Donc face à ses imperfections, il existe d'autres tableaux d'analyse des flux financiers.

II. Analyse des flux de trésorerie : le tableau de flux de l'ordre des experts-comptables

L'analyse des flux de trésorerie dans l'entreprise s'est traduite par l'élaboration de différents tableaux :
Dont le tableau de flux de la centrale des bilans de la Banque de France, tableau de flux de trésorerie de l'ordre des experts-comptables.
Bien que non obligatoire, la présentation de ces tableaux a connu un développement significatif.
Le tableau de flux de trésorerie, issu de l'avis n° 30 de l'ordre des experts-comptables (OEC) a été publié pour la première fois le 8 décembre 1997.
Il constitue l'adaptation française du tableau américain recommandé en 1987 par le *Financial Accounting Standards Board* (FASB).

1. Trésorerie et le tableau de l'ordre des experts-comptables

La trésorerie joue un rôle essentiel pour l'entreprise car elle lui permet de financer son activité et d'assurer sa pérennité. Elle constitue l'indicateur de référence pour la mesure de sa solvabilité et de sa flexibilité financière.

Le tableau de flux de trésorerie de l'ordre des experts-comptables, à l'instar des autres tableaux de flux, est axé sur l'analyse de la trésorerie plutôt que sur le fonds de roulement fonctionnel privilégié par le tableau de financement du plan comptable général. La décision de l'ordre des experts-comptables de recommander un tableau de flux de trésorerie reposant sur une approche dynamique est conforme à l'évolution de la pratique internationale.
Cette évolution concrétise la prédominance de la notion de trésorerie dans l'appréciation de la situation financière de l'entreprise. Elle marque le passage d'une logique privilégiant les enregistrements comptables à une logique orientée vers la saisie et l'analyse des flux économiques et de leur impact sur la situation financière de l'entreprise.

2. Objectifs du tableau de flux de trésorerie de l'OEC

Le tableau de flux de trésorerie de l'OEC est un outil de gestion indispensable qui a pour objet d'expliquer la variation globale de trésorerie constatée entre deux bilans. Il privilégie une approche dynamique fondée sur une vision globale de l'entreprise.

Le tableau de l'ordre des experts-comptables fournit des informations suivantes.
- la capacité de l'entreprise à générer des liquidités à partir de ses différentes opérations ;
- l'utilisation des liquidités au cours de l'exercice écoulé ;
- la variation de la trésorerie durant l'exercice.

3. Avantages du tableau de flux de l'ordre des experts-comptables

Le tableau de flux de l'OEC a plusieurs avantages :
- il facilite la comparaison des états financiers de l'entreprise avec ceux d'autres entreprises car les flux de trésorerie constituent des indicateurs objectifs, dont la mesure n'est pas affectée par le choix des méthodes comptables, ni par les estimations effectuées à l'arrêté des comptes ;
- il informe sur la capacité de l'entreprise à générer de la trésorerie d'exploitation et sur l'incidence des décisions d'investissement et de financement prises par les dirigeants ;
- il s'adapte à une analyse tant rétrospective que prévisionnelle. Le tableau de flux de trésorerie peut ainsi être retenu pour l'établissement du plan de financement.

4. Présentation du tableau de flux de trésorerie de l'OEC

A. La structure du tableau et les fonctions de l'entreprise

Le tableau de flux de trésorerie de l'OEC est construit à partir des principales fonctions de l'entreprise.

LES TROIS FONCTIONS PRINCIPALES DE L'ENTREPRISE

- La fonction activité
- La fonction investissement
- La fonction financement

Cette structure permet de décrire la contribution de chacune de ces trois fonctions de l'entreprise à la variation de la trésorerie au cours de l'exercice.

a. Fonction activité

Cette fonction est beaucoup plus large que la notion d'exploitation du compte de résultat. Elle regroupe toutes les activités génératrices de revenus autres que celles qui sont définies comme étant des activités d'investissement ou de financement.
Il s'agit ainsi des opérations que l'entreprise effectue dans le cadre de son activité. Cette conception conduit à inclure dans l'activité les opérations hors exploitation. Le flux de trésorerie lié à l'activité regroupe l'ensemble des emplois et des ressources du compte de résultat entraînant une contrepartie financière.
Elle comprend ainsi les flux correspondant aux charges et produits financiers, les charges et les produits exceptionnels (à l'exclusion des produits des cessions d'éléments d'actif), ainsi que la participation des salariés et l'impôt sur les sociétés.
Le flux net de trésorerie lié à l'activité fournit une indication essentielle sur la capacité de l'entreprise à dégager de la trésorerie à partir des seules opérations liées à l'activité pour rembourser les emprunts, payer les dividendes et procéder à de nouveaux investissements, sans faire appel à des sources de financement externes. Le flux doit être positif.
Le flux de trésorerie lié à l'activité peut être déterminé soit à partir du résultat net, soit à partir du résultat d'exploitation. (cf. tableau)

b. Fonction investissement

Cette fonction doit être également appréhendée de façon très large. L'OEC fait figurer, dans les opérations d'investissement, non seulement les opérations traditionnelles d'investissement ou de désinvestissement portant sur des immobilisations corporelles et incorporelles nécessaires à l'exploitation, mais également les investissements et les désinvestissements financiers (y compris les prêts et les remboursements de prêts). Ce choix se justifie par la nécessité de traduire l'effort global d'investissement de l'entreprise au cours de la période observée.
Le flux net de trésorerie lié aux opérations d'investissement fournit une mesure des sommes affectées au renouvellement et au développement de l'activité en vue de préserver ou d'accroître le niveau des flux futurs de trésorerie.
Ce flux permet de caractériser le type de croissance (interne ou externe) retenu par l'entreprise.

Ce flux est le plus souvent négatif puisqu'il matérialise l'effort d'investissement de l'entreprise.
Certains points particuliers appellent les remarques suivantes.

Les opérations de location financement (créditbail et location financière)	Elles ne sont pas retraitées. Elles ne figurent pas dans la fonction investissement, ni dans la fonction financement.
Les subventions d'investissement	Elles sont traitées comme substitut à un financement interne ou externe. À ce titre, elles n'apparaissent pas dans la fonction investissement, mais dans la fonction financement.
Effets escomptés et non échus	Ils ne sont pas réintégrés. (Ils ne sont donc pas rajoutés aux créances clients et aux concours bancaires courants.)
Les frais d'établissement	Ils ne sont pas considérés comme des immobilisations incorporelles, mais retrouvent leur nature initiale de charges et sont déduits du résultat de l'exercice.

c. *Fonction financement*

Cette fonction correspond aux opérations qui influent sur le niveau des ressources externes de l'entreprise. L'ordre des experts-comptables a opté pour une conception restrictive des opérations relevant de la fonction financement.

Elle englobe uniquement
- les mouvements de capitaux propres (à l'exclusion de l'augmentation de capital par incorporation de réserves qui ne génère pas de flux monétaires) ;
- le paiement des dividendes ;
- les mouvements de la dette financière, c'est-à-dire les mouvements sur les emprunts obligataires, sur les dettes auprès des établissements financiers (y compris les concours bancaires non momentanés et, éventuellement les intérêts des emprunts) ;
- les mouvements des avances à caractère financier (avances reçues des tiers, avances remboursées) ;
- les subventions d'investissement reçues.

Le flux net de trésorerie lié aux opérations de financement informe sur la contribution de chacune des modalités de financement externe dans les ressources à la disposition de l'entreprise.
Selon l'OEC, « la trésorerie d'une entreprise représente la différence entre les actifs et les dettes dont la liquidité et l'exigibilité sont immédiates ».
La trésorerie correspond aux disponibilités et à leurs équivalents. Les placements à court terme, très liquides, facilement convertibles en un montant connu de liquidités et dont la valeur ne risque pas de changer de façon significative, sont considérés comme des équivalents de disponibilités.

Cette définition est très éloignée de celle de l'analyse fonctionnelle du bilan conduisant à l'établissement du tableau de financement.
Le tableau de flux de trésorerie de l'OEC devant être considéré comme un document de synthèse, la trésorerie dont il explique la variation doit être issue des rubriques concernées du bilan.
À ce titre, les effets escomptés non échus ne sont pas réintégrés. Seuls les concours bancaires courants correspondant à des découverts momentanés, les intérêts courus non échus ainsi que les intérêts qui s'y rattachent, s'analysent comme de la trésorerie négative.
L'OEC admet que les **concours bancaires courants** puissent, quand ils représentent une part importante de l'endettement, **être intégrés dans les dettes financières.** *La distinction ressource stable/passif de trésorerie du PCG est rejetée,* considérant par là même qu'un découvert bancaire autorisé est un moyen de financement normal et à part entière au même titre qu'un emprunt obligataire et que leur recours n'est pas un signe de vulnérabilité de l'entreprise.
Les valeurs mobilières de placement très liquides doivent également être prises en considération dans la trésorerie de l'entreprise.

En résumé

La trésorerie active se compose des éléments suivants :

- **disponibilités :** comptes de caisse et comptes à vue sauf ceux faisant l'objet de restrictions (exemple : trésorerie dans des pays soumis à un contrôle des changes stricts) ;
- **comptes à terme,** à condition d'avoir été ouverts moins de trois mois avant la clôture de l'exercice. Leur échéance ne doit pas dépasser trois mois ;
- **valeurs mobilières de placement** dont la liquidité est immédiate et qui ne présentent pas de risque significatif de volatilité : OPCVM monétaires en euros, obligations acquises moins de trois mois avant leur échéance.

Les ressources **(trésorerie passive)** se composent des éléments suivants :

- **soldes créditeurs de banque** correspondants à des découverts temporaires ou à des comptes courants créditeurs dont l'exigibilité est immédiate ;
- tout ou partie des comptes courants avec des entreprises liées (société mère, filiale...).

B. Deux options de calcul du flux net de trésorerie lié à l'activité (solde A du tableau de flux de trésorerie de l'OEC)

L'avis n° 30 de l'OEC du 8 décembre 1997 propose deux modèles de présentation du tableau de flux de trésorerie. L'unique différence entre les deux modèles de tableau réside dans les modalités de calcul du flux net de trésorerie généré par l'activité.

a. Méthode indirecte et les flux de trésorerie

Déterminé selon la méthode indirecte, c'est-à-dire à partir d'un résultat. Le flux net de trésorerie généré par l'activité peut être mis en évidence selon deux options.

MODALITÉS DE CALCUL DU FLUX DE TRÉSORERIE GÉNÉRÉ PAR L'ACTIVITÉ

Option 1

Calcul à partir du résultat net

Option 2

Calcul à partir du résultat d'exploitation

La méthode indirecte n'a pas de valeur explicative. Elle est un simple mode de détermination des flux de trésorerie plus rapide à utiliser que la méthode directe. Elle s'oppose à cette dernière qui permet, de manière directe, de faire ressortir, classés par rubriques principales, les montants des encaissements et des décaissements provenant de chaque catégorie d'opération, en rapprochant, catégorie par catégorie, les produits et les charges et la variation des crédits accordés ou obtenus relative à chacune des catégories d'opération.
Les normes internationales recommandent l'utilisation de la méthode directe.

b. Modèle de tableau de flux de trésorerie à partir du résultat d'exploitation

Cette présentation du tableau de flux de trésorerie de l'OEC permet la mise en évidence du flux net de trésorerie d'exploitation.

C. Tracé du tableau

Tableau de flux de trésorerie de l'OEC (option 1)

	Montant
Flux de trésorerie liés à l'activité RÉSULTAT NET Élimination des charges et produits sans incidence sur la trésorerie ou non liés à l'activité + Amortissements, dépréciations et provisions (à l'exclusion des dépréciations sur actif circulant) + Valeur comptable des éléments d'actif cédés – Produits de cessions d'éléments d'actif – Quote-part des subventions d'investissement virée au résultat = Marge brute d'autofinancement Moins : variation du besoin en fonds de roulement lié à l'activité **Flux net de trésorerie généré par l'activité (A)**	
Flux de trésorerie liés aux opérations d'investissement Cessions d'immobilisations + Réductions d'immobilisations financières – Acquisitions d'immobilisations Variation des créances et dettes sur immobilisations **Flux net de trésorerie lié aux opérations d'investissement (B)**	

Flux de trésorerie liés aux opérations de financement Augmentation ou réduction de capital – Dividendes versés + Augmentation des dettes financières – Remboursements des dettes financières + Subventions d'investissements reçues – Variation du capital souscrit non appelé **Flux net de trésorerie lié aux opérations de financement (C)**	
Variation de la trésorerie (A + B + C) Trésorerie d'ouverture Trésorerie de clôture	

Tableau de flux de trésorerie de l'OEC (option 2)

Flux de trésorerie liés à l'activité RÉSULTAT D'EXPLOITATION Élimination des charges et produits sans incidence sur la trésorerie ou non liés à l'activité + Amortissements, dépréciations et provisions (à l'exclusion des dépréciations sur actif circulant) – Transferts de charge ou compte charges à répartir = Résultat brute d'exploitation Moins : variation du besoin en fonds de roulement lié à l'activité = Flux net de trésorerie d'exploitation Autres encaissements et décaissements liés à l'activité – Frais financiers + Produits financiers – Impôt sur les sociétés, hors impôts sur les plus-values de cession – Charges exceptionnelles liées à l'activité + Produits exceptionnels liés à l'activité – Autres créances liées à l'activité + Autres dettes liées à l'activité (y compris intérêts courus) **Flux net de trésorerie généré par l'activité (A)**	

D. Interprétation des flux de trésorerie du tableau de l'OEC

Le tableau de flux de trésorerie de l'ordre des experts-comptables fournit de précieuses informations sur la stratégie financière de l'entreprise. Il permet en particulier de mesurer l'équilibre financier et le risque de défaillance grâce à l'analyse des flux liés aux différentes catégories d'opérations.

Il constitue un bon outil d'éclairage des choix et arbitrages effectués par l'entreprise. Sur le plan de l'analyse prospective, le tableau de flux de trésorerie est un instrument d'analyse et de prévision des flux nets de trésorerie futurs.

La présentation des flux selon les trois fonctions (activité, investissement, financement) indique notamment dans quelle mesure le flux net de trésorerie généré par l'activité donne les moyens à l'entreprise de réaliser sa politique d'investissement.

La situation financière de l'entreprise peut être évaluée à partir de la somme du flux net de trésorerie généré par l'activité (A) et du flux net de trésorerie lié aux opérations d'investissement (B).

Plusieurs situations peuvent être observées.

A + B > 0	L'entreprise dispose d'une trésorerie suffisante. Elle n'a pas besoin de capitaux extérieurs. Elle peut utiliser cet excédent de trésorerie pour diminuer l'endettement ou réduire l'effort des associés. Il est toutefois nécessaire de s'interroger sur la politique d'investissement qui peut être insuffisante pour maintenir la croissance ou la compétition vis-à-vis de ses concurrents.
A + B = 0	L'entreprise finance seule ses investissements, mais elle ne dispose pas de marge de manœuvre. Cette situation peut également résulter de la recherche de l'effet de levier sur les ressources externes empruntées.
A + B < 0	L'entreprise finance ses investissements avec des ressources externes (augmentation de capital, emprunts). Elle est vulnérable si la négativité de A + B est structurelle et croissante. Le risque de défaillance est réel, dès lors que cette situation se prolonge.

Différences entre le tableau de flux de trésorerie de l'OEC et le tableau de financement.

Composantes :	PCG	OEC
Postes de l'actif circulant	Repris en valeurs brutes	Repris en valeurs nettes
Variations de stocks	Non retraité	Reprises à la fois dans le résultat et dans la variation du BFRE
Impôt sur les plus-values de cession d'immobilisation	Non retraité	Retraité de la plus-value et du prix de cession des immobilisations
Loyer de crédit-bail	Non retraité	Non retraité
VO du crédit-bail	Non retraité option possible	Non retraité
Effets escomptés non échus (EENE)	Retraités dans la variation de créances d'exploitation et dans la trésorerie passive	Non retraités
Intérêts d'emprunts	Retraités dans le hors exploitation et emprunts	Non retraités
Dividendes	Dans le 1er tableau	Prélevés des flux liés aux Opérations de financement
Subventions d'investissement reçues	Source de financement Dans le 1er tableau	Éléments de flux liés aux opérations de financement
Les concours bancaires courants	Trésorerie passive	Retraité dans la trésorerie d'ouverture et de clôture s'ils sont momentanés ; s'ils constituent une source de financement habituelle, ils sont à ajouter aux cessions d'emprunts.

Ce qu'il faut retenir

- Le tableau de financement du PCG est document divisé en deux parties : le tableau d'emplois et ressources (TF1 et le tableau des besoins et dégagements (TF2)
- Le TF1 met en évidence les différents mouvements d'entrées et sorties de fonds au niveau des ressources stables et des actifs immobilisés
- Le TF2 porte sur les variations des postes du bas de bilan (actif et passif circulant)
- Les deux parties permettent de retrouver et d'analyser la variation du FRNG.

$$\Delta \text{ FRNG} = \Delta \text{ BFR} + \Delta \text{ TN}$$

- Le calcul des variations est réalisé à partir des valeurs brutes des bilans. Pour chaque élément circulant, il convient de se demander si sa variation génère un besoin de financement (c'est le cas des augmentations des actifs et des diminutions des passifs) ou non (diminutions des actifs ou augmentations des passifs, on parle de dégagement).
- Le tableau de flux de trésorerie a pour objet de détailler et d'expliquer la variation de trésorerie constatée.
- Le tableau de flux de trésorerie permet de connaître l'origine de la trésorerie dégagée et consommée ; d'identifier la ou les stratégie(s) poursuivie(s).
- Le classement se fait par postes économique : activité, investissement et financement
- Le tableau fait ressortir la contribution de chaque fonction à la formation de la variation de trésorerie.

Fonction activité	Correspond aux produits encaissés et charges décaissées, on déduit les variations du BFR pour tenir compte des décalages de trésorerie.
Fonction investissement	Regroupe les opérations d'investissement et de désinvestissement (incorporels, corporels et financiers).
Fonction financement	Inclut toutes les opérations sur les ressources externes de l'entreprise.

- Le tableau de flux constitue un outil indispensable pour le diagnostic financier

Cas Remy

Stagiaire dans le cabinet REMY, vous avez deux dossiers à traiter.

Dossier 1 société DCG

Mission

Le résultat de la société DCG est en progression d'une année à l'autre mais elle a toujours des problèmes de trésorerie. Peut mieux comprendre cette situation, on vous demande de mettre en place le tableau de financement à partir des bilans des années N et N+1 (document 1) et des renseignements complémentaires suivants.

La société a souscrit un nouvel emprunt de 20 000 € courant N ;

Le résultat de l'année N, a été réparti en mise en distribution et en réserves ;

L'entreprise a cédé une camionnette pour 11 000 €, elle a été achetée 25 000 € et amortie pour 15 000.

Pour réaliser cette mission, à l'aide des documents 1 et 2, vous pouvez :

1. Calculez la CAF
2. Complétez les deux tableaux de financement (document 2)
3. Commentez rapidement l'évolution de la situation financière de l'entreprise

Document 1 : Bilan au 31/12/N

Actif	Brut	DAP	Net	Passif	Net
<u>Actif immobilisé</u> Immobilisations incorporelles Fonds de commerce Immobilisations corporelles Terrain Matériels informatiques Matériels de transport Autres	130 000 170 000 60 000 120 000 200 000	20 000 60 000 120 000	130 000 170 000 40 000 60 000 80 000	<u>Capitaux propres</u> Capital social Réserves **Résultat**	520 000 50 000 35 500
Total 1	**680 000**	**200 000**	**480 000**	**Total 1**	**605 500**
<u>Actif circulant</u> Stocks et en cours marchandises Créances clients et comptes rattachés Valeurs mobilières de placement Disponibilités	250 000 145 000 45 000 27 500	25 000 15 000 2 000	225 000 130 000 43 000 27 500	<u>Dettes</u> Emprunts et dettes auprès des Ets de crédit[1] Dettes fournisseurs et comptes rattachés Dettes fiscales et sociales	100 000 185 000 15 000
Total II	**467 500**	**42 000**	**425 500**	**Total II**	**300 000**
Total général	**1 147 500**	**242 000**	**905 500**	**Total général**	**905 500**

1. Dont concours bancaires courants 50 000.

Bilan au 31/12/N+1

Actif	Brut	DAP	Net	Passif	Net
<u>Actif immobilisé</u>				<u>Capitaux propres</u>	
Immobilisations incorporelles				Capital social	520 000
Fonds de commerce	130 000		130 000	Réserves	70 000
Immobilisations corporelles				**Résultat**	125 000
Terrain	250 000	40 000	250 000		
Matériels informatiques	60 000	50 000	20 000		
Matériels de transport	150 000	135 000	100 000		
Autres	245 000		110 000		
Total 1	835 000	225 000	610 000	**Total 1**	**715 000**
<u>Actif circulant</u>				<u>Dettes</u>	
Stocks et en cours	300 000	30 000	270 000	Emprunts et dettes	110 000
marchandises		10 000	50 000	auprès des Ets de crédit[1]	
Créances clients et comptes	60 000			Dettes fournisseurs	160 000
rattachés			40 000	et comptes rattachés	
Valeurs mobilières de	40 000		35 000	Dettes fiscales et sociales	20 000
placement					
Disponibilités	35 000				
Total II	**435 000**	**40 000**	**395 000**	**Total II**	**290 000**
Total général	**1 270 000**	**265 000**	**1 005 000**	**Total général**	**1 005 000**

Document 2 : Tableau de financement

Emplois stables	N+1	N	Ressources stables	N+1	N
Distributions mises en paiement au cours de l'exercice Acquisition d'éléments de l'actif immobilisé Immobilisations incorporelles Immobilisations corporelles Immobilisations financières Charges à répartir sur plusieurs exercices (a) Réduction des capitaux propres Remboursement des dettes financières (b)			Capacité d'autofinancement de l'exercice Cessions ou réductions de l'actif immobilisé Cessions d'immobilisations Incorporelles Corporelles Cessions ou réductions immobilisations financières Augmentation des capitaux propres Augmentation de capital ou apports Augmentation des autres capitaux Augmentation des dettes financières (b) (c)		
Total des emplois (II)			**Total des ressources (I)**		
Variation du fonds de roulement net global Ressource nette (I – II)			Variation du fonds de roulement net global Emploi net (II – I)		

(a) montant brut transféré au cours de l'exercice

(b) sauf concours bancaires et soldes créditeurs de banques

(c) hors primes de remboursement des obligations

1. Dont concours bancaires courants 50 000.

Le 2e tableau se présente de la façon suivante.

Variation du fonds de roulement net global	Exercice N+1			Exercice N
	Besoins (1)	Dégagements (2)	Soldes (2) – (1)	Soldes

La deuxième partie du tableau montre que la diminution du besoin en fonds de roulement (qui est un dégagement) est suffisante pour compenser la diminution du fonds de roulement net global constatée dans la première partie. Il a abouti à une augmentation de la trésorerie.

Variation du fonds de roulement net global	**Exercice N**			**Exercice N–1**
	Besoins (1)	**Dégagements (2)**	**Soldes (2) – (1)**	**Soldes**
Variation exploitation Variation des actifs d'exploitation Stocks et en cours Avances et acomptes versés sur commandes Créances clients, comptes rattachés et autres créances d'exploitation (a) Variation des dettes d'exploitation Avances et acomptes reçus sur commandes Dettes fournisseurs, comptes rattachés et autres dettes d'exploitation (b)				
Totaux				
A. Variation nette exploitation (c)				
Variation hors exploitation Variation des autres débiteurs (a) (d) Variation des autres créditeurs (b)				
Totaux				
B. Variation nette hors exploitation (c)				
Total A + B Besoin de l'exercice en fonds de roulement Dégagement net de fonds de roulement				
Variation trésorerie Variation des disponibilités Variation des concours bancaires courants				
Totaux				
C. Variation nette trésorerie (c)				
Variation du fonds de roulement net global (Total A + B + C)				
Emploi net Ou ressource nette				

(a) y compris charges constatées d'avance selon leur affectation à l'exploitation ou non

(b) y compris produits constatés d'avance selon leur affectation à l'exploitation ou non

(c) montants assortis du signe (+) en cas de dégagement et (–) en cas de besoin

(d) y compris les VMP.

Dossier 2 société BIOOTECH S.A

Mission

La société BIOOTECH S.A. est une société anonyme spécialisée dans la fabrication de machines de laboratoires sophistiquées elle est réputée pour ses installations uniques et son savoir-faire, l'entreprise a toutefois connu de sérieuses difficultés au cours d'exercices récents.

Les dirigeants de la société désirent que vous leur présentiez une analyse de la situation de l'entreprise.

Informations complémentaires relatives à la société BIOOTECH S.A.

Les produits et charges constatés d'avance relèvent de l'exploitation.

Les autres dettes diverses sont liées à l'activité.

Dans les emprunts et dettes financières diverses, les intérêts courus non échus s'élèvent à 3 k€ pour l'exercice N–1 et à 7 k€ pour l'exercice N.

Les concours bancaires courants et soldes créditeurs de banque sont momentanés.

Les reprises sur amortissements, dépréciations et provisions d'exploitation se décomposent de la façon suivante : 479 k€ au titre des provisions pour risques et charges et 237 k€ au titre des dépréciations des stocks et créances clients.

On ne tiendra pas compte de l'impôt sur les sociétés sur les plus-values de cession.

Pour réaliser cette mission, à traiter à l'aide des documents 1, 2, vous pouvez :

1. Dressez le tableau de flux de trésorerie de l'OEC de l'annexe (manque)
2. Commentez brièvement

Document 1 : Bilan actif au 31 décembre N de la société BIOOTECH S.A.

ACTIF (en k€)	Exercice N			Exercice N–1
	Brut	DAPc	Net	Net
Capital souscrit – non appelé	0		0	0
IMMOBILISATIONS INCORPORELLES				
Frais d'établissement	0	0	0	0
Frais de recherche et de développement	9	9	0	0
Concessions, brevets, droits et valeurs similaires	517	489	28	12
Fonds commercial	130	107	23	23
Immobilisations incorporelles en cours	0	0	0	0
Avances et acomptes	0	0	0	0
IMMOBILISATIONS CORPORELLES				
Terrains	108	0	108	108
Constructions	9664	7304	2360	2651
Installations techniques, matériels, et outillage indus	6699	5911	788	796
Autres	762	580	182	123
Immobilisations corporelles en cours	0	0	0	0
Avances et acomptes	0	0	0	0

IMMOBILISATIONS FINANCIÈRES					
	Participations	1647	0	1647	1647
	Créances rattachées à des participations	0	0	0	0
	Titres immobilisés de l'activité de portefeuille	0	0	0	0
	Autres titres immobilisés	1	0	1	1
	Prêts	281	0	281	281
	Autres	10	0	10	10
	Total I	**19828**	**14400**	**5428**	**5652**
ACTIF CIRCULANT					
Stocks et en-cours :					
	Matières premières et autres approvisionnements	3606	865	2741	4299
	En cours de production [biens et services]	1651	0	1651	1804
	Produits intermédiaires et finis	0	0	0	0
	Marchandises	0	0	0	0
Avances et acomptes versés sur commandes		17	0	17	667
Créances d'exploitation :					
	Créances clients et comptes rattachés	8113	198	7915	7412
	Autres	539	0	539	737
Créances diverses		0	0	0	0
Capital souscrit – appelé, non versé		0	0	0	0
Valeurs mobilières de placement		0	0	0	0
Disponibilités		555	0	555	1224
Charges constatées d'avance		64	0	64	57
	Total II	**14545**	**1063**	**13482**	**16200**
Charges à répartir sur plusieurs exercices **(III)**		**0**	**0**	**0**	**0**
Primes de remboursement des emprunts **(IV)**		**0**		**0**	**0**
Écarts de conversion Actif **(V)**		**0**		**0**	**0**
TOTAL GENERAL (I + II + III + IV + V)		**34373**	**15463**	**18910**	**21852**

Bilan passif au 31 décembre N de la société BIOTECH S.A. (avant répartition)

PASSIF (en k€)		Exercice N	Exercice N–1
CAPITAUX PROPRES*			
Capital [dont versé...]		3000	3000
Primes d'émission, de fusion, d'apport,		0	0
Écart de réévaluation		0	0
Écart d'équivalence			
Réserves			
	Réserve légale	300	300
	Réserves statutaires ou contractuelles	0	0
	Réserves réglementées	0	0
	Autres	2000	1557
Report à nouveau		634	–1564

Résultat de l'exercice [bénéfice ou perte]		**2010**	**3641**
Subventions d'investissement		0	0
Provisions réglementées		0	0
	Total I	**7944**	**6934**
PROVISIONS POUR RISQUES ET CHARGES			
Provisions pour risques		177	531
Provisions pour charges		1112	764
	Total II	**1289**	**1295**
DETTES (1)			
Dettes financières			
	Emprunts obligataires convertibles	0	0
	Autres emprunts obligataires	0	0
	Emprunts et dettes auprès établissements de crédits (2)	806	490
	Emprunts et dettes financières diverses (3)	1216	1656
Avances et acomptes reçus sur commandes en cours		793	2771
Dettes d'exploitation			
	Dettes Fournisseurs et Comptes rattachés	3514	4900
	Dettes fiscales et sociales	3171	3634
	Autres	0	0
Dettes diverses			
	Dettes sur immobilisations et Comptes rattachés	2	2
	Dettes fiscales (impôts sur bénéfices)	0	0
	Autres	175	170
Produits constatés d'avance (1)		0	0
	Total III	**9677**	**13623**
Écarts de conversion Passif **(IV)**		**0**	**0**
	TOTAL GENERAL (I + II + III + IV)	**18910**	**21852**
(1)	Dont à plus d'un an		
	Dont à moins d'un an		
(2)	Dont concours bancaires courants et soldes créditeurs de banques	565	56
(3)	Dont emprunts participatifs		

Document 2 : Compte de résultat en liste au 31 décembre N de la société BIOOTECH S.A. en K€

		N	N–1
PRODUITS D'EXPLOITATION	Ventes de marchandises		
	Production vendue biens	30 396	34 501
	services	466	722
	Chiffre d'affaires net	30 862	35 223
	Production stockée	–154	–1 452
	Production immobilisée		
	Subvention d'exploitation		4
	Reprises sur amortissements, dépréciations et provisions, transfert de charges	716	505
	Autres produits	416	291
	Total des produits d'exploitation (I)	31 840	34 571
CHARGES D'EXPLOITATION	Achats de marchandises (y compris droits de douane)		
	Variation de stock (marchandises)		
	Achats de matières premières et autres approvisionnements	8 244	12 388
	Variation de stock (matières premières et approvisionnements)	900	–828
	Autres achats et charges externes	9 274	9 821
	Impôts, taxes, versements assimilés	823	774
	Salaires et traitements	4 924	4 726
	Charges sociales	2 023	2 058
	DOTATIONS D'EXPLOITATION – sur immobilisations	693	726
	DOTATIONS D'EXPLOITATION – sur actif circulant : dotations aux dépréciations	883	207
	DOTATIONS D'EXPLOITATION – pour risques et charges : dotations aux provisions	475	403
	Autres charges	135	178
	Total des charges d'exploitation (II)	28 374	30 453
1 – RÉSULTAT D'EXPLOITATION (I – II)		**3 466**	**4 118**
PRODUITS FINANCIERS	Produits financiers de participations	100	198
	Produits des autres valeurs mobilières et créances de l'actif immobilisé	2	1
	Autres intérêts et produits assimilés	11	27
	Reprises sur dépréciations, provisions et transfert de charges		229
	Différences positives de change	10	2
	Produits nets sur cessions de valeurs mobilières de placement		
	Total des produits financiers (V)	123	457
CHARGES FINANCIÈRES	Dotations financières aux amortissements, dépréciations et provisions		
	Intérêts et charges assimilées	73	102
	Différence négative de change	2	1
	Charges nettes sur cession de valeurs mobilières de placement		
	Total des charges financières (VI)	75	103
2 – RÉSULTAT FINANCIER (V – VI)		**48**	**354**
3 – RÉSULTAT COURANT AVANT IMPÔTS (I-II + III-IV + V – VI)		**3 514**	**4 472**

PRODUITS EXCEPTIONNELS	Produits exceptionnels sur opérations de gestion	3	0
	Produits exceptionnels sur opérations en capital	6	319
	Reprises sur dépréciations, provisions et transfert de charges		
	Total des produits exceptionnels (VII)	9	319
CHARGES EXCEPTIONNELLES	Charges exceptionnelles sur opérations de gestion	0	18
	Charges exceptionnelles sur opérations en capital*		
	Dotations exceptionnelles aux amortissements, dépréciations et provisions	5	3
	Total des charges exceptionnelles (VIII)	5	21
4 – RÉSULTAT EXCEPTIONNEL (VII – VIII)		**4**	**298**
Participation des salariés aux résultats de l'entreprise (IX)		313	234
Impôts sur les bénéfices (X)		1195	895
TOTAL DES PRODUITS (I + III + V + VII)		**31972**	**35347**
TOTAL DES CHARGES (II + IV + VI + VIII + IX + X)		**29962**	**31706**
5 – BÉNÉFICE OU PERTE (Total des produits – total des charges)		**2010**	**3641**

Solution

Dossier 1 : société DCG

1. Calcul de la CAF

Calcul de la CAF de l'exercice N+1

Résultat N+1	125 000
Dotations nettes	
265 000 – (242 000 – 15 000)	+ 38 000
Plus ou Moins-value	
(25 000 – 15 000) – 11 000	– 1 000
CAF	162 000

2. Tableau de financement

1re partie : Tableau des emplois ressources : reflète l'équilibre structurel du bilan fonctionnel en valeurs brutes et avant affectation de résultat

Emplois stables	N+1	Ressources stables	N+1
Distributions mises en paiement au cours de l'exercice Acquisition d'éléments de l'actif immobilisé Immobilisations incorporelles Immobilisations corporelles Immobilisations financières Réduction des capitaux propres Remboursement des dettes financières	15 500 180 000 (a) 10 000 (b)	Capacité d'autofinancement de l'exercice Cessions ou réductions de l'actif immobilisé Cessions d'immobilisations Incorporelles Corporelles Cessions ou réductions immobilisations financières Augmentation des capitaux propres Augmentation de capital ou apports Augmentation des autres capitaux Augmentation des dettes financières	162 000 11 000 20 000
Total des emplois (II)	205 500	Total des ressources (I)	193 000
Variation du fonds de roulement net global Ressource nette (I – II)		Variation du fonds de roulement net global Emploi net (II – I)	12 500

(a) Terrain : 250 000 – 170 000 = 80 000

Matériels transport : 150 000 – (120 000 – 25 000) = 55 000

Autres : 245 000 – 200 000 = 45 000

80 000 + 55 000 + 45 000 = 180 000

(b) Emprunt fin N : 100 000 – 50 000 = 50 000

Emprunt fin N+1 : 110 000 – 50 000 = 60 000

Remboursement en N+1 : 50 000 + 20 000 – 60 000 = 10 000

Rappel pour le 2e tableau :

Si l'actif circulant augmente ou les dettes circulantes diminuent, il s'agit d'un besoin. Dans le cas contraire, c'est un dégagement.

Le solde = dégagement – besoin

Si le solde est négatif, il s'agit d'une augmentation de besoin en fonds de roulement.

Les stocks : 300 000 – 250 000 = + 50 000, c'est un besoin

Créances clients : 60 000 – 145 000 = – 85 000, c'est un dégagement

Dettes fournisseurs et comptes rattachés : (160 000 + 20 000) – (185 000 + 15 000) = – 20 000, c'est un besoin

Les VMP : 40 000 – 45 000 = – 5 000, c'est un dégagement

Disponibilités : 35 000 – 27 500 = + 7 500, c'est un besoin.

Le 2e tableau se présente de la façon suivante.

Variation du fonds de roulement net global	**Exercice N+1**			**Exercice N**
	Besoins (1)	**Dégagements (2)**	**Soldes (2) – (1)**	**Soldes**
Variation exploitation				
Variation des actifs d'exploitation				
Stocks et en cours	50000			
Avances et acomptes ve,o rsés sur commandes				
Créances clients, comptes rattachés et autres créances d'exploitation				
Variation des dettes d'exploitation				
Avances et acomptes reçus sur commandes		85000		
Dettes fournisseurs, comptes rattachés et autres dettes d'exploitation	20000			
Totaux	70000	85000		
A. Variation nette exploitation			15000	
Variation hors exploitation				
Variation des autres débiteurs				
Variation des autres créditeurs		5000		
Totaux	0	5000		
B. Variation nette hors exploitation			5000	
Total A + B				
Besoin de l'exercice en fonds de roulement				
Dégagement net de fonds de roulement			20000	
Variation trésorerie				
Variation des disponibilités				
Variation des concours bancaires courants	7500			
Totaux	7500	0		
C. Variation nette trésorerie			–7500	
Variation du fonds de roulement net global (total A + B + C)			12500	
Emploi net				
Ou ressource nette			12500	

3. Commentaire

Le 1er tableau de financement montre que pour couvrir tous les emplois, la capacité d'autofinancement est insuffisante. L'entreprise a donc dû émettre un nouvel emprunt de 20 000 € mais il est insuffisant, puisque les emplois sont supérieurs aux ressources, ce qui fait diminuer le fonds de roulement net global.

La deuxième partie du tableau montre que la diminution du besoin en fonds de roulement (qui est un dégagement) est suffisante pour compenser la diminution du fonds de roulement net global constatée dans la première partie. Il a abouti à une augmentation de la trésorerie.

Dossier 2 : cas BIOOTECH

Dressez le tableau de flux de trésorerie de l'OEC de l'*annexe*

1. Le tableau de flux de trésorerie de l'OEC

FLUX DE TRÉSORERIE LIES A L'ACTIVITÉ (OPTION 2)	
Résultat d'exploitation	3466
• *Réintégration des charges et élimination des produits sans incidence sur la trésorerie*	
+ Amortissements et provisions (dotations nettes de reprises) (1)	689
= Résultat brut d'exploitation	4155
– Δ BFRE (2)	–1778
= flux net de trésorerie d'exploitation	2377
• *Autres encaissements et décaissements liés à l'activité*	
+ Produits financiers	123
– Charges financières	–75
+/– Charges et Produits exceptionnels (3)	3
– Autres (IS, participation, augmentation des frais d'établissement) (4)	–1508
– Δ BFR lié à l'activité (sauf Δ BFRE) (5)	9
Flux de trésorerie généré par l'activité (A)	929
FLUX DE TRÉSORERIE LIES AUX OPÉRATIONS D'INVESTISSEMENT	
+ Cessions d'immobilisations	6
+ réduction d'immobilisations financières	16
– Acquisitions d'immobilisations	–492
• Incidence de la variation des décalages de trésorerie sur opérations d'investissement	
– Δ BFR lié à l'investissement (6)	0
= Flux de trésorerie lié aux opérations d'investissement (B)	–470
FLUX DE TRÉSORERIE LIES AUX OPÉRATIONS DE FINANCEMENT	
Augmentation ou réduction de capital	
– Dividendes versés	–1000
+ Augmentation des dettes financières	0
– Remboursement des dettes financières	–637
+ Subventions d'investissement reçues	0
• *Incidence de la variation des décalages de trésorerie sur opérations de financement*	
– Δ BFR lié au financement	0
= Flux de trésorerie lié aux opérations de financement (c)	–1637
Variation de trésorerie (A + B + C)	–1178
Trésorerie à l'ouverture (D) (7)	1168
Trésorerie à la clôture (A + B + C + D)	–10

1. Dotations nettes des reprises d'exploitation :

- Dotations d'exploitation du compte de résultat hors actif circulant : 693 (immo)
- 475 (PPRC)
- <u>Reprises d'exploitation du compte de résultat hors actif circulant – 479</u>

Dotations nettes des reprises 689 k€

2. Δ BFRE en valeurs nettes

	N	N–1	Variations
Stocks de matières premières Stock des encours	2 741 1 651	4 299 1 804	
Total des stocks	4 392	6 103	–1 711
Avances et acomptes versés sur commandes Créances clients Autres créances Charges constatées d'avance	17 7 915 539 64	667 7 412 737 57	
Total des créances d'exploitation	*8 535*	*8 873*	*–338*
Avances et acomptes reçus sur commandes Dettes fournisseurs Dettes fiscales et sociales	793 3 514 3 171	2 771 4 900 3 634	
Total des dettes d'exploitation	*7 478*	*11 305*	*–3 827*
BFRE	*5 449*	*3 671*	
Variation BFRE	*1 778*		*1 778*

3. +/– Charges et produits exceptionnels

Produits exceptionnels sur opérations de gestion	3
Charges exceptionnelles sur opérations de gestion	0
Total	3 k€

4. Participation et impôt sur les bénéfices

Participation des salariés	313
Impôt sur les bénéfices	1 195
Total	1 508

5. Δ BFR lié à l'activité (sauf Δ BFRE)

	N	N–1
Total des créances liées à l'activité sauf exploitation	0	0
Intérêts courus sur emprunt Autres dettes diverses	7 175	3 170
Total des dettes liées à l'activité sauf exploitation	182	173
BFR lié à l'activité sauf exploitation	–182	–173
Variation BFR liée à l'activité sauf exploitation	–9	

6. Δ BFR lié à l'investissement

	N	N–1
Total des créances d'immobilisations	0	0
Total des dettes d'immobilisations	2	2
BFR lié à l'investissement	–2	–2
Variation BFR liée à l'investissement	0	

7. Trésorerie à l'ouverture

Disponibilités	+ 1 224
Concours bancaires courants	– 56
Trésorerie à l'ouverture (en K€)	1 168

2. Commentez brièvement

La trésorerie a fortement diminué entre N–1 et N. Elle devient même négative en N. Le cycle d'exploitation a permis de générer de la trésorerie (2 377 K€). Ceci s'explique par l'augmentation du chiffre d'affaires, atténuée par l'augmentation parallèle du BFRE. En effet l'analyse des délais de rotation indique que pour maintenir son chiffre d'affaires l'entreprise a dû accepter une augmentation du délai de rotation des créances clients alors que celui des dettes fournisseurs est resté relativement stable. Le FNTE reste cependant suffisant pour absorber les charges liées à l'activité et notamment la participation des salariés et l'impôt sur les bénéfices. Le FNTA (929 K€) est suffisant pour financer la totalité du FNTI.

La particularité de cette entreprise est un FNTF négatif. Le versement de dividendes a été absorbé par l'augmentation de capital, l'entreprise n'a pas contracté de nouveaux emprunts. Elle a massivement remboursé ses dettes financières (stratégie de désendettement).

La trésorerie de l'entreprise a considérablement diminué mais l'importance massive des disponibilités a permis de réduire fortement son endettement.

La prise en compte du BFR : le fonds de roulement normatif

Schéma de synthèse

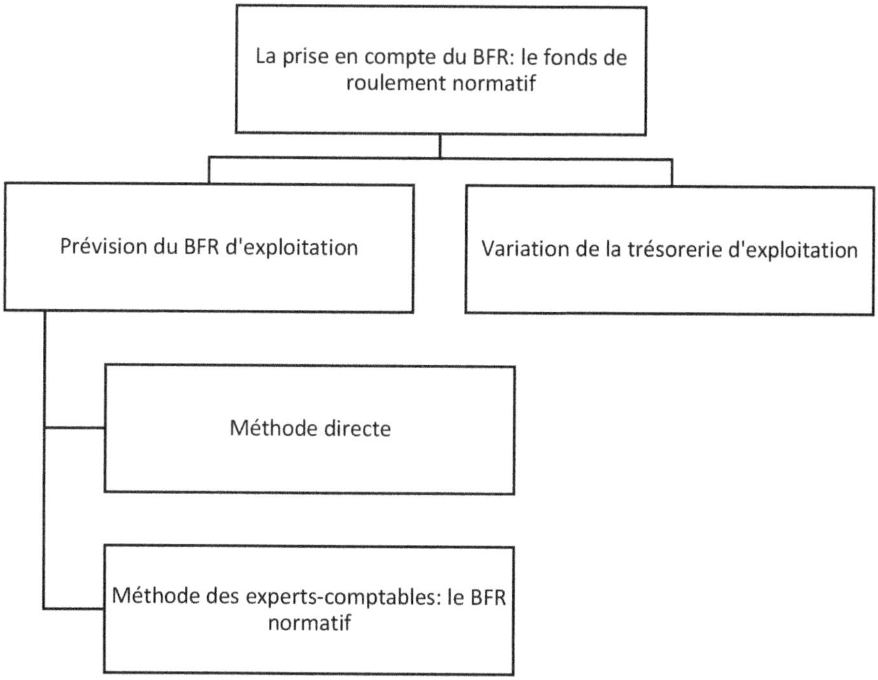

Le niveau du fonds de roulement et celui de BFR déterminent la trésorerie. Or, le BFR dépend de postes qui fluctuent en fonction des échéances de règlement et du niveau d'activité. Pour éviter des problèmes de trésorerie récurrents, on admet généralement que l'entreprise fixe le niveau du FR en fonction du montant moyen du BFR.

Le BFR issu de l'analyse fonctionnelle du bilan présente les limites suivantes :
- **Le calcul est statique puisqu'il s'effectue à partir de la situation patrimoniale à la date de clôture de l'exercice**
- **Le calcul est ponctuel, il n'intègre pas les variations possibles de l'activité**
- **Le calcul global peut masquer le besoin en FR spécifique à certaines activités.**

Pour dépasser ces limites et éviter les problèmes de trésorerie, nous allons chercher à fixer le montant moyen du BFRE ou le besoin en fonds de roulement normatif.

I. Prévision du BFR d'exploitation

Le BFR se décompose en BFRE et BFRHE mais ce dernier ne se prête guère aux prévisions.

La prévision du BFRE moyen ou BFR normatif est basée sur :
- La relation de proportionnalité directe entre les composants du BFRE et le CA
- L'hypothèse que l'activité de l'entreprise est uniformément répartie dans le temps
- La stabilité des coefficients de proportionnalité.
- Seuls les postes d'exploitation sont pris en considération, ils constituent l'essentiel du BFR

Cette prévision peut être effectuée de deux façons.

1. Méthode directe

Elle consiste à rechercher un rapport constant entre le BFRE et un indice d'activité (CA, production) : BFRE/CA
Le BFRE prévisionnel = CA prévisionnel × BFRE/CA
En raison de sa globalité, la méthode directe se révèle limitée. Le BFRE est composé de facteurs indépendants les uns des autres, qui n'évoluent pas de la même façon.

2. Méthode des experts-comptables : le BFR normatif

Elle est utilisée dans une optique prévisionnelle, le montant moyen de chaque poste est exprimé en **nombre de jours de CAHT.**
La mise en œuvre de la méthode des experts-comptables s'effectue en trois étapes :

LES TROIS ÉTAPES DE LA MÉTHODE DU FONDS DE ROULEMENT NORMATIF

Détermination du temps d'écoulement (TE) des postes du BFRE	Détermination des coefficients de structure (CS) des postes du BFRE	Conversion des temps d'écoulement en nombre de jours de CA HT

A. Durée d'écoulement ou temps d'écoulement (TE)

C'est le temps moyen auquel un élément demeure dans le poste.

$$\text{TE d'un poste exprimé en jours de flux correspondants} = \frac{\text{Montant moyen du poste}}{\text{Flux annuel du poste}} \times 360$$

Pour les stocks c'est la durée moyenne passée en magasin par un article avant d'être utilisé (matières premières), terminé (en-cours) ou vendu (marchandises).
Pour les créances et dettes (clients, fournisseurs, TVA) c'est la durée moyenne du crédit accordé ou obtenu.

$$\frac{\text{Client + Effets à recevoir + EENE} - \text{Avances obtenues}}{\text{CAHT}} \times 360$$

$$\frac{\text{Fournisseurs + Effets à payer + EENE} - \text{Avances accordés}}{\text{CAHT}} \times 360$$

Pour un niveau d'activité donné, plus la durée d'écoulement est grande plus le niveau moyen du poste est important.

Remarques

Le modèle repose sur l'hypothèse conventionnelle d'une continuité d'écoulement des flux d'achats et de ventes mais celle-ci est inexacte pour les flux périodiques en raison des règlements.
Dans tous les cas où les paiements sont discontinus, on les assimile à des flux continus par une convention de calcul.

B. Coefficient de structure ou poids du poste par rapport au CAHT

Il mesure le poids du poste par rapport au CA H.T. Il se présente toujours sous la forme d'une fraction dont le numérateur est le flux annuel du poste (par exemple, coût d'achat des marchandises vendues, pour le stock de marchandises) et dont le dénominateur est le CAHT.
Il est obtenu par la formule suivante :

$$\text{Coefficient de structure d'un poste du TE} = \frac{\text{Flux annuel du poste}}{\text{Chiffre d'affaires HT}}$$

Le calcul du coefficient de structure est facilité si l'on observe que le numérateur est le dénominateur du TE ; le dénominateur est toujours le CA HT.
Le découpage de chaque élément du BFR en temps d'écoulement et coefficient de structure permet de comprendre l'origine de chaque poste du BFR normatif (distinguer le problème entre la durée et la structure).
Il permet de cibler les actions correctives sur la durée ou sur la structure et il facilite les comparaisons avec les durées et structures sectorielles.

C. Conversion des durées d'écoulement en jours de chiffre d'affaires

Les temps d'écoulement de l'ensemble des postes du BFRE doivent être convertis en nombre de jours de chiffre d'affaires hors taxes selon la formule suivante.
Le poste en jours de CAHT = Temps d'écoulement (TE) × Coefficient de structure (CS)
Cette conversion permet d'établir une fonction entre le besoin en fonds de roulement d'exploitation et le chiffre d'affaires hors taxes. Dans l'hypothèse du modèle qui a supposé une parfaite variabilité des éléments qui composent le BFRE, le fonds de roulement normatif est ainsi égal à x jours de chiffre d'affaires hors taxe.
Le tableau de calcul du fonds de roulement normatif
Les différents calculs nécessaires à la détermination du fonds de roulement normatif, selon la méthode de l'ordre des experts-comptables, s'effectuent dans un tableau qui se présente de la manière suivante.

Éléments du BFRE	Durées d'écoulement	Coefficients de structure	BFRE en Jours de CA HT	
			Besoins	**Ressources**
Stocks de matières premières ou de marchandises	$\frac{\text{Stock moyen}}{\text{Coût d'achat}} \times 360$	$\frac{\text{Coût d'achat des biens consomm}}{\text{CA HT}}$	X	
Stocks de produits finis	$\frac{\text{Stock moyen}}{\text{Coût de prduction des produits}}$	$\frac{\text{Coût de prduction des produits}}{\text{CA HT}}$	X	
Stocks des en-cours	Durée de cycle de fabrication	$\frac{\text{Coût de prduction des en cours}}{\text{CA HT}}$	X	
Clients	Durée moyenne de crédit client ou $\frac{\text{Créances clients}}{\text{CA TTC}} \times 360$	$\frac{\text{CA TTC}}{\text{CA HT}} = (1+\text{tx TVA})$	X	
TVA déductible	Les achats d'un mois sont supposés réalisés à la date moyenne du mois : (0 + 30)/2 + date de règlement	$\frac{\text{Achat} \times \text{taux TVA}}{\text{CA HT}}$		

Fournisseurs	Durée moyenne de dettes fournisseurs ou $\frac{\text{Dettes fournisseurs}}{\text{achats TTC}} \times 360$	$\frac{\text{Achats TTC}}{\text{CA HT}}$		**X**
TVA collectée	Les ventes d'un mois sont supposées réalisées à la date moyenne du mois : (0 + 30)/2 + date de règlement	$\frac{\text{CAHT} \times \text{Taux de TVA}}{\text{CA HT}}$		**X**
Salaires nets	Si le paiement à lieu le dernier jour : (0 + 30)/2 = 15 jours	$\frac{\text{Salaires annuels}}{\text{CA HT}}$		**X**
Charges sociales	Calculées sur le montant brut et sont réglées le 10 du mois suivant en principe : (0 + 30)/2 + 10 = 25 jours	$\frac{\text{Charges sociales annuelles}}{\text{CA HT}}$		**X**

Pour la TVA, on peut déterminer directement la TVA à décaisser.

Tableau récapitulatif

Postes	**TE**	**CS**	**BFRE en jours de CAHT**	
			Besoins	**Ressources**
Stocks			x	
Clients			x	
Fournisseurs				x
TVA à décaisser				x
Salaires				x
Charges sociales				x
Totaux			X	Y
BFRE en jours de CAHT			X – Y	
BFRE en euros			$\frac{CA \times (X-Y)}{360}$	

Lorsque le résultat est positif c'est un besoin sinon, c'est une ressource.
BFRE prévisionnel = BFRE en jours de CA HT × CA HT/360

Finalité du calcul La démarche normative permet de :

– Fixer le niveau souhaitable du fonds de roulement ;
– Anticiper le comportement du BFRE en fonction des prévisions de fluctuation de l'activité, de repérer les postes sur lesquels des améliorations sont souhaitables. Les temps d'écoulement sont des variables d'action. Les coefficients de structure, associés au temps d'écoulement, de repérer facilement les postes prépondérants du BFRE et de situer les domaines dans lesquels les actions à entreprendre se révèlent les plus efficaces ;

- Effectuer des prévisions, la méthode normative s'inscrit dans le cadre de la gestion financière prévisionnelle. À ce titre, elle est une aide précieuse lors de l'établissement du plan de financement.
- Agir sur les stocks : application du juste à temps, approvisionnement plus fréquent, réduction de la durée du processus
- Agir sur les clients : escompte de règlement, escompte des effets, cession Dailly (céder à la banque des créances clients sur la base de factures), affacturage.

II. Variation de la trésorerie d'exploitation

La méthode du fonds de roulement normatif permet à l'entreprise d'anticiper le comportement du BFRE en fonction des prévisions de fluctuation de l'activité.
L'examen du tableau récapitulatif contribue à repérer les postes sur lesquels des améliorations sont souhaitables.
La méthode apporte également un concours appréciable lors des prévisions des financements durables nécessaires qui forment la partie essentielle du FRNG, mais également lors de la prévision des flux de trésorerie générés par l'exploitation, mesurés par le calcul de l'excédent de trésorerie d'exploitation (ETE).
Le calcul de cet indicateur à partir de l'excédent brut d'exploitation est obtenu par la formule suivante.

ETE = EBE – Var BFRE

L'EBE est un flux de fonds tandis que l'ETE est un flux de trésorerie. Le calcul de l'EBE prend en compte toutes les variations de stocks tandis que l'ETE exclu les variations de stocks et la variation de l'encours commercial.
L'ETE représente la trésorerie générée ou consommée par les seules opérations d'exploitation de l'entreprise au cours d'un exercice.

Cet indicateur est essentiel pour la gestion puisque son calcul est indépendant :
- du montant des stocks
- de la politique d'amortissements, de dépréciations et de provisions de l'entreprise

L'ETE est un solde structurel qui varie avec l'activité. En effet, ses composantes sont liées au chiffre d'affaires. Ainsi l'ETE peut être prévu en fonction des scénarii d'activités envisagés.
L'effet de ciseaux est un risque se manifestant dans les entreprises qui connaissent une forte croissance du chiffre d'affaires.
Une augmentation du chiffre d'affaires ne conduit pas toujours à une augmentation de l'ETE. Si le BFRE augmente plus vite que l'EBE, l'ETE diminue malgré que le CA augmente.

En effet, un accroissement de l'activité induit une augmentation plus que proportionnelle du BFRE qui impacte négativement la trésorerie d'où l'effet de ciseaux.

Ce qu'il faut retenir

- Après l'analyse statique (bilans fonctionnel et financier) et l'analyse dynamique (tableau de financement et flux), il convient pour l'entreprise de **prévoir son BFRE** (besoin en fonds de roulement d'exploitation) **dans le cadre d'une politique normale de fonctionnement ou de nouveaux projets.** C'est l'objectif de l'analyse dynamique et prévisionnelle sur le besoin en fonds de roulement normatif.
- **Le fonds de roulement normatif représente le besoin normé de financement engendré par le cycle d'exploitation.** Il va évoluer proportionnellement au chiffre d'affaires. Le raisonnement s'effectuera en jours de chiffre d'affaires.
- Les étapes de la détermination du besoin en fonds de roulement normatif.
  - Rechercher les temps d'écoulement au besoin les calculer (ratios de rotation)
  - Déterminer les coefficients de pondération (ratios de structure)
  - Calculer le BFRE en jours de CA = temps d'écoulement × ratios de structure.
- Cette analyse est essentielle pour l'entreprise notamment en matière de choix d'investissement lorsqu'il faut estimer le supplément de besoin en fonds de roulement engendré par l'investissement.

Cas Bfre

Dossier 1

Mission

Soient les prévisions suivantes pour N+1 :

Ventes de 3 000 produits au prix HT de 60 € l'un ; coût des matières par produit est de 12 €, les autres charges variables (énergie, fournitures) 6 € ; Coût annuel de main-d'œuvre 36 000 € ; Charges fixes hors amortissements 7 200 € ; les produits encours intègrent 100 % des matières et 50 % des autres charges.

Données concernant la durée de cycle d'exploitation :

Durée de stockage des matières 15 jours ; durée de cycle de fabrication 8 jours ; durée de stockage des produits 20 jours ; durée de crédit accordé aux clients 30 jours (pour 40 % des clients) ; 60 jours aux autres ; durée de crédit accordé par les fournisseurs de matières et autres charges variables de production 30 jours fin du mois ; les fournisseurs des charges fixes sont réglés au comptant ; la TVA est décaissée le 20 du mois suivant. Pour simplifier les calculs on admettra un taux de 20 %.

Pour réaliser cette mission, vous devez :

1. Calculez les durées
2. Calculez les coefficients de structure
3. Calculez le fonds de roulement normatif
4. Supposons que le CA de N+2 est 270 000 €, déterminez le montant du fonds de roulement normatif de N+2.

Dossier 2

Mission

Dans le bilan au 31 décembre N de l'entreprise BFRE, on lit.

- stock de matières premières : 41 000
- stock de produits finis : 70 000

Dans le compte de résultat au 31 décembre N, on lit

- Variation stock matières premières : −2 000
- production stockée : + 12 000

La durée moyenne de crédit accordée aux clients est de 60 jours. Les fournisseurs sont réglés à 30 jours fin de mois.

Les achats hors taxes de matières premières se sont élevés à 242 000 et le CAHT a été de 900 000.

Le coût de production de produits vendus a été de 700 000. Salaires nets annuels : 200 000 ; règlement le dernier jour du mois. Charges sociales = 140 000. Règlement le 10 du mois suivant.

TVA sur ventes et achats de matières premières : 20 %. TVA à décaisser : règlement le 25.

Pour réaliser cette mission, vous devez :

1. Calculez le fonds de roulement normatif

Pour l'exercice N+1, il est prévu que le CAHT augmente de 25 % et que le fonds de roulement soit de l'ordre de 220 000. Que pensez-vous de cette situation ?

Dossier 3

Mission

La société BFRE, qui a déjà connu des problèmes de trésorerie, a réalisé une étude ayant abouti aux prévisions suivantes pour les trois prochains exercices :

Éléments	**N+1**	**N+2**	**N+3**
CA HT (k€)	100 000	120 000	144 000
Charges d'exploitation (HT et hors amortissements)	86 000	100 000	125 000
Var B F R [en k€)	4 000	6 600	8 800

Pour réaliser cette mission, vous devez :

1. Calculez les ETE prévisionnels.
2. Commentez les résultats.

Solution

Dossier 1

1. Temps d'écoulement

Les durées sont indiquées clairement sauf pour trois postes :

Clients : la durée moyenne est de 48 jours

(30 jours × 40 %) + (60 jours × 60 %) = 48 jours

Fournisseurs (matières premières et autres charges) : l'expression 30 jours fin de mois signifie que les achats sont réglés le 30 du mois suivant, la durée moyenne est de 30/2 + 30 = 45 jours.

TVA : 30/2 + 20 = 35 jours

2. Coefficients de structure

Le dénominateur de tous les coefficients est le chiffre d'affaires annuel hors taxes, soit 3 000 × 60 = 180 000 €.

Stocks de matières :

Coût d'achat : 12 × 3 000 = 36 000, CS = 36 000/180 000 = 0,2

Stocks d'en – cours : coût de production des en-cours : (12 × 3 000 × 100 %) + (6 × 3 000 × 50 %) + (36 000 + 7 200) × 50 % = 66 600.

CS = 66 600/180 000 = 0,37

Stocks de produits : coût de production (12 + 6) × 3 000 + (36 000 + 7 200) = 97 200.

CS = 97 200/180 000 = 0,54

Clients : CATTC 180 000 × 1,2 = 216 000.

CS = 216 000/180 000 = 1,2

Fournisseurs : Achats TTC (12 + 6) × 1,2 × 3 000 = 64 800.

CS = 64 800/180 000 = 0,36

TVA à décaisser : (180 000 – [(12 + 6) × 3 000 + 7 200]) × 0,2 = 36 000 – 12 240.

CS = 23 760/180 000 = 0,132

3. Fonds de roulement normatif

Postes	TE	CS	BFRE en jours de CAHT	
			Besoins	Ressources
Stocks matières	15	0,2	3	
Stocks d'encours	8	0,37	2,96	
Stocks de produits	20	0,54	10,8	
Clients	48	1,2	57,6	
Fournisseurs	45	0,36		16,2
TVA à décaisser	35	0,132		4,62
Totaux			74,36	20,82
BFRE en jours de CAHT			53,54	
BFRE en euros			$\frac{180\,000 \times 53{,}54}{360} = 26\,770$ €	

4. Prévision de N+2 : (270 000 × 53,54)/360 = 40 155 €

Dossier 2

Fonds de roulement normatif

VARIATION STOCKS M P= SI – SF

2 00 0= SI – 41 000 d'où SI= 39 000 et SM = (SI + SF)/2 = 40 000

Production stockée =SF-SI d'où SI = 58 000 ET SM= 64 000

Postes	TE	CS	BFRE en jours de CAHT	
			Besoins	Ressources
Stocks matières	40/240 × 360	240/900	16	
Stocks de produits	64/720	720/900	26	
Clients	60	1,2	72	
Tva déductible	15+25	48.4/900	2.15	
Fournisseurs	15+30	290.4/900		14.52
Personnel	15	200/900		3.33
Org. sociaux	15+10	140/900		4
TVA collectée	15+25	0,2		8
Totaux			116.15	29.85
			86.3	
BFRE en jours de CAHT			$\frac{90\,000 \times 86{,}3}{360} = 215\,750$ €	

Le BFRE en N+1

900 000 × [1.25 × 86.3]/360 = 269 688 €.

Or le FRNG est de 200 000 €, l'entreprise va se trouver en impasse de trésorerie. Elle devra donc recourir aux crédits à court terme pour financer son besoin.

Dossier 3

Calculez les ETE prévisionnels.

Éléments	N+1	N+2	N+3
CA HT (k€)	100 000	120 000	144 000
– Charges d'exploitation (HT et hors amortissements)	86 000	100 000	125 000
E B E	14 000	20 000	19 000
Δ B F R (en k€)	4 000	6 600	8 800
ETE	10 000	13 700	10 200

Commentez les résultats

Dès lors que l'entreprise ait atteint son seuil critique, rien ne sert d'augmenter le CA car le BFR s'accroît plus vite (de manière non proportionnelle) et impacte négativement la trésorerie (effet de ciseaux)

Fiche 7

La valeur et le temps

Schéma de synthèse

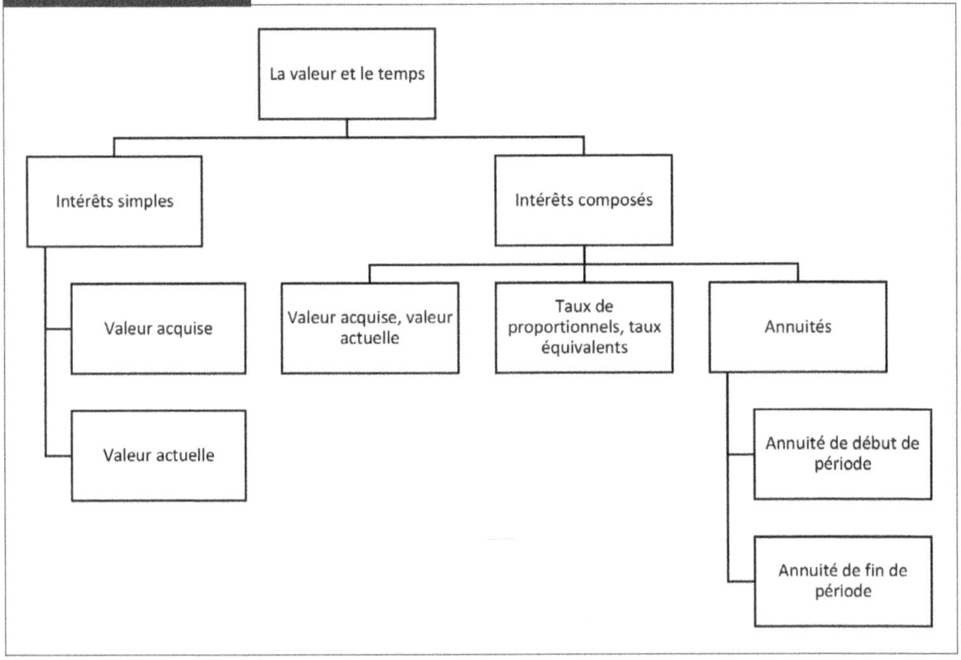

I. Intérêts simples

L'intérêt est le coût du service rendu au débiteur, le montant de l'intérêt dépend de l'importance du capital (C), de la durée (n) et du taux de l'intérêt (t).

I = Ctn/100 ou Ctn/1 200 ou Ctn/36 000

Exemple

Soit un capital, C = 1 000 € est placé à 3,2 % pendant 122 jours

Travail à faire :

➥ **Calculez l'intérêt généré par ce placement**

Solution

I = 1 000 × 3,2 × 122/36 000 = 10,84 €

1. Valeur acquise,

On appelle valeur acquise par un capital la somme du capital placé et des intérêts, qu'il a produits pendant la durée du placement.

$$\textit{Valeur acquise} = C + I$$

Calculez la valeur acquise de l'exemple précédent :
Valeur acquise = 1 000 + 10,84 = 1 010,84 €

2. valeur actuelle

La valeur actuelle est égale au capital moins les intérêts générés par ce capital

$$\textit{Valeur actuelle} = C - I$$

Calculez la valeur actuelle de l'exemple précédent
Valeur actuelle = 1 000 – 10,84 = 989,16 €

II. Intérêts composés

Ce système s'applique aux opérations financières de plus d'un an. À la fin de chaque période, les intérêts s'ajoutent au capital, les intérêts ainsi capitalisés produisent à leur tour des intérêts lors de la période suivante et ainsi de suite.

1. Valeur acquise, valeur actuelle

A. Valeur acquise

La valeur acquise par le capital C_0 après n périodes de placement : $C_n = C_0 (1 + i)^n$

Exemple 1

> Soit un capital de 6 000 € placés à intérêts composés au taux annuel de 8 %

Travail à faire

➥ **Déterminez la valeur acquise de ce capital au bout de 6 ans et les intérêts**

Solution

$C_6 = 6\,000\ (1{,}08)^6 = 9\,521{,}25$ €
Le montant des intérêts : 9 521,25 – 6 000 = 3 521,25

Exemple 2

> Un capital de 20 000 € est placé à intérêts composés pendant 10 ans. La valeur acquise au bout de cette période s'élève à 47 347,27 €

Travail à faire

➥ **Quel est le taux de placement ?**

Solution

$C_n = C0 (1 + i)^n$

$47\ 347{,}27 = 20\ 000 (1 + i)^{10}$

$(1 + i)^{10} = 47\ 347{,}27/20\ 000 = 2{,}3673635$

$i = (47\ 347{,}27/20\ 000)\ 1/10 - 1 = 9\ \%$

Exemple 3

Un capital de 15 000 € est placé à intérêts composés au taux annuel de 11 %. Après capitalisation des intérêts, la valeur acquise s'élève à 31 142,40 €

Travail à faire

➥ **Quelle est la durée de la période de placement ?**

Solution

$31\ 142{,}4 = 15\ 000 (1{,}11)^n$

$(1{,}11)^n = 2{,}07616$

$n \ln (1{,}11) = \ln 2{,}07616$

$n = 7$ ans

B. Valeur actuelle

L'actualisation nous permet de savoir dans des conditions prédéterminées combien vaut aujourd'hui la somme que nous percevrons à la fin d'une certaine période.
L'actualisation est l'inverse de la capitalisation.

$$\textit{Valeur actuelle} = C_n (1 + i)^{-n}$$

L'actualisation est nécessaire à cause de deux phénomènes économiques :
L'inflation
La préférence pour un capital présent « un tiens vaut mieux que deux tu l'auras »

2. Taux proportionnels, taux équivalents

A. Taux proportionnels

Les taux sont proportionnels lorsqu'ils sont proportionnels à la durée des périodes auxquelles ils s'appliquent. Le taux proportionnel au taux d'intérêt i est i/k avec k sous périodes de l'année.

Exemple

Soit un taux annuel de 11,5 %

Travail à faire

➥ **Calculez les taux proportionnels mensuel, semestriel et trimestriel**

Solution

$i_m = 11,5/12 = 0,958$ %

$i_s = 11,5/2 = 5,7$ %

$it = 11,5/4 = 2, 875$ %

B. Taux équivalents

Le taux i_k est équivalent au taux annuel i : $(1 + i_k)^k = 1 + i$, cette égalité nous permettra de trouver tous les taux équivalents.

Si i_a : taux annuel, i_s : taux semestriel, on a : $(1 + i_a) = (1 + i_s)^2$

$1 + i_s = (1 + i_a)$ ½ $= 1 + i_a$

$i_s = 1 + i_a - 1$

Exemple

Soit un taux annuel de 11,5 %, trouvez le taux semestriel et trimestriel équivalents.

Solution

$(1,115) = (1 + is)^2$alors $is = 5,593$

$(1,115) = (1 + it)^4$ alors $it = 2,758$

III. Annuités

Une annuité est une suite de règlements effectués à intervalle de temps appelée période. Cette dernière peut être l'année, le semestre, le trimestre, etc. Les annuités peuvent être variables, constantes, limitées, perpétuelles, viagères (indexée sur la durée de vie de la personne). Les annuités peuvent être versées soit au début soit en fin de période, par exemple, le loyer est versé en début de période.

Les annuités peuvent être versées en vue de :

– constituer un capital (annuités de placements)

– de rembourser un capital (annuités de remboursement)

1. Annuité de début de période (on ne travaillera qu'avec des annuités constantes)

A. Formule de capitalisation : calcul de la valeur acquise

le versement de chaque annuité est réalisé en début de période :

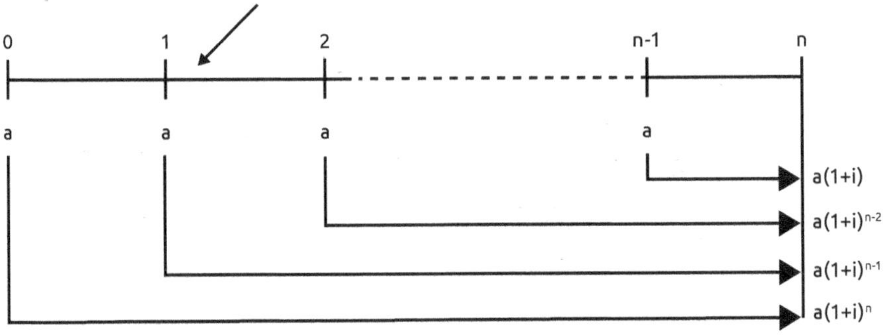

Nombre de périodes

$$V_n = a(1+i)\frac{(1+i)^{n-1}}{i}$$

Avec
Vn = Valeur acquise
i = Taux d'intérêt
a = annuité constante

Exemple

> On place 5 000 € en début de période chaque année. Le taux est de 5 %

Travail à faire

➥ **Quel est le montant acquit au bout de 5 ans ?**

Solution

V5 = 5 000 × (1.05) × = 29 009,56 €

B. Formule d'actualisation : calcul de la valeur acquise

$$V_0 = a(1+i)\frac{1-(1+i)^{-n}}{i}$$

Exemple

> Les modalités d'un emprunt sont : 5 annuités d'un montant de 113 967,53 € chacune, le taux d'intérêt de 7 %. La 1re annuité versée dès la signature du contrat.

Travail à faire

➥ **Quel est le montant de l'emprunt ?**

Solution

Vo =113 967,53 × (1.07) × = 500 000 €

2. Annuité de fin de période

A. Formule de capitalisation : calcul de la valeur acquise

$$V_n = a \times \frac{(1+i)^{n-1}}{i}$$

Exemple

Combien de semestrialités de 2 000 € au taux semestriel de 4 % faut-il verser en fin de période pour obtenir un capital de 8 492,93 € ?

Solution

$$8\,492{,}93 = 2\,000 \times \frac{1{,}04^n}{0{,}04} - 1$$

$$8\,492{,}93 = \frac{1{,}04^n}{0{,}04} - 1$$

$$4{,}25 = \frac{1{,}04^n}{0{,}04} - 1$$

$4{,}25 \times 0{,}04 = 1{,}04^n - 1$

$4{,}25 \times 0{,}04 + 1 = 1{,}04^n$

$1{,}17 = 1{,}04^n$

$n \ln 1{,}04 = \ln 1{,}17$

$$n = \frac{n \ln 1{,}17}{\ln 1{,}04} = 4 \text{ semestres}$$

B. Formule d'actualisation : calcul de la valeur acquise

$$V_n = a \times \frac{1-(1+i)^{-n}}{i}$$

Exemple

Les modalités d'un emprunt sont : 4 annuités d'un montant de 6 6 541,60 € chacune.
Le taux d'intérêt de 12.5 %

Travail à faire

➥ **Quel est le montant d'un emprunt ?**

Solution

$$Vo = 66\,541{,}60 \times \frac{1-(1{,}125)^{-4}}{1{,}125} = 200\,000 \text{ €}$$

Ce qu'il faut retenir

- **Intérêts simples**

L'intérêt simple $I = Ctn/100$ ou $Ctn/1\,200$ ou $Ctn/36\,000$

On appelle valeur acquise par un capital la somme du capital placé et des intérêts, qu'il a produits pendant la durée du placement.

$$\textbf{Valeur acquise} = C + I$$

La valeur actuelle est égale au capital moins les intérêts générés par ce capital

$$\textit{Valeur actuelle} = C - I$$

- **Intérêts composés**

La valeur acquise par le capital C_0 après n périodes de placement : $C_n = C_0\,(1 + i)^n$

L'actualisation est l'inverse de la capitalisation.

Valeur actuelle $= C_n\,(1 + i)^{-n}$

- **Taux proportionnels/taux équivalents**

Les taux sont proportionnels lorsqu'ils sont proportionnels à la durée des périodes auxquelles ils s'appliquent. Le taux proportionnel au taux d'intérêt i est i/k avec k sous périodes de l'année.

Le taux i_k est équivalent au taux annuel i : $(1 + i_k)^k = 1 + i$, cette égalité nous permettra de trouver tous les taux équivalents.

Si i_a : taux annuel, i_s : taux semestriel, on a : $(1 + i_a) = (1 + i_s)^2$

$1 + i_s = (1 + i_a)$ ½ $= 1 + i_a$

$i_s = 1 + i_a - 1$

- **Annuités**

Une annuité est une suite de règlements effectués à intervalle de temps appelée période.

Cas Simple

1re partie : intérêts simples

Dossier 1

Un capital de 12 000 € est placé à 8 %, un second capital de 14 000 € est placé à 5 %

1. Au bout de combien de temps, ces deux capitaux auront-ils acquis la même valeur ?

Dossier 2

Un capital est placé à 7,5 % pendant 52 jours, un second est placé à 6 % pendant 41 jours.
L'intérêt du premier capital est les 7/4 de celui du second et la somme des deux capitaux est de 56 000 €.

1. Calculez le montant de chaque capital

2e partie : intérêts composés

Dossier 1

Une personne place 15 000 € le 1/10/N−2 sur un compte d'épargne. Le 30/06/N−1, elle retire une partie. Le 30/11/N, elle dispose de 6 064,3 €.

1. Calculez la somme retirée le 30/06/N−1 avec un taux annuel de 4 %

Dossier 2

Soit le tableau suivant.

Taux annuel	9 %			
Taux semestriel		6 %		
Taux trimestriel			3,5 %	
Taux mensuel				1,25 %

1. Complétez le tableau avec les taux équivalents

Dossier 3

Soit un emprunt de 100 000 € à intérêts composés, au lieu de rembourser le capital et les intérêts 2 ans après comme convenu, votre créancier vous propose de payer à cette date 45 000 € seulement. Le reste serait sur 4 ans. Le taux d'intérêt est de 5 %. Vous acceptez l'offre.

1. Calculez le montant du dernier paiement

Au moment du paiement vous connaissez des difficultés de trésorerie. Vous obtenez l'échelonnement de votre dette en deux versements égaux : la moitié dans 2 ans et l'autre moitié dans 3 ans au taux de 7 %.

2. Quel est le montant de deux nouveaux versements ?
3. Quel est le coût total du crédit ?

3e partie : cas prêt

Dossier 1

Combien faut-il verser d'annuités constantes de début de période de 6 000 € pour constituer un capital de 200 000 € avec un taux de capitalisation de 7,5 %

Dossier 2

Mission

Une personne désire obtenir un prêt de 100 000 € sur 15 ans en vue de compléter le mode de financement de sa maison individuelle. Deux établissements financiers proposent les conditions suivantes.

Société générale : Remboursements mensuels constants de 106 € par tranche de 10 000 € empruntés (les remboursements auraient lieu début de chaque mois ;

Caisse d'épargne : remboursements annuels constants de 12 042,25 € pour 100 000 € de prêt accordé.

Pour réaliser cette mission, vous devez :

Déterminer à première vue, sur une période de 12 mois l'établissement le plus avantageux (le client désire une réponse immédiate, même approximative), commentez ;

Afin de procéder à une comparaison plus précise entre la société générale et la caisse d'épargne, déterminez l'annuité constante que devrait placer cette personne chaque mois pour faire face à chaque échéance annuelle de 12 042,25 € (les placements auraient lieu en début de période du 1er janvier au 1er décembre au taux d'intérêt simple de 5,25 %). Arrondir à l'euro le plus proche ;

Quelle économie résulte-t-elle du choix du procédé le plus avantageux ? (actualisation à intérêts composés au taux annuel de 8 %) ;

Quel est le taux annuel de l'emprunt de la caisse d'épargne ? (le premier remboursement ayant lieu un an après l'obtention du prêt) ;

Quel est le taux annuel de revient réel pour le client, sachant que celui-ci verse des annuités mensuelles constantes capitalisées comme indiqué à la question 2 ? (actualisation à intérêts composés).

Solution

1re partie : Intérêts simples

Dossier 1

$$\text{Valeur acquise} = C + \frac{C \times i \times n}{36\,000}$$

$$\text{On a} : 12\,000 + \frac{12\,000 \times 8 \times n}{100} = 14\,000 + \frac{14\,000 \times 5 \times n}{100}$$

Avec n : nombre d'années

$(960 - 700) \times n = 14\,000 - 12\,000$

$n = 7{,}692$, il y a 7 ans 8 mois et 9 jours.

Dossier 2

$$I_1 = \frac{C1 \times 7{,}5 \times 52}{36\,000} = \frac{390}{36\,000} C_1$$

$$I_2 = \frac{C2 \times 6 \times 41}{36\,000} = \frac{246}{36\,000} C_2$$

$$I_1 = \frac{7}{4} I_2$$

et $C_1 + C_2 = 56\,000$

donc

$$I_1 = \frac{7}{2} I_2 \Leftrightarrow C_1 = \frac{861}{780} C_2$$

$C_1 = 29$ xxxx

$C_2 = 26$ xxxxx

2e partie : Intérêts composés

Dossier 1

Calculez la somme retirée le 30/06/N–1 avec un taux annuel de 4 %

La valeur acquise par les 15 000 € au 30/06/N–1

$$15\,000\,(1{,}04)^{0{,}75} = 15\,447{,}79$$

Valeur au 30/11/N : $6\,064{,}3\,(1{,}04)^{\frac{-17}{12}} = 5\,736{,}54$

La somme retirée le 30/06/N–1 est de 15 447,79 – 5 736,54 = 9 711,25 €

Dossier 2

Soit le tableau suivant.

Taux annuel	9 %	12,36 %	14,75 %	16,07 %
Taux semestriel	4,4 %	6 %	7,12 %	7,74 %
Taux trimestriel	2,18 %	2,96 %	3,5 %	3,8 %
Taux mensuel	0,72 %	0,98 %	1,15 %	1,25 %

On a $(1 + i_a) = (1 + i_s)^2$

$i_s = \sqrt{1 + i_a} - 1$

Dossier 3

1. **Calculez le montant du dernier paiement**

$100\,000 = 45\,000\,(1{,}05)^{-2} + X(1{,}05)^{-6}$

$X = 79\,311{,}82$ €

2. **Quel est le montant de deux nouveaux versements ?**

Soit X le montant de chacun des versements : $79\,311{,}82 = X\,(1{,}07)^{-2} + X\,(1{,}07)^{-3}$

$X = 46\,937{,}37$ €

3. **Quel est le coût total du crédit ?**

Coût total de crédit : $45\,000 + (46\,937{,}37 \times 2) - 100\,000 = 38\,874{,}74$ €

3e partie : CAS PRET

Dossier 1

Nombre d'annuités

$A = 200\,000$; $a = 6\,000$ et $i = 7{,}5$ %

On a $A = a(1+i)\,\dfrac{(1+i)^n - 1}{i}$

$1{,}075^n = 3{,}325581$

$n\ln 1{,}075 = \ln 3{,}325581$

$n = \dfrac{\ln 3{,}325581}{\ln 1{,}075} = 16{,}61$

$n = 17$ annuités

Dossier 2

Déterminer à première vue, sur une période de 12 mois l'établissement le plus avantageux (le client désire une réponse immédiate, même approximative), commentez ;

Comparaison des deux établissements sur une période de 12 mois

Société générale : 12 versements de 106 € par tranche de 10 000 €. L'emprunt est de 100 000 €, il y a donc 10 tranches.

Le coût de remboursement annuel est de $106 \times 12 = 12\,720$ €

Caisse d'épargne : coût de remboursement annuel est de 12 042,25 €.

La caisse d'épargne semble plus avantageuse que la société générale, d'autant plus que la société générale exige des versements mensuels, ce qui est plus contraignant sur le plan de la trésorerie.

Mais le reproche qu'on peut faire à ce raisonnement est la non prise en compte de la possibilité de placer l'argent avant le remboursement dans chacune des situations.

En effet, le raisonnement en termes nominaux et statiques, sans tenir compte de la dynamique des flux possibles en cours d'année.

Afin de procéder à une comparaison plus précise entre la société générale et la caisse d'épargne, déterminez l'annuité constante que devrait placer cette personne chaque mois pour faire face à chaque échéance annuelle de 12 042,25 € (les placements auraient lieu en début de période du 1er janvier au 1er décembre au taux d'intérêt simple de 5,25 %). Arrondir à l'euro le plus proche

Soit C la mensualité constante placée en début de période au taux annuel d'intérêt simple de 5,25 % et permettant de faire face à la fin de l'année au versement de 12 042,25 €.

À la fin du mois de décembre, l'équation d'équivalence devient :

$$C + \frac{C \times 5{,}25 \times 12}{1200} + C + \frac{C \times 5{,}25 \times 11}{1200} + \ldots + C + \frac{C \times 5{,}25 \times 1}{1200} = 12\ 042{,}25$$

$C = 976$ €

Si nous faisons appel à la caisse d'épargne, nous devons trouver au début de chaque mois une somme de 976 €, alors que la société générale nous demande une mensualité de 1 060 € en début de période.

Quelle économie résulte-t-elle du choix du procédé le plus avantageux ? (actualisation à intérêts composés au taux annuel de 8 %)

Si nous choisissons la caisse d'épargne, nous réalisons une économie de 1 060 – 976 = 84 €. Cette économie se répétera au début de chaque mois sur toute la durée de l'emprunt qui est de 15 ans c'est-à-dire 180 mois.

Nous allons actualiser ces économies de début de mois au jour du prêt. Le taux d'actualisation est de 8 %, c'est un taux annuel mais comme la périodicité est mensuelle, il faut calculer le taux mensuel équivalent.

$(1 + i_m)^{12} = 1 + i_a$

$i_m = 0{,}6434\%$

Les 180 valeurs actuelles sont en progression géométrique de 1er terme 84 (car économie en début du mois) et de raison (1,06434)

$$S_0 = \frac{1 - (1{,}006434)^{-180}}{0{,}006434}(1{,}006434) = 8\ 997{,}47\ €$$

L'économie réalisée en choisissant la caisse d'épargne est de 8 997,47 €

Quel est le taux annuel de l'emprunt de la caisse d'épargne ? (le premier remboursement ayant lieu un an après l'obtention du prêt)

La caisse d'épargne nous demande de rembourser une annuité de 12 042,25 en fin de période et sur 15 ans.

Les valeurs actuelles de ces 15 remboursements sont en progression géométrique de raison $(1+i)^{-1}$ et de 1er terme 12 042,25 $(1+i)^{-1}$, le jour de l'obtention du prêt le montant nominal est égal à la somme des valeurs actualisées des remboursements.

$$100\ 000 = 12\ 042{,}25\ \frac{1-(1+i)^{-15}}{i}$$

D'après la table financière i = 8,5 %

Quel est le taux annuel de revient réel pour le client, sachant que celui-ci verse des annuités mensuelles constantes capitalisées comme indiqué à la question 2 ? (actualisation à intérêts composés).

Le taux de revient réel doit tenir compte de toutes ces contraintes. Le jour du prêt la somme des valeurs actualisées des mensualités au taux de revient réel doit être égale au montant de l'emprunt.

$$100\ 000 = 976\ \frac{1-(1+im)^{-180}}{im}(1+im)$$

$i_a = 8{,}80\ \%$

Fiche 8

Les décisions d'investissement et de financement

Schéma de synthèse

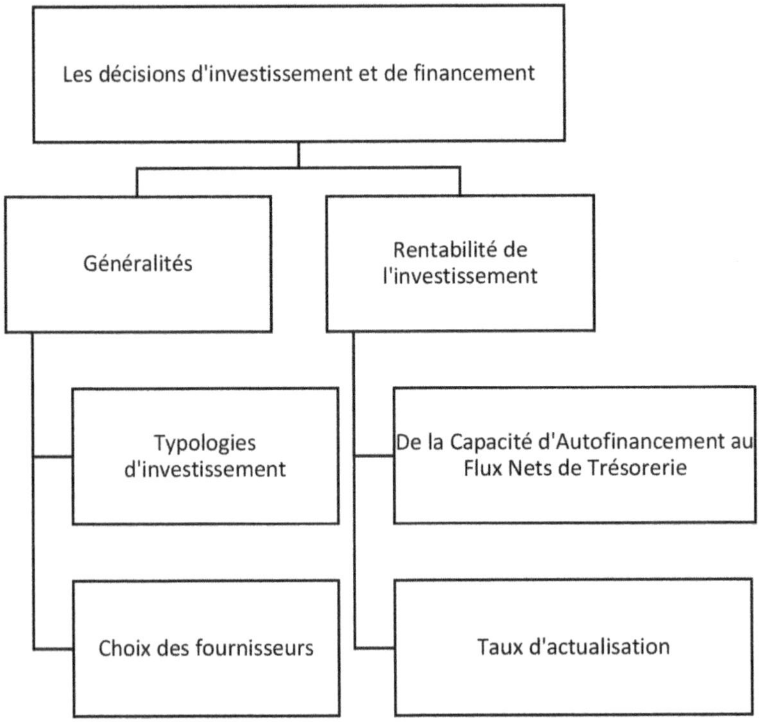

Nous avons présenté dans les chapitres précédents le fonds de roulement normatifs et son influence sur la trésorerie générée par le nouvel investissement.

Nous pouvons maintenant évaluer la rentabilité de l'investissement et présenter les différents critères de choix.

I. Généralités

L'investissement est une dépense immédiate (l'acquisition de biens de production) engagée en vue de gains ultérieurs sur plusieurs périodes successives.
La décision d'investir relève de la politique à long terme de l'entreprise et résulte de motifs et des contraintes divers : recherche de profit, développement, croissance de l'entreprise sur de nouveaux marchés qui nécessitent de nouveaux moyens matériels et humains.
La décision d'investir engage l'entreprise pour plusieurs années car elle modifie sa structure de production de manière durable.

L'entreprise qui investit doit répondre à deux questions :
– Quel investissement réaliser ?
– Quel financement utiliser ?

L'entreprise recherche l'investissement qui lui rapportera le plus et choisira le mode de financement le moins coûteux.
L'investissement a deux aspects :
– Aspect comptable
Il augmente l'actif immobilisé. C'est une augmentation des emplois qui peut déséquilibrer le FRNG, c'est aussi une augmentation des flux de décaissement donc une dégradation de la trésorerie, si elle n'est pas compensée par une augmentation des ressources stables.
– Aspect financier
Investir c'est faire une dépense immédiate qui engendrera des recettes étalées sur les prochains exercices.

1. Typologies d'investissement

Il y a plusieurs typologies d'investissements :

A. Classement selon leur fonction

Investissement de renouvellement : ce sont des dépenses engagées pour renouveler les équipements usagés. Ces investissements assurent le maintien de la capacité de production de l'entreprise.
Investissement de capacité : ils permettent d'accroître la capacité de production ou de commercialisation de l'entreprise. L'investissement de capacité a pour objet d'accroître les capacités de production de l'entreprise par l'acquisition de nouvelles machines, souvent pour répondre à une forte augmentation de la demande ;

Investissement de productivité : permettent d'économiser les ressources (énergie, M. d'œuvre, matière première et fourniture) et de produire ainsi à moindre coût. L'investissement de productivité ou de rationalisation définit la politique de l'entreprise à maintenir un même niveau de production mais en réduisant les coûts du personnel en le remplaçant par des machines.

On relèvera que l'investissement de capacité est en principe créateur d'emploi alors que l'investissement de productivité ou de rationalisation a plutôt pour effet de le réduire.

B. Classement selon leur nature

L'investissement matériel désigne l'acquisition de machines par l'entreprise (c'est l'ensemble des biens classés en immobilisations corporelles) ;

L'investissement immatériel définit l'ensemble des dépenses que l'entreprise consacre à la formation du personnel, à la recherche-développement ou à la publicité. En effet ces dépenses, en accroissant ses ventes, lui permettent d'augmenter sa production. La part de ce type d'investissement progresse de plus en plus dans nos sociétés où les entreprises cherchent à augmenter leur compétitivité par la réalisation de produits nouveaux ou plus performants (c'est l'ensemble des biens classés en immobilisations incorporelles (brevets, marque, etc.) ;

L'investissement financier : c'est la prise de participation dans une autre société.

On peut avoir aussi

Projets	Décisions
Indépendants	Réalisation de l'un n'affecte pas la réalisation de l'autre
Mutuellement exclusifs	Réalisation de l'un implique le rejet de l'autre
Contingents	Réalisation de l'un ne peut pas se faire sans la réalisation de l'autre

2. Choix des fournisseurs

Il faut une collecte d'information dans la presse professionnelle spécialisée, les visites de représentants et les sites Internet B2B mettant en relation les entreprises.

Avant de choisir, il faut comparer les critères de choix : le prix, coût d'utilisation (consommation d'énergie, les fournitures et les pièces, l'entretien, le personnel : nombre et qualification), délai de paiement, délai de livraison, caractéristiques techniques, respect des obligations du cahier des charges, assistance technique et service après-vente.

II. Rentabilité de l'investissement

L'étude d'un projet d'investissement comprend plusieurs étapes :

- Chiffrer les différentes caractéristiques (le montant, la durée, les flux de trésorerie, etc.)
- Déterminer le taux d'actualisation
- Évaluer la rentabilité ; un investissement est rentable si les gains attendus sont supérieurs au capital investi.

1. De la Capacité d'Autofinancement (CAF) aux Flux Nets de Trésorerie (FNT)

A. CAF

Le flux net de liquidités annuel, ou cash-flow net, appelé aussi capacité d'autofinancement (CAF) ou marge brute d'autofinancement (MBA) est constitué des ressources nettes dégagées par l'investissement.
La CAF est la capacité de l'entreprise qui fait naître par ses propres moyens un surplus monétaire sans tenir compte de tout apport extérieur (augmentation de capital, emprunt, etc.)

CAF = Résultat net + Dotations

Exemple

La société CG réalise un investissement de 10 000 €, les recettes prévisionnelles sont :

Années	1	2	3	4	5
CA	9000	10000	8000	7500	6000

Les frais variables représentent 40 % du C.A, les charges fixes, autres que les amortissements du matériel, s'élèvent à 1 000 € par an. L'amortissement est linéaire sur 5 ans. Cet investissement entraînerait un besoin de financement d'exploitation de 1 000 € la 1re année, le BFR est récupéré en fin de vie. La valeur résiduelle est de 2 100 €.
Le taux d'impôt est de 33,1/3 %. La machine a été vendue.

Travail à faire

➥ **Calculez la CAF**

Solution

Calcul de la CAF

	1	2	3	4	5
C.A	9000	10000	8000	7500	6000
Frais variables	3600	4000	3200	3000	2400
Charges fixes	1000	1000	1000	1000	1000
DAP	2000	2000	2000	2000	2000
Résultat avant impôt (1)	2400	3000	1800	1500	600
Impôt sur bénéfice (2)	800	1000	600	500	200
Résultat net d'impôt (3)	1600	2000	1200	1000	400
DAP (4)	2000	2000	2000	2000	2000
CAF (5)	3600	4000	3200	3000	2400

(2) = (1) : 1/3

(3) = (1) – (2)

(5) = (3) + (4)

L'amortissement constate la dépréciation irréversible des immobilisations due au temps (usure, obsolescence…). Il est pris en compte pour la détermination du résultat comptable (bénéfice ou perte) mais ne donne lieu à aucune sortie de trésorerie. Dans certains cas, l'investissement n'entraîne aucune recette nouvelle mais permet une diminution des dépenses. On considère alors ces économies nettes de la même façon que des recettes nettes.

B. Flux nets de trésorerie

Les flux par projet sont de deux types :

– Les flux négatifs ou décaissements : c'est le coût d'acquisition et la variation du BFR d'exploitation

Toutes les dépenses réalisées sont considérées pour leur montant hors taxes.

Le capital initial peut être investi en une ou plusieurs fois suivant la nature ou la durée de l'investissement.

– Les flux positifs ou encaissements : les flux nets de liquidités annuels.

Les FNT sont générées tout au long de l'exercice mais, pour simplifier les calculs, on admet qu'ils sont obtenus à la fin de chaque exercice.

a. Montant de l'investissement : I

Le capital investi est égal au prix d'acquisition plus les frais accessoires (frais d'acquisition et d'installation) plus les fonds nécessaires au fonctionnement du cycle d'exploitation.

L'augmentation du besoin en fonds de roulement le BFR est intégralement récupéré par l'entreprise à la fin du projet.

Valeur résiduelle : À la fin du projet, il est possible que les équipements aient conservé une certaine valeur : c'est la valeur résiduelle.

Pour la valeur vénale, deux cas doivent être distingués :

- La revente de l'immobilisation sur le marché d'occasion : la valeur vénale doit être diminuée de l'impôt sur les plus-values de cession
- La **conservation** des immobilisations dans l'entreprise : cette cession interne n'a pas d'incidence fiscale.

À la fin du projet, L'augmentation de BFR et la valeur résiduelle sont assimilés à des recettes.

b. Durée de vie : n

La durée de vie est le nombre de périodes (années en général) pendant lesquelles l'investissement dégage ou va dégager des recettes nettes. Elle correspond en général à la durée d'amortissement comptable ou durée de vie économique du bien considéré. Elle peut lui être inférieure

Suite de notre exemple

Calculez les FNT

Solution

Calcul des FNT

	0	1	2	3	4	5
Investissement	−10 000					
D BFR	−1 000					1 000
Valeur résiduelle						1 400
CAF		3 600	4 000	3 200	3 000	2 400
FNT	−11 000	3 600	4 000	3 200	3 000	4 800

2. Taux d'actualisation

L'actualisation nous permet de déterminer aujourd'hui la valeur des sommes à percevoir dans n périodes. Elle permet de connaître l'équivalent actuel d'une somme future. L'actualisation nécessite l'utilisation d'un taux qui correspond au taux de rendement minimal, c'est taux de rentabilité exigé

$$\mathbf{C_n = C_0\,(1 + i)^{-n}.}$$

Soit une somme de 2 000 € à percevoir dans 2 ans, quelle est la valeur de cette somme aujourd'hui si on retient un taux de 3 % ?

$$C2 = 2\,000\,(1{,}03)^{-2} = 1\,885{,}19$$

Le taux de rendement minimal

Le taux de rendement minimal correspond au taux de rendement au-dessous duquel on renoncerait à effectuer l'investissement.

Différents taux peuvent être retenus :

– le taux que l'on pourrait obtenir si on plaçait sur le marché financier les capitaux correspondant à l'investissement (= coût d'opportunité du capital) ;
– le taux de rendement moyen de ces mêmes capitaux si on les plaçait dans des opérations dont les risques sont identiques au projet d'investissement envisagé (= coût du capital propre) ;
– le taux de revient des emprunts nécessaires au financement du projet (= coût de l'endettement) ;
– la moyenne entre le coût de l'endettement et le coût du capital propre peut également être retenue.

Le calcul des FNT et FNTA (au taux de 10 %) peut être résumé dans le tableau suivant

Tableau des flux nets de trésorerie

	0	1	2	3	4	5
Produits d'exploitation encaissables imputables à l'investissement		9000	10000	8000	7500	6000
– Charges d'exploitation décaissables imputables à l'investissement		4600	5000	4200	4000	3400
– Dotations aux amortissements		2000	2000	2000	2000	2000
= Résultat brut		2400	3000	1800	1500	600
– Impôt sur les bénéfices		800	1000	600	500	200
= résultat net		1600	2000	1200	1000	400
+ Dotations aux amortissements		2000	2000	2000	2000	2000
Capacité d'autofinancement		3600	4000	3200	3000	2400
– investissements	–10000					
– variation BFR	–1000					
+ Récupération BFR						1000
+ VALEUR Résiduelle nette d'IS						1400
= Flux nets de trésorerie	–11000	3600	4000	3200	3000	4800
Flux nets de trésorerie actualisés (arrondis à l'euro le plus proche)	–11000	3273	3306	2404	2049	2980

Ce qu'il faut retenir

- L'investissement peut être considéré comme une dépense immédiate (l'acquisition de biens) dans le but d'en retirer des gains sur plusieurs périodes successives avec un objectif de création de valeur.
- Les principaux types d'investissement

Selon la nature	Selon l'objectif
Incorporels/formation, recherche et développement... Corporels : bâtiment, matériel... Financiers : titres de participation	Investissement de renouvellement Investissement de capacité Investissement de productivité.

- L'investissement a deux aspects :
  - Aspect comptable :
    - Il augmente l'actif immobilisé. C'est une augmentation des emplois qui peut déséquilibrer le FRNG, c'est aussi une augmentation des flux de décaissement donc une dégradation de la trésorerie, si elle n'est pas compensée par une augmentation des ressources stables.
  - Aspect financier
    - Investir c'est faire une dépense immédiate qui engendrera des recettes étalées sur les prochains exercices.
- Il faut toujours prévoir un financement à long terme.
- Le montant investi est composé de
  - Capital investi qui est égal au prix d'acquisition plus les frais accessoires (frais d'acquisition et d'installation).
  - L'augmentation du besoin en fonds de roulement le BFR qui sera intégralement récupérée par l'entreprise à la fin du projet.
- Les flux par projet sont de deux types :
  - Les flux négatifs ou décaissements : c'est le coût d'acquisition et la variation du BFR d'exploitation
  - Les flux positifs ou encaissements : les recettes générées par l'investissement diminuées des charges liées aux recettes (frais variables et fixes) et de l'impôt sur le bénéfice
- Pour la valeur vénale, deux cas doivent être distingués :
  - La revente de l'immobilisation sur le marché d'occasion : la valeur vénale doit être diminuée de l'impôt sur les plus-values de cession
  - La conservation des immobilisations dans l'entreprise : cette cession interne n'a pas d'incidence fiscale.

- Les flux nets de trésorerie se calculent à partir des CAF d'exploitation grâce au tableau suivant.

Années					
CAF d'exploitation					
– variation BFRE					
+ Récupération du BFRE					
– investissement					
+ Valeur résiduelle nette d'IS					
= Flux nets de trésorerie					

Cas Hafirassa

Mission

L'entreprise HAFIRASSA envisage d'effecteur un projet d'investissement dont les caractéristiques sont les suivantes.

Date d'acquisition	Début N
Prix d'acquisition HT	Terrain : 70 000 € Local : 100 000 € amorti en linéaire sur 20 ans Machine : 30 000 € amortie en linéaire sur 3 ans
Chiffre d'affaires	Le CAHT est estimé à 140 000 € la première année. Il sera en progression de 3 % chaque année.
Charges fixes hors amortissements	20 000 € HT
Taux de charges variables HT	42 % du CAHT
Valeur résiduelle nette d'IS	100 000 €
Taux d'impôt	33,1/3 %
BFR	Il représente 90 jours de CAHT
Taux d'actualisation retenu	10 %
Durée de vie du projet	3 ans

On ne tient pas compte de la valeur résiduelle pour le calcul des dotations aux amortissements.

Les montants seront arrondis à l'euro le plus proche.

Pour réaliser cette mission, vous devez :

1. Indiquez les modalités de détermination d'un taux d'actualisation ;
2. À quoi peut servir d'une façon générale la détermination du besoin en fonds de roulement normatif ?
3. Calculez les flux nets de trésorerie générés par le projet.

Solution

1. Indiquez les modalités de détermination d'un taux d'actualisation

Le taux d'actualisation peut être déterminé à partir de :

- le coût du financement ;
- le taux requis par les apporteurs de capitaux (actionnaires et prêteurs) ;
- le coût de rentabilité minimum exigé par l'entreprise ;
- le coût d'opportunité.

2. À quoi peut servir d'une façon générale la détermination du besoin en fonds de roulement normatif?

Le BFR normatif, exprimé en jours de CAHT, permet de prévoir l'investissement en BFR et par conséquent le FRNG nécessaire ;

Il permet de réaliser des simulations et d'étudier l'impact de la variation d'un poste sur la trésorerie.

3. Calculez les flux nets de trésorerie générés par le projet

Calculs préalables

Le CAHT progresse de 3 % chaque année. CA HT N+1 = CA HT N × 1,03

CA HT N+1 = 140 000 × 1,03 = 144 200

Dotation totale (5 000 + 10 000) = 15 000

Dotation du local : 100 000/20 = 5 000

Dotation machine : 30 000/3 = 10 000

Variation du BFR

	Début N	Fin N	N+1	N+2
CAHT		140 000	144 200	148 526
BFR (ΔCA × 90/360)	0	35 000	36 050	37 132
Variation BFR	−35 000	−1 050	−1 082	

Tableau des flux nets de trésorerie

	Début N	Fin N	N+1	N+2
CAHT		140 000	144 200	148 526
– Charges variables		−58 800	−60 564	−62 381
Marge sur coût variable		81 200	83 636	86 145
– Charges fixes				
– Dotations aux amortissements		−5 000 −10 000	−5 000 −10 000	−5 000 −10 000
= Résultat brut		46 200	48 636	51 145
– Impôt sur les bénéfices		−15 400	−16 212	−17 048
= résultat net		30 800	32 424	34 097
+ Dotations aux amortissements		+15 000	+15 000	+15 000
Capacité d'autofinancement		45 800	47 424	49 097
– investissement initial	−200 000			
– variation BFR	−35 000	−1 050	−1 082	
+ Récupération BFR				37 132
+ Valeur Résiduelle nette d'IS				100 000
= Flux nets de trésorerie	−235 000	44 750	46 342	186 229

L'évaluation de la rentabilité et les critères de choix

Fiche 9

Schéma de synthèse

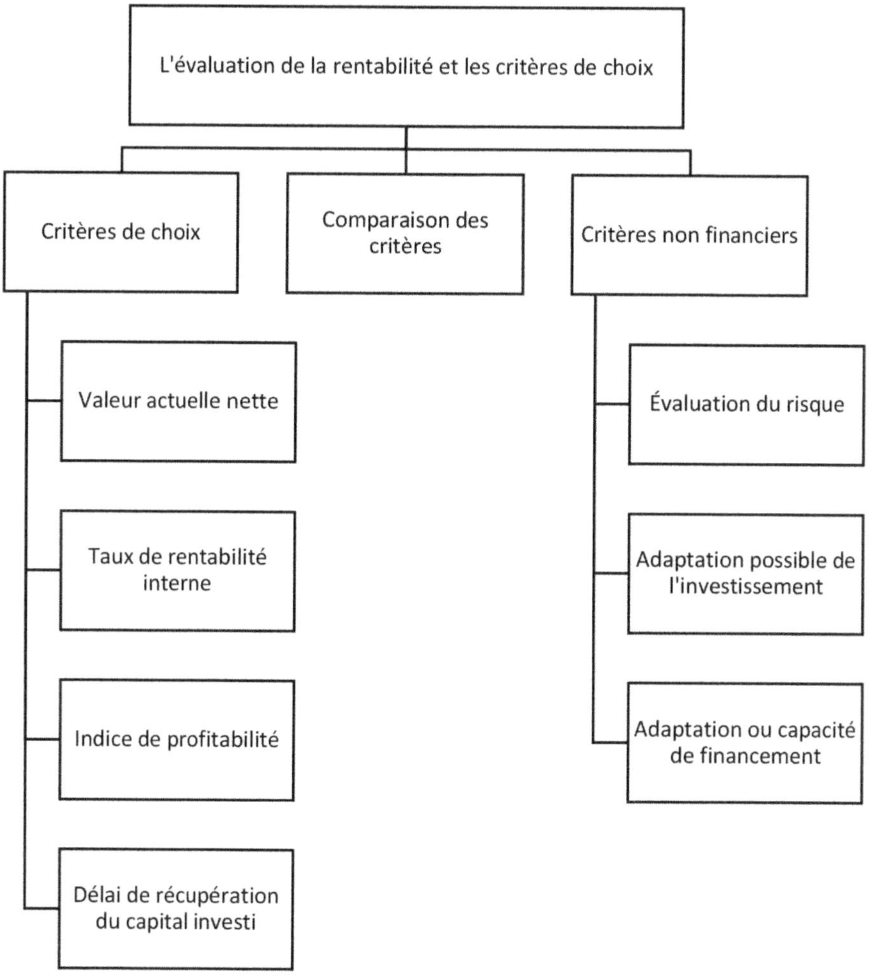

I. Critères de choix

La période T_0 : représente la date de l'investissement initial avec l'augmentation du besoin en fonds de roulement.
Soit un investissement sur n ans, T1-T2-T3-,...-Tn : sont les périodes pendant lesquelles l'investissement génère des flux de trésorerie.
Ce ne sont pas les seuls à devoir être pris en compte. En effet, à la fin des n années et même si l'immobilisation est complètement amortie, elle peut avoir une valeur qui doit être prise en compte dans notre calcul.
Au prix de vente de l'immobilisation, on déduira l'impôt sur les plus-values. Nous devrons reprendre le montant total de l'augmentation du BFRE.
En effet, à la fin des n ans, on peut considérer que le CA revient au niveau auquel il se situait avant l'investissement.

1. Valeur actuelle nette (VAN)

Il convient maintenant de comparer les flux, flux nets de trésorerie, prix de cession nette d'IS et reprise du BFRE avec l'investissement et le BFRE initial ; mais comme nous l'avons vu dans la 1re partie de l'ouvrage, il est impossible de comparer les flux sans les ramener à la même date.
C'est la différence entre la somme des flux nets de trésoreries actualisés (FNTA) et le capital investi, elle mesure la création de valeur attendue du projet.
Il convient donc de comparer le montant de l'investissement avec les recettes actualisées en utilisant les formules :
$FNTA1 = FNT1\ (1 + i)^{-1}$ avec i : taux d'actualisation
Si $FNT1 = FNT2 = ... = FNTn = FNT$ on a : $FNT \times \frac{1-(1+i)^{-n}}{i}$
S'il y a une valeur résiduelle (V) :
$$FNT \times \frac{1-(1+i)^{-n}}{i} + V\ (1 + i) - n$$
La VAN = – I + somme des FNTA, si la VAN est positive, le projet est rentable.
Avec I : Coût de l'investissement plus BFRE
Nous venons d'utiliser l'indicateur le plus pertinent pour évaluer la rentabilité de l'investissement : le critère de la VAN.
Elle représente (l'avantage absolu), c'est la création de valeur qui est au centre des préoccupations des dirigeants. Ils essaient de créer de la valeur pour répondre aux exigences des actionnaires. Ce critère permet de comparer des investissements de montants différents ; l'objectif étant de créer le plus de valeur possible.

Application

La société DCG réalise un investissement de 800 000 €, les recettes prévisionnelles sont :

Années	1	2	3	4	5
CA	720 000	800 000	640 000	600 000	480 000

Les frais variables représentent 40 % du C.A, les charges fixes, autres que les amortissements du matériel, s'élèvent à 80 000 € par an. L'amortissement est linéaire sur 5 ans. Cet investissement entraînerait un besoin de financement d'exploitation de 92 000 € la 1re année, le BFR est récupéré en fin de vie. La valeur résiduelle est de 240 000 €. Le taux d'impôt est de 33,1/3 %

Travail à faire

➥ **1. Calculez la capacité d'autofinancement (CAF)**

➥ **2. Calculez les flux nets de trésorerie (FNT)**

➥ **3. Calculez la VAN.**

Solution

Calcul de la CAF

	1	2	3	4	5
CA	720 000	800 000	640 000	600 000	480 000
Frais variables	288 000	320 000	256 000	240 000	192 000
Charges fixes	80 000	80 000	80 000	80 000	80 000
DAP	160 000	160 000	160 000	160 000	160 000
Résultat avant impôt	192 000	240 000	144 000	120 000	48 000
Impôt sur bénéfice	64 000	80 000	48 000	40 000	16 000
Résultat net d'impôt	128 000	160 000	96 000	80 000	32 000
DAP	160 000	160 000	160 000	160 000	160 000
CAF	288 000	320 000	256 000	240 000	192 000

Calcul des FNT

	0	1	2	3	4	5
Investissement	−800 000					
Var BFRE	−92 000					92 000
VR						160 000
CAF		288 000	320 000	256 000	240 000	192 000
FNT	−892 000	288 000	320 000	256 000	240 000	444 000
VAN	266 229,88					

La 5e année, pour le calcul des FNT, il faut tenir compte de la valeur résiduelle (nette d'IS) et de la reprise de BFRE

Calcul de la VAN

VAN = –892 000 + 288 000 $(1,1)^{-1}$ + 320 000 $(1,1)^{-2}$ + 256 000 $(1,1)^{-3}$ + 240 000 $(1,1)^{-4}$ + 444 000$(1,1)^{-5}$ = 266 229,88

N.B. : La VAN du tableur donne la valeur actualisée des flux de recettes, VAN (taux, flux positif), il faut rajouter la cellule des flux négatifs.

La VAN est positive le projet est rentable et le taux de rentabilité est supérieur au taux d'actualisation.

D'autres critères lui sont opposés ; le TRI, le délai de récupération, l'indice de profitabilité.

2. Taux de rentabilité interne (TRI)

Il représente le taux d'actualisation qui permet d'obtenir une VAN = 0. Plus le taux est important plus le projet est rentable. L'investissement sera accepté si le TRI est supérieur au coût du capital.

En effet, dans ce cas le projet crée plus de valeur qu'il n'utilise de capitaux.

Le TRI souffre d'une incohérence pratique.

Nous devons constater que pour qu'un TRI de 12 % corresponde à une réalité économique il faudrait placer à 12 % les flux issus de l'investissement pendant toute la durée de vie de celui-ci. Cette hypothèse ne résiste pas à la réalité des marchés financiers.

Le TRI est le taux d'actualisation pour lequel la VAN est nulle. C'est le taux pour lequel il y a équivalence entre le capital investi et l'ensemble des FNTA.

$\sum$ FNTA – Investissement = 0

Pour résoudre cette équation, il y a trois possibilités :

- Les tables financières ;
- La méthode de Newton (à l'aide de vos calculatrices) ;
- Par tâtonnement ou interpolation linéaire

Suite de notre exemple

Le TIR de la société DCG

–892 000 + 288 000 $(1 + i)^{-1}$ + 320 000 $(1 + i)^{-2}$ + 256 000 $(1 + i)^{-3}$ + 240 000 $(1 + i)^{-4}$ + 444 000$(1+i)^{-5}$ = 0

Le TRI, i = 20,69 %

Ou, il faut calculer la VAN à 10 % et à 21 % (–7 770,85)

10 %	266 229,88
21 %	–7 770,85
11 %	274 000
1 %	274 000/11 = 24 909,16

10 % + 266 229,88/24 909,16 = 20,69 %

3. Indice de profitabilité

Il mesure l'avantage produit par un euro de capital investi.

$$IP = 1 + \frac{VAN}{\text{Capitaux investis (achat + BFR)}}$$

On peut calculer le taux de profitabilité $= \frac{VAN}{\text{Capitaux investis (achat + BFR)}}$

Le projet est acceptable si l'indice est supérieur à 1.
L'indice de profitabilité de la société DCG
IP = 1 + 266 230/892 000 = 1,30
Chaque euro investi dans ce projet rapporte 0,30 €.
Cet indicateur est intéressant en cas de pénurie de capitaux immobilisés, en effet dans ce cas il convient de maximiser la rentabilité du capital disponible. Sans précision sur les possibilités d'accès aux capitaux, le critère de la VAN correspond mieux à la réalité économique et aux attentes foncières des actionnaires.

4. Délai de récupération du capital investi

Il répond à la question : combien de temps pour récupérer le capital investi ?
C'est-à-dire qu'il convient d'actualiser les flux de les cumuler jusqu'à obtenir le montant du capital investi. Plus le capital est récupéré rapidement plus le projet est rentable. Sur quoi repose ce critère ? Sur le fait que, plus le délai de récupération est long et plus le risque est grand. L'incertitude autour des flux très éloignés de la date de l'investissement, augmente avec le temps.
Cet indicateur correspond bien à certains types d'investissement liés à des fluctuations rapides de la demande.
C'est le temps nécessaire pour récupérer la somme investie (sans tenir compte de l'augmentation du BFR). Il est facile à calculer mais il ne tient pas compte des flux encaissés après la date de récupération et de la valeur résiduelle. Il privilégie les projets permettant de récupérer rapidement le capital investi, parfois au détriment de la rentabilité. On peut le calculer avec les FNTA ou les FNT. Ce critère est souvent privilégié par la PME.

Calcul de délai de récupération de notre exemple avec les FNT

	1	2	3	4	5
FNT	288 000	320 000	256 000	240 000	192 000
FNT cumulés	288 000	608 000	864 000	1 104 000	1 296 000

2 ans + 12 mois × [(800 000 – 608 000)/(864 000 – 608 000)] = 2 ans et 9 mois

Synthèse

	Investissement
VAN	266 230
TRI	20,61
DR	2 ans et 9 mois
IP	1,30

Commentaire

La VAN est positive, le projet est rentable et crée 266 230 de valeur, le taux de rentabilité est 21 %. Le capital investi est récupéré au bout de 2 ans et 9 mois. Un euro investi génère 30 centimes.

Entre deux projets, on choisit celui dont la VAN, TRI et IP le plus élevé et DRCI le plus court.

II. Comparaison des critères

Comme nous pouvions nous y attendre, si nous réalisons un calcul sur plusieurs investissements avec plusieurs critères : le TRI et la VAN par exemple nous pouvons avoir des résultats contradictoires.

Nous pourrions nous ranger au côté de Pierre Vernimnen ou de Gérard Charreaux et avancer que la VAN est le critère le plus pertinent en cas d'abondance du capital. Mais les obligations du programme et la réalité de l'examen nous obligent à évoquer les divergences de critères.

En cas de divergence, nous calculerons les indicateurs globaux : taux de rentabilité interne global (TRIG) et la VAN globale (VANG).

Nous allons d'abord définir un taux de placement des différents flux et calculer :

la valeur acquise de ceux-ci. Nous obtiendrons ainsi, la valeur acquise des flux nets d'exploitation.

Puis nous calculerons le taux qui égalise le montant de l'investissement avec ces flux nets.

Exemple

Soit les FNT, les VAN et les TRI de deux projets suivants

Années	0	1	2	3	4
Projet 1	–200	20	40	80	110
Projet 2	–200	120	80	20	10

	Projet 1	Projet 2
VAN à 10 %	14,94	12,36
TRI	7,50 %	8,98 %

Les résultats avec les deux critères sont divergents. Nous allons calculer les VAN globales et les TRI globaux.
Si on réinvestit les flux au taux de 6 % alors on a :
$$VANG\ 1 = (20 \times (1.06)^3 + 40 \times (1.06)^2 + 80 \times (1.06)^1 + 110) - 200 = 16.84$$
$$VANG2 = (120 \times (1.03)^3 - 80 \times (1.06)^2 + 20\ (1.06)^1 + 10) - 200 = 17.20$$
Alors que le $TRIG1 = (20 \times (1.06)^3 + 40 \times (1.06)^2 + 80 \times (1.06)^1 + 110) \times (1 + t) = 200$
$T1 = 7.14\ \%$
$TRIG\ 2 = 120 \times (1.06)^3 + 80 \times (1.06)^2 + 20 \times (1.06)^1 + 10) \times (1 + t) = 200$
$T2 = 7.19\ \%$
Les deux indications permettent de supprimer la contradiction entre les deux investissements. L'investissement 2 a une VANG et un TRIG supérieurs au projet 1 ; il doit donc être choisi.
Nous venons d'évoquer les critères de choix économiques mais d'autres aspects peuvent être pris en compte.

III. Critères non financiers

1. Évaluation du risque

Dans le cadre d'un choix entre plusieurs investissements, les risques économiques, sociaux, organisationnels, technologiques, environnementaux devraient être pris en compte dans la détermination du taux d'actualisation si un ou plusieurs de ces risques sont sous-évalués ils vont impacter d'une façon identique les différents investissements, donc, ils n'ont pas de conséquences sur le choix final.
Si on raisonne sur un seul investissement soit le risque peut être quantifié et il est pris en compte dans le taux d'actualisation soit il ne peut l'être et donc l'investisseur devra prendre ce risque sous peine d'immobilisme qui interdirait l'investissement et ferait courir un risque beaucoup plus fort à l'entreprise
Un choix rentable ex ante peut s'avérer ex post pas rentable, ou plutôt moins rentable qu'attendu par les actionnaires.

2. Adaptation possible de l'investissement

Une adaptation qualitative ou quantitative avec évolution de la demande ; nous évoquons ici la flexibilité de l'outil de production pouvant plus facilement s'adapter à la différentiation retardée, ou réalisation de petites séries par exemple.
On pourra privilégier ce type d'investissement même si sa rentabilité est plus faible.
Il en va de même si l'investissement peut mieux s'adapter à une évolution stratégique de l'entreprise aux réactions de concurrence.

3. Adaptation ou capacité de financement

Nous verrons en détail les moyens de financement dans les chapitres suivants. Mais nous devons considérer les flux d'exploitation qui doivent permettre de répondre aux exigences des apporteurs de capitaux, banquiers et actionnaires.
On pourrait donc choisir un investissement moins rentable mais qui permette chaque année de répondre à nos obligations de distribution de dividendes par exemple. Certains investissements qui ne génèrent pas de flux nets positifs les premières années seraient ainsi pénalisés.
Quelques approfondissements

1. Comment calculer la rentabilité de l'investissement avec des durées de vie différentes ?
Si nous considérons deux investissements : A d'une durée de vie de 3 ans et B de 5 ans les risques pour la 5e année ne sont courus que par l'investissement B, si nous considérons que plus les flux sont éloignés plus ils sont difficiles à évaluer.

Deux possibilités s'offrent à nous :
- Première possibilité reconduire les investissements jusqu'à trouver une durée commune (méthode du plus petit multiple commun) Ici 15 ans. Les FNT seraient imprévisibles, donc un renouvellement à l'identique sur une durée de 15 ans est irréaliste.
- Si la méthode paraît séduisante au niveau mathématique, l'interprétation économique semble très aléatoire. Comment évaluer les flux dans un futur aussi éloigné.
- La deuxième possibilité nous invite à ne pas prendre en compte les flux de la 5e année pour B, mais prendre en compte la valeur marchande de l'investissement. À la fin de la 4e année, ce calcul n'est pas sans inconvénient, il impute l'investissement A d'une partie de sa rentabilité, mais il tient compte d'une réalité économique.

2. Les calculs ne tiennent pas compte des flux financiers.
Le financement est pris en compte dans le taux d'actualisation mais les flux dans le calcul des critères de choix ne tiennent jamais compte des charges financières ou des dividendes.

Ce qu'il faut retenir

- Pour évaluer un investissement, on utilise différents critères.
- La VAN mesure la création de valeur
- VAN= – I + somme des FNTA
- Le montant de l'investissement est composé du coût de l'investissement et de la variation de besoin en fonds de roulement.

- Pour le dernier flux, il faut récupérer la variation de besoin en fonds de roulement et la valeur résiduelle nette d'impôt en cas de cession.
- Si la VAN est positive, le projet est rentable et le taux de rentabilité est supérieur au taux d'actualisation.
- La VAN est à privilégier lorsqu'on compare des investissements ayant des durées de vie différentes ou dont le capital investi est différent. ;
- TRI ou TIR= taux d'actualisation qui permet d'obtenir une VAN = 0
- En cas de contradiction entre le TRI et la VAN, il faut calculer la TRI global et la VAN globale.
- $IP = 1 + \frac{VAN}{\text{Capitaux investis } (\text{achat} + BFR)}$
- Il mesure l'avantage produit par un euro de capital investi.
- Délai de récupération du capital investi : au bout de combien de temps l'investisseur récupère le capital investi.
- C'est le temps nécessaire pour récupérer la somme investie (compte non tenu de l'augmentation du BFR).
- Il ne tient pas compte des flux encaissés après la date de récupération et de la valeur résiduelle.
- Il privilégie les projets permettant de récupérer rapidement le capital investi, parfois au détriment de la rentabilité.
- Entre deux projets, on choisit celui dont la VAN, TRI et IP le plus élevé et DRCI le plus court.

Cas Invistar

Mission

L'entreprise INVISTAR va faire l'acquisition d'une machine à 600 000 € amortissable sur 5 ans. Les prévisions sur 5 ans sont les suivantes :

Chiffre d'affaires annuel : 750 000 €

Charges fixes hors amortissements : 180 000 €

Charges variables : 390 000 €

La prévision de BFRE exprimée en jours de chiffre d'affaires de la façon suivante.

Composantes du BFRE	Jours de CA hors taxe
Stocks	6
Créances d'exploitation	21
Dettes d'exploitation	9

La valeur résiduelle est estimée à 150 000 €. Le projet serait en partie financé par un emprunt au taux de 5 %. Le coût de capital de l'entreprise est de 10 %

Le taux d'impôt sur les sociétés est de 33,1/3 %

Pour réaliser cette mission, vous devez :

1. Calculez le seuil de rentabilité d'exploitation, l'indice de sécurité et le levier opérationnel ;
2. Commentez les résultats ;
3. Calculez la VAN et le TRI en justifiant le choix du taux d'actualisation
4. Commentez vos résultats.
5. Quelles sont les FNT négatifs ?
6. Quelle est l'origine de BFRE ? Comment peut-on le réduire ?
7. Complétez le tableau suivant

	H1 : Rareté des capitaux	**H2 : Abondance des capitaux**
Objectifs		
Critères		

Solution

1. Calculez le seuil de rentabilité d'exploitation, l'indice de sécurité et le levier opérationnel

CA	750 000	
CV	390 000	
MSCV	360 000	48 % du CA HT
CF hors amortissements	180 000	
DAP	120 000	
Résultat d'exploitation	60 000	

Seuil de rentabilité = Charges fixes/Taux de marge sur coût variable

$$SR = \frac{(180\ 000 + 120\ 000)}{0{,}48} = 625\ 000\ €$$

Marge de sécurité = CA HT – SR = 750 000 – 625 000 = 125 000 €

$$\text{Indice de sécurité} = \frac{\text{Marge de sécurité}}{\text{CAHT}} = \frac{125\ 000}{750\ 000} = 16{,}66\%$$

$$\text{Levier opérationnel} = \frac{1}{\text{Indice de sécurité}} = \frac{1}{16{,}66\%} = 6$$

2. Commentez les résultats

Le Seuil de rentabilité représente le CA à partir duquel la société commence à réaliser un bénéfice. Ici, il est de 625 000 €.

L'indice de sécurité, si le CA réalisé est inférieur de 16,66 % par rapport aux prévisions l'entreprise réalise des pertes.

Levier opérationnel mesure la sensibilité du résultat aux variations de chiffre d'affaires. Ici, si le CA diminue de 5 % alors le résultat va diminuer de 5 % × 6 = 30 %.

Le risque d'exploitation de ce projet semble donc élevé.

3. Calculez la VAN et le TRI en justifiant le choix du taux d'actualisation

On peut retenir comme taux d'actualisation le coût du capital. Il correspond à la moyenne pondérée du coût des capitaux propres et du coût de la dette.

Le BFRE prévisionnel = 6 + 21 – 9 = 18 jours de CAHT

Calcul des FNT

	0	1	2	3	4	5
Résultat d'exploitation	60 000	60 000	60 000	60 000	60 000	60 000
IS	20 000	20 000	20 000	20 000	20 000	20 000
Résultat net	40 000	40 000	40 000	40 000	40 000	40 000
DAP	120 000	120 000	120 000	120 000	120 000	120 000
CAF	160 000	160 000	160 000	160 000	160 000	160 000
Investissement	−600 000					
Var BFRE	−37 500					37 500
VR						100 000
FNT	−637 000	160 000	160 000	160 000	160 000	297 500
VAN	54 902,57					
TRI	13,02 %					

La 5e année, pour le calcul des FNT, il faut tenir compte de la valeur résiduelle (nette d'IS) et de la reprise de BFRE

Calcul de la VAN

$VAN = -637\,000 + 160\,000\,(1,1)^{-1} + 160\,000\,(1,1)^{-2} + 160\,000\,(1,1)^{-3} + 1\,600\,000\,(1,1)^{-4}$

$+ 297\,500(1,1)^{-5} = 54\,902,57$

Calcul de TRI

$-637\,000 + 160\,000\,(1 + i)^{-1} + 160\,000\,(1 + i)^{-2} + 160\,000\,(1 + i)^{-3} + 1\,600\,000\,(1 + i)^{-4}$

$+ 297\,500(1+i)^{-5} = 0$

Le TRI, i = 13,02 %

4. Commentez vos résultats

La VAN est positive et le TRI est supérieur au coût du capital, le projet est rentable est donc acceptable.

5. Quelles sont les FNT négatifs ?

Les flux négatifs ou décaissements : c'est le coût d'acquisition (600 000 €) et la variation du BFR d'exploitation (37 500 €).

6. Quelle est l'origine de BFRE ? Comment peut-on le réduire ?

Résulte d'un décalage dans le temps des flux générés par le cycle d'exploitation.

Il faut agir sur la gestion des stocks et négocier les délais fournisseurs et clients.

7. Complétez le tableau suivant

	H1 : Rareté des capitaux	H2 : Abondance des capitaux
Objectifs	Optimisation de rendement d'un euro investi	Maximisation de volume de profit
Critères	DR, TRI, IP	VAN, TRI différentiel

Les décisions de financement

Fiche 10

Schéma de synthèse

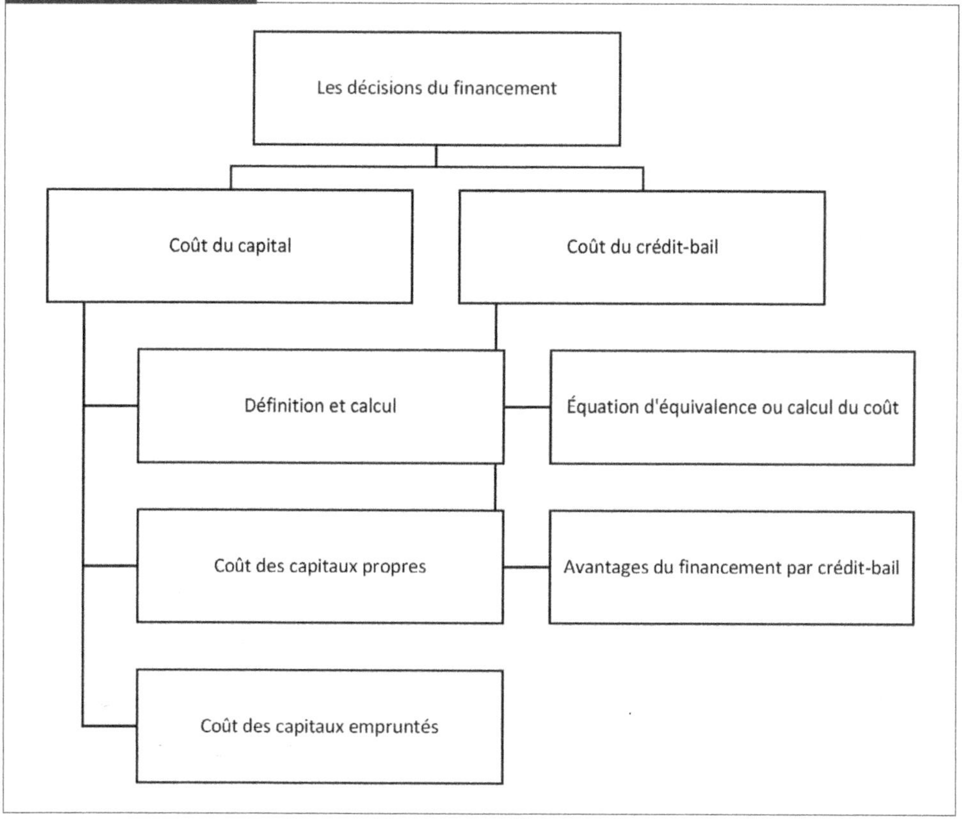

I. Coût du capital

1. Définition et calcul

Le **coût du capital** est égal au **taux moyen des capitaux investis** dans l'entreprise (capitaux propres plus ceux empruntés).
Le coût du capital est un taux moyen entre le taux mesurant le coût des capitaux propres et le taux mesurant le coût des capitaux empruntés.

Le coût moyen pondéré du capital ou Wacc (pour *Weighted Average Cost of Capital*) est le taux d'actualisation traditionnellement utilisé dans la mise en œuvre de la méthode d'actualisation. Le Wacc est populaire dans les manuels de finance comme dans l'univers des praticiens.

$$k = Wacc = Rc * \frac{CP}{CP + DF} + Rd\left(1 - Te\right) * \frac{DF}{CP + DF}$$

Avec :
Rc : Coût des capitaux propres ;
CP : Capitaux propres ;
DF : dettes financières ;
Rd : Le coût de la dette ;
Te : Taux effectif d'impôt.

Pour calculer le Wacc, il faut déterminer le coût des capitaux propres et le coût de la dette financière.

2. Coût des capitaux propres

Les capitaux propres ne sont pas gratuits, en effet les apporteurs de capitaux auraient pu placer leurs fonds en achetant des actions des autres sociétés au lieu de les investir dans leur propre entreprise et ils auraient obtenus des profits (dividendes, droit aux réserves) auxquels ils ont renoncé. Le manque à gagner subi par les apporteurs représente le coût des capitaux propres. (coût d'opportunité).
Il existe deux méthodes d'évaluation du coût des capitaux propres :
MEDAF : modèle d'évaluation des actifs financiers
Méthode Gordon Shapiro

A. MEDAF

Le coût des capitaux propres est le taux de rentabilité exigé par les actionnaires. Il est estimé par le MEDAF (modèle d'équilibre des actifs financiers) ou CAPM (pour Capital Asset Pricing Model). Ce modèle est utilisé en finance pour la gestion de portefeuille mais aussi pour déterminer le coût des fonds propres des firmes dans le cadre de la politique d'investissement par exemple.
Selon le modèle de marché, le risque attaché à un titre peut être décomposé entre un risque de marché et un risque spécifique. Comme la composante spécifique peut être éliminée par diversification, la prime de risque requise pour détenir ce titre ne dépendra que de son niveau de risque systématique, autrement dit de sa contribution individuelle au risque du portefeuille de marché, exprimée par la covariance entre le titre et le portefeuille de marché.
On obtient

$$E(Ra) = RF + [E(RM) - RF] \times [\frac{Cov\left(Ra,\ Rm\right)}{V\left(Rm\right)}]$$

Soit : Rcp= E(Ra) = RF + [E(RM) – RF] βa
Avec :
Ra : rentabilité de l'action
[*E(RM) – RF*] représente la prime de risque de marché ; C'est la différence entre le rendement observé sur le marché à partir d'un indice de référence et le taux sans risque. Elle mesure l'écart de rentabilité attendu entre un investissement en actions et un placement obligataire sans risque.
[*E(RM) – RF*] × βa représente la prime de risque global du titre *i* ;
***RF* est le taux de rendement d'un actif sans risque, le taux des obligations d'État à long terme (les OAT en France par exemple) ;**
***RM* est le taux de rentabilité exigé en moyenne pour le marché ;**
***βa* mesure, quant à lui, la volatilité de la rentabilité de l'action par rapport à la volatilité du marché. Une action dont le β est supérieur à 1 est plus risquée que le marché (son cours de Bourse sera plus volatil que l'indice boursier du marché), et inversement.**
L'intérêt du modèle est de pouvoir classer les titres (ou de leur portefeuille) en fonction de leur bêta.
si *β = 1*, les variations du cours du titre suivent celles de l'indice de marché ;
si *β = 0*, les variations du cours du titre sont indépendantes par rapport à celles de l'indice de marché ;
si *β > 1*, les variations du cours du titre sont plus importantes que celles de l'indice de marché ;
si *β < 1*, les variations du cours du titre sont moins importantes que celles de l'indice de marché.

- Selon le MEDAF, le coût du capital dépend de trois paramètres :

Le Bêta : β , Taux sans risque : Rf ; [*E(RM) – RF*] représente la prime de risque de marché
Ce modèle a néanmoins fait l'objet de nombreuses critiques, fondées essentiellement sur la pauvreté de sa validation empirique[1]. Selon R. Roll (1977, 1978), il est difficile, voire impossible, de déterminer le portefeuille de marché, c'est-à-dire celui qui contient tous les actifs risqués. Il montre comment le choix du portefeuille de référence va conditionner tous les résultats de la mesure de performance. Dès lors que le risque varie au cours de la période, il est plus difficilement mesurable et n'est pas correctement appréhendé par une mesure unidimensionnelle comme la variance de la rentabilité ou le coefficient bêta. Il existerait plusieurs *Bêtas* pour une valeur, chacun rendant compte de la sensibilité à un facteur macroéconomique. Malgré ces critiques, nous avons retenu le MEDAF pour estimer le coût des fonds propres vs les

1. Le modèle repose sur des hypothèses trop simples ou trop restrictives : possibilité d'investir et d'emprunter au taux sans risque ; existence d'actifs uniquement financiers ; pas de coûts de transaction ; marché parfait et rationalité des acteurs ; etc.

autres méthodes parce que c'est l'un des (seuls) modèles qui n'utilise pas des prévisions d'analystes, et donc qui permet de limiter au mieux la perte d'information de firmes de l'échantillon (Khaldi, 2014 et 2016).

B. Méthode Gordon Shapiro

Elle repose sur l'observation de la relation existant entre le revenu actuel d'un actionnaire (dividendes) et la valeur de ces capitaux propres (cours de l'action).
Elle repose sur l'hypothèse d'une croissance régulière du dividende à un taux annuel constant (inférieur au coût des capitaux propres) ce qui implique que chaque année une fraction du bénéfice est mise en réserve et donc réinvestie. C'est cette dernière qui accroît le bénéfice de l'année suivante.
Le cours de l'action est égal à la valeur actualisée de la suite infinie des dividendes futurs qu'il est prévu de distribuer.
Le taux d'actualisation représente le coût des capitaux propres

Coût des capitaux propres $= \frac{D_1}{C} + g$

C : valeur actuelle des capitaux propres
D_1 : premier dividende
g : taux de croissance

3. Coût des capitaux empruntés

Le coût de l'emprunt est défini par un taux d'intérêt diminué des économies d'impôt induites par la charge financière. C'est un taux après impôt.
Dans un cas d'emprunt remboursable et émis au pair, **r = i × (1 – taux d'IS)**
Avec r est le coût de l'emprunt et i le taux de l'emprunt.
Sinon, le coût de l'emprunt est exprimé par le taux d'actualisation qui met l'équivalence entre le montant emprunté D et le montant des annuités après prise en compte de la fiscalité.

	0	1	...
Frais d'émission			
– Économie d'IS/frais			
+ Intérêts			
– Économie d'IS Sur intérêts			
+ Remboursement emprunt			
= Annuités nettes d'Isou flux nets décaissés	Fo	F1	Fn

$D = F0 + F1 \times (1 + r)^{-1} + F2 \times (1 + r)^{-2} + \ldots + Fn\,(1 + r)^{-n}$ **r est le coût de l'emprunt** à chercher

II. Coût du crédit-bail

C'est un mode de financement où l'entreprise n'est pas propriétaire. Cependant elle bénéficie de la déduction fiscale des loyers mais perd celle des amortissements.
L'entreprise peut acheter le bien en fin de contrat en versant la soulte (ou valeur résiduelle) et pourra amortir le bien.
Ce mode de financement est assimilable à un mode de financement par endettement dont on peut chiffrer le coût exact.

1. Équation d'équivalence ou calcul du coût

Le taux exprimant le coût du crédit-bail est le taux d'actualisation assurant l'équivalence entre la valeur du bien et les flux après impôt liés au crédit-bail. Ces flux comprennent : les loyers périodiques et le prix de l'option d'achat moins l'économie d'impôt résultant des charges de loyer et des annuités d'amortissement du prix de l'option plus la perte de l'économie d'impôt qui aurait été réalisé sur l'amortissement du bien si son acquisition avait été immédiate.

	0	1	2	3	...	n
– Financement						
+ Dépôt de garantie						
+ Redevances						
– Économie d'IS Sur redevances						
+ Perte d'IS sur amortissements						
+ Option d'achat						
– Dépôt de garantie						
– Économie d'IS sur amortissements du matériel acheté						
Flux nets décaissés	Fo	F1	F2	F3	...	Fn

$F0 + F1 \times (1 + r)^{-1} + F2 \times (1 + r)^{-2} + F3 \times (1 + r)^{-3} + \ldots + Fn \times (1 + r)^{-n} = 0$, **r est le coût de crédit-bail** à chercher.
Pour apprécier le coût réel d'un moyen de financement, il est nécessaire de tenir compte de l'origine des fonds mis à la disposition de l'entreprise.

2. Avantages du financement par crédit-bail

– Permet à l'entreprise de garder en apparence sa capacité d'endettement ;
– Les redevances sont des charges déductibles ;
– Faire face à l'obsolescence ;
– Ne pas alourdir l'actif.

Ce qu'il faut retenir

- Pour prendre une décision de financement, il faut comparer les différents moyens de financement : autofinancement, emprunt, crédit-bail, etc.
- Lorsque le financement est apporté par les actionnaires, on parle de taux de capitaux propres. C'est le taux de rentabilité exigé par les actionnaires. Il est calculé par le MEDAF mais aussi par le modèle Gordon Shapiro.
- Lorsque les fonds sont apportés par l'ensemble des apporteurs (actionnaires et créanciers financiers) on utilise le coût du capital. C'est une moyenne pondérée de coût des capitaux propres et coût de la dette nette d'impôt.
- Vu que les Flux nets de trésorerie sont générés sur plusieurs années, il convient de les actualiser pour pouvoir les comparer au capital investi.
- Le taux d'actualisation retenu correspond au coût d'opportunité (coût des capitaux propres ou coût du capital).
- Le coût de la dette est le taux de revient de l'emprunt qui tient compte des économies d'impôt sur les intérêts.
- Émission au pair : rd=i × (1-tx IS)
- Émission n'est pas au pair, alors coût de l'emprunt est exprimé par le taux d'actualisation qui met l'équivalence entre le montant emprunté D et le montant des annuités après prise en compte de la fiscalité.

$$D = F_0 + F_1 \times (1 + r)^{-1} + F_2 \times (1 + r)^{-2} + ... + F_n (1 + r)^{-n}$$

r est le coût de l'emprunt à chercher

- Le coût du crédit-bail est le taux d'actualisation assurant l'équivalence entre la valeur du bien et les flux après impôt liés au crédit-bail

$$0 = F_0 + F_1 \times (1 + r)^{-1} + F_2 \times (1 + r)^{-2} + F_3 \times (1 + r)^{-3} + ... + F_n \times (1 + r)^{-n}$$

r est le coût de crédit-bail à chercher.

- Lorsqu'on compare les différents coûts, on choisit le plus petit.
- Le coût du capital retenu constitue un paramètre décisif dans la décision d'investissement. Le coût du capital de l'entreprise peut être utilisé comme taux d'actualisation :
- Si l'investissement présente le même niveau de risque que le risque actuel ;
- Si le projet ne modifie pas la structure de l'entreprise ;
- Sinon, on calcule un coût du capital pour le projet.

Cas Birsa

Votre chef de mission vous confie trois dossiers de la société BIRSA. Cette société conçoit, fabrique et commercialise des équipements à haut contenu technologique.

Les dirigeants de la société envisagent de nouveaux investissements pour accroître la capacité de production de la société. Le directeur financier vous demande de le seconder dans les décisions d'investissement et de financement, sachant qu'elles ne modifieront ni le niveau actuel du risque d'exploitation de la société, ni sa structure de financement.

Dossier 1 coût du capital

Mission

Le directeur a décidé de retenir le coût du capital comme taux d'actualisation. Pour cela, il a réuni les informations présentées en document 1.

Pour réaliser cette mission à l'aide de document 1, vous devez :

1. Calculez le coût (net d'IS) des capitaux empruntés.
2. Vérifiez le taux que le directeur se propose de retenir comme coût des capitaux propres.
3. Indiquez ce que représente le coefficient β dans le modèle d'équilibre des actifs financiers (MEDAF).
4. Calculez le coût du capital pour la société.
5. À quelles conditions le coût du capital peut-il être utilisé comme taux d'actualisation d'un investissement ?

Document 1 : Éléments de détermination du coût du capital

La structure de financement est la suivante : 6 M € de capitaux propres, et 4 M € de dettes financières. Le montant des intérêts figurant dans le compte de résultat s'élève à 240 000 € pour l'exercice N.

Le coût des capitaux propres est estimé à 12 % par le directeur. Il a utilisé pour cela le MEDAF (modèle d'équilibre des actifs financiers) en s'appuyant sur les informations suivantes :

- le taux d'intérêt annuel des obligations d'État est en moyenne de 3,6 % ;
- le taux moyen annuel de rentabilité attendu sur le marché des actions est évalué à 9,6 % ;
- le coefficient β de l'action a été déterminé par le directeur, et arrondi à 1,4.

Le taux d'IS est de $33,{}^{1}/_{3}$ %.

Dossier 2 décision du financement

Mission

Le directeur décide de réaliser l'investissement B et s'interroge sur le choix du financement et ses conséquences sur la rentabilité des capitaux propres investis. Les différentes solutions de financement sont présentées en ***document 1***.

Pour réaliser cette mission à l'aide de document 1, vous devez:

1. Déterminez le coût (ou taux actuariel) de l'emprunt en précisant les flux nets de trésorerie pris en compte chaque année.
2. Déterminez le coût (ou taux actuariel) du crédit-bail en précisant les flux nets de trésorerie pris en compte chaque année.
3. Ayant retenu le financement par emprunt, calculez les flux nets de trésorerie du projet global après prise en compte de ce financement. Déterminer le taux de rentabilité interne après prise en compte du financement des capitaux propres investis.
4. Justifiez l'intérêt du recours à l'emprunt.

Document 1: Informations relatives aux financements envisagés

L'investissement B est finalement retenu et se fera sur 5 ans, son financement se fera selon la structure financière décrite ci-dessous. Le montant total de 600 000 € (570 000 € de matériel et 30 000 € de besoin en fonds de roulement) sera financé à hauteur de 360 000 € par ressources propres, et à hauteur de 240 000 € par recours à l'endettement.

La mise en place de ces financements se ferait début n +1.

Deux solutions sont étudiées:

Emprunt de 240 000 € aux conditions suivantes:

- durée: 5 ans;
- taux d'intérêt fixe de 6 %, les intérêts sur le capital restant dû étant payables à la fin de chaque année;
- remboursement par fractions égales à la fin de chaque année.
- Contrat de crédit-bail à hauteur de 240 000 € des matériels:
- durée du contrat: 3 ans;
- versement au début de chaque année de trois redevances d'un montant de 75 000 € chacune;
- option de rachat à la fin de la troisième année pour 60 000 €; celle-ci sera exercée et ce montant amorti sur les deux années suivantes.

Dossier 3 choix entre emprunt et crédit-bail

Mission

Investissement : 180 000 €, le bien est amortissable sur 6 ans et sa valeur résiduelle est nulle. Deux possibilités de financement :

Emprunt :

Montant 180 000 €, durée : 5 ans, remboursement par amortissement constant au taux nominal de 5,4 %.

Crédit-bail :

Durée 4 ans, dépôt de garantie 10 000 €, redevance annuelle versé en début de période de 42 000 €. Le prix de levée de l'option est de 30 000 €. L'entreprise envisage la levée de l'option et d'exploiter le bien jusqu'au terme de sa durée d'utilisation.

Le taux d'impôt sur les sociétés est de 33,1/3 %.

Pour réaliser cette mission, vous devez :

1. Calculez le coût de l'emprunt
2. Déterminez les flux de trésorerie résultant de l'exécution du contrat de crédit-bail et vérifiez que le coût de revient de ce financement est de 4 %
3. Quelle est la meilleure modalité de financement. Justifiez votre réponse.
4. Quels sont les avantages du financement par crédit-bail ?

Solution

Dossier 1 : coût du capital

1. **Coût (net d'IS) des capitaux empruntés :**

   Taux moyen d'intérêt = 240 000/4 000 000 = 6 %. Le coût net d'IS = 6 % × 2/3 = 4 %

2. **Coût des capitaux propres (selon MEDAF) :**

   3,6 % + 1,4 (9,6 % – 3,6 %) = 12 %

3. **Signification du coefficient Bêta dans le MEDAF**

   Le coefficient Bêta dans le MEDAF représente la sensibilité de l'action par rapport à l'indice de référence (du marché action). Le bêta mesure donc la volatilité du titre par rapport à l'évolution globale du marché. Ainsi un titre qui a un bêta supérieur à 1 sera plus réactif que le marché et un titre qui a un bêta inférieur à 1 sera moins sensible aux variations du marché.

4. **Coût du capital pour la société**

   $12 \times \frac{6}{6+4} + 4\,\% \times \frac{4}{6+4} = 7{,}2 + 1{,}6 = 8{,}8\,\%$

5. **À quelles conditions le coût du capital peut-il être utilisé comme taux d'actualisation ?**

   – Si l'investissement présente le même niveau de risque que le risque actuel.

   – Si le projet ne modifie pas le niveau d'endettement de l'entreprise et donc son risque financier.

Dossier 2 : décision du financement

1. **Coût ou taux actuariel de l'emprunt**

   Coût du financement par emprunt (technique de l'emprunt équivalent)

	Début N+1	Fin N+1	Fin N+2	Fin N+3	Fin N+4	Fin N+5
Remboursements		–48 000	–48 000	–48 000	–48 000	–48 000
Intérêts		–14 400	–11 520	–8 640	–5 760	–2 880
Éco d'IS/intérêts		4 800	3 840	2 880	1 920	960
Emprunt	240 000					
Flux trésorerie sur emprunt	240 000	–57 600	–55 680	–53 760	–51 840	–49 920

Taux actuariel = taux pour lequel $0 = 240\,000 - 57\,600 \times (1 + t)^{-1} - 55\,680 \times (1 + t)^{-2} - 53\,760 \times (1 + t) - 51\,840 \times (1 + t)^{-4} - 49\,920 \times (1 + t)^{-5}$

Taux actuariel = 4 %

Remarque : taux actuariel = taux nominal × (1 – taux d'IS) = 6 % × 2/3 = 4 %

2. Coût ou taux actuariel du crédit-bail

	Début N+1	Fin N+1	Fin N+2	Fin N+3	Fin N+4	Fin N+5
Loyers de CB	−75 000	−75 000	−75 000			
Éco d'IS/loyers		25 000	25 000	25 000		
Perte d'éco d'IS sur dot amort		−16 000	−16 000	−16 000	−16 000	−16 000
Option de rachat				−60 000		
Économie d'IS sur dotations amts					10 000	10 000
Montant économisé	240 000					
Flux trésorerie sur crédit-bail	165 000	−66 000	−66 000	−51 000	−6 000	−6 000

Taux actuariel = taux pour lequel $165\,000 = -\,66\,000 \times (1 + t)^{-1} - 66\,000 \times (1 + t)^{-2} - 51\,000 \times (1 + t)^{-3} - 6\,000 \times (1 + t)^{-4} - 6\,000 \times (1 + t)^{-5}$

Taux actuariel = 8,55 %

3. Calcul des flux nets de trésorerie et calcul du TRI

	Début N+1	Fin N+1	Fin N+2	Fin N+3	Fin N+4	Fin N+5
Flux nets de trésorerie sur exploitation		148 000,00	162 000,00	188 000,00	182 000	174 000
Flux nets de trésorerie sur emprunts	240 000,00	−57 600,00	−55 680,00	−53 760,00	−51 840,00	−49 920,00
Capital investi	−600 000,00					
Reprise du BFR						30 000,00
Flux nets de trésorerie du projet	−360 000,00	90 400,00	106 320,00	134 240,00	130 160,00	154 080,00
TRI ajusté 19,02 %						

4. Justification de l'intérêt du recours à l'emprunt

En recourant à l'emprunt la société bénéficie d'un effet de levier favorable en améliorant le taux de rentabilité. TRI avant financement = 12,62 % et TRI après financement ⇒ 19,02 %

Dossier 3 : choix entre emprunt et crédit-bail

1. Coût de l'emprunt

5,4 % × (1 – 33,1/3 %) = 3,6 %

2. Flux de trésorerie résultant de l'exécution du contrat de crédit-bail

	0	1	2	3	4	5	6
Financement	180 000						
Dépôt de garantie	–10 000						
Redevances	–42 000	–42 000	–42 000	–42 000			
Économie d'IS Sur redevances		+14 000	+14 000	+14 000	+14 000		
Perte d'IS sur amortissements		–10 000	–10 000	–10 000	–10 000	–10 000	–10 000
Option d'achat					–30 000		
Dépôt de garantie					+10 000		
Économie d'IS sur amortissements du matériel acheté						+5 000	+5 000
	128 000	–38 000	–38 000	–38 000	–16 000	–5 000	–5 000

$128\,000 - 38\,000 \times (1{,}04)^{-1} - 38\,000 \times (1{,}04)^{-2} - 38\,000 \times (1{,}04)^{-3} - 16\,000\,(1{,}04)^{-4} - 5\,000\,(1{,}04)^{-5} - 5\,000\,(1{,}04)^{-6} = 0$

3. Modalités de financement à retenir

Le coût de revient de l'emprunt étant inférieur au coût de revient du crédit-bail, on retiendra le financement par emprunt.

4. Avantages de crédit-bail

- Permet à l'entreprise de garder en apparence sa capacité d'endettement ;
- Les redevances sont des charges déductibles ;
- Faire face à l'obsolescence ;
- Ne pas alourdir l'actif.

Les différents modes de financement

Fiche 11

Schéma de synthèse

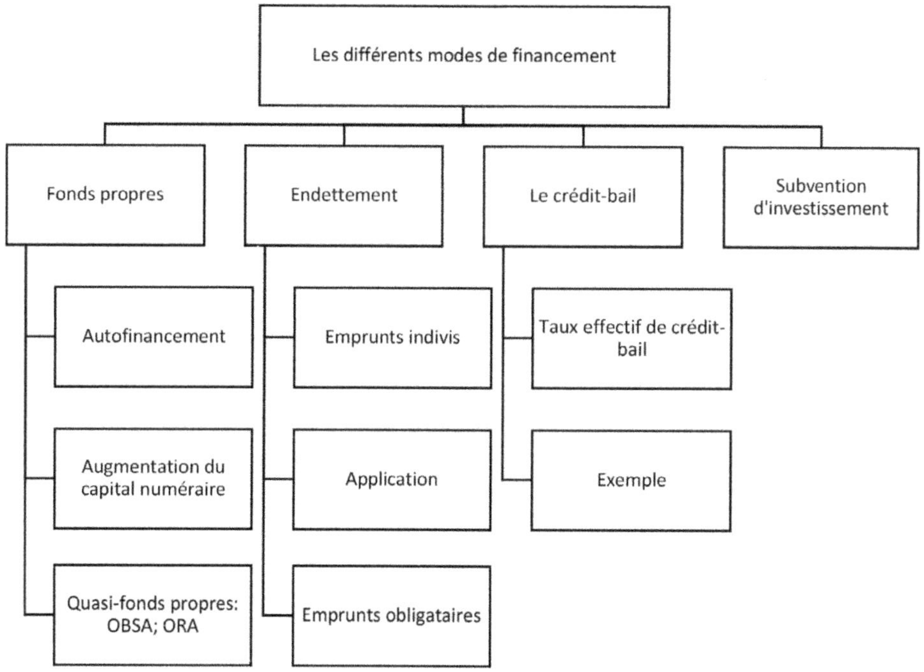

Pour financer un projet d'investissement, la société a à sa disposition deux modes de financement. Les fonds propres : autofinancement, augmentation de capital en numéraire, subventions et quasi-fonds propres ; et l'endettement : emprunt bancaire, emprunt obligataire et crédit-bail.

I. Fonds propres

1. Autofinancement

C'est l'ensemble des moyens propres à l'entreprise sans faire appel à des ressources extérieures : ses plus-values, son épargne, ses capitaux propres et son amortissement comptable.
Si ce mode de financement est considéré par les partenaires de la société comme peu risqué et sain, il peut être moins intéressant pour les investisseurs. En effet, la société se mobilise sur des projets considérés moins rentables que dans le cas de levées de capitaux qui exigent un retour sur investissement important. Le coût de ce mode de financement se résume aux dividendes versés aux actionnaires, et est donc moins coûteux a priori qu'un emprunt bancaire. Cependant, la fiscalité peut lui être défavorable.

Autofinancement = CAF – dividendes

2. Augmentation du capital en numéraire

Les augmentations de capital imposent toujours une modification des statuts et sont donc soumis à un certain nombre de formalités :
- **Réunir l'AGE : quorum 1re convocation, un quart, 2e 1/5 (art 225-96 C. Com) des actions ayant droit au vote. La majorité est de 2/3 (art 153 loi 66). Pour l'augmentation par incorporation des réserves : l'AGE peut statuer aux conditions de l'AG O : quorum 1re convocation, un quart, 2e rien, elle statut à la majorité des voix.**
- **Le capital ancien doit être totalement libéré**
- **L'augmentation doit être intégralement souscrite**
- **Formalités d'enregistrement : dépôt au greffe de tribunal de commerce du procès-verbal et inscription modificative au RCS**
- **Formalités de publicité**

A. Principe

L'augmentation va avoir une incidence sur l'actif net. Les nouvelles actions sont émises à la valeur nominale mais à un prix d'émission différent.

Valeur nominale ⇐ Prix d'émission ⇐ valeur réelle

Si le prix d'émission est inférieur à la valeur de l'action ancienne, la valeur de l'action après l'augmentation diminuera par rapport à la valeur ancienne. Pour éviter cette perte, un droit préférentiel de souscription (DPS) est accordé aux anciens actionnaires. Ce droit est négociable, il peut être côté en bourse. Sa valeur est :
- **Pour un ancien actionnaire qui vend ses droits**

DPS = valeur d'action avant l'augmentation – valeur d'action après l'augmentation

– Pour un nouvel actionnaire qui achète

$$DPS = \frac{N'}{(N + N'} \times (C - E)$$

N : nombre d'actions avant l'augmentation de capital

N' : nombre d'actions nouvelles

C : valeur d'action avant l'augmentation

E : prix d'émission de l'action nouvelle

La valeur théorique du droit préférentiel de souscription est égale, en principe, à la perte de la valeur subie par l'action ancienne lors de l'émission des actions nouvelles.

Récapitulons

Éléments	Quantité	Cours	Montant
Capitalisation avant	N	C	NC
Augmentation	N'	E	N'P
Capitalisation après	N + N'	C'	NC + N'E

La prime d'émission est libérée immédiatement ainsi qu'un quart de la valeur nominale de chaque action pour les SAS et SA (au lieu de la moitié lors de la souscription), pour les SARL le montant total (au lieu d'un cinquième lors de la souscription)

Libération action en numéraire	Constitution	Augmentation de capital
SA – SAS	½	¼
SARL	**1/5**	**Totalité**

B. Souscription et libération des actions nouvelles

Les souscriptions sont constatées par des bulletins de souscription signés par les souscripteurs. Les fonds provenant des souscripteurs sont déposés à la caisse des dépôts et consignations ou chez un notaire ou dans une banque

Exemple 1

> Une S.A, de capital 500 000 € (25 000 actions à 20 €), a augmenté son capital de 10 000 actions nouvelles à 21 €. Ces actions seront libérées du minimum légal. La valeur de l'action avant l'opération est de 28 €. Frais de l'opération 1 785 €.

Travail à faire

- **1. Calculer la valeur du droit de souscription**
- **2. Calculer le montant de l'augmentation du capital et le montant de la prime d'émission**

Solution

1. DPS

	Valeur unitaire	Nombre	Montant
Capitalisation avant augmentation	28	25 000	700 000
Actions nouvelles : augmentation	21	10 000	210 000
Capitalisation après l'augmentation	26	35 000	910 000

DPS = 28 – 26 = 2

Ou (10 000/35 000) × (28 – 21) = 2

2. Montant de versements reçus et montant de la prime

Prime = valeur réelle des titres émis – valeur nominale : 21 – 20 = 1

Les versements reçus sont de 60 000 € dont 10 000 € la prime

Exemple 2

Une S.A dont le capital est composé de 30 000 actions de 100 €, la valeur de l'action avant l'augmentation de son capital est de 410 €. Elle augmente son capital en réalisant l'émission de 10 000 actions à 250 €.

Travail à faire

- **Calculer le DPS**

Solution

Valeur de l'action après l'augmentation

Valeur initiale	30 000	410	12 300 000
Apport des actionnaires	10 000	250	2 500 000
Après l'opération	40 000	370	14 800 000

Valeur d'action = 14 800 000/40 000 = 370 €

La perte de valeur totale d'une action ancienne est de 410 – 370 = 40 € correspond au droit de souscription.

Ou 3 DPS sont nécessaires pour avoir une action nouvelle valant 370 € donc, 3 DPS + 250 = 370

3 DPS = 370 – 250 = 120 alors un DPS = 40 €

C. Conséquences

- Le bénéfice par action va diminuer à court terme ;
- Dilution du pouvoir de contrôle ;
- Augmentation des ressources stables et éventuellement amélioration du FRNG et de l'indépendance financière.

3. Quasi-fonds propres : OBSA ; ORA

Cf. emprunts obligataires hybrides (voir livre comptabilité approfondie de la même collection)

II. Endettement

Les investissements, l'accroissement du besoin en fonds de roulement doivent être financés par des ressources stables.
L'autofinancement étant souvent insuffisant, il faut alors envisager de recourir à des modes de financement externes.

1. Emprunts indivis

A. Définition

Un emprunt est dit indivis quand il est accordé par un prêteur unique. Le remboursement s'effectue par versements périodiques : annuités, chaque annuité est constituée par :

- **Une fraction du capital emprunté, on parle d'amortissement de l'emprunt**
- **Les intérêts calculés sur le montant du capital non encore amortie en appliquant un taux d'intérêt.**

On a donc : Annuité = Amortissement + intérêts

B. Modalités de remboursement

a. Remboursement in fine

L'emprunt est remboursé en une seule fois à la fin. Les intérêts sont payables périodiquement. Ils sont calculés à chaque fois sur le montant total de l'emprunt.

Exemple

> Emprunt de 50 000 € sur 5 ans, au taux de 8 %. Les intérêts sont payables à la fin de chaque année : 50 000 × 8 % = 4 000 € et les 50 000 sont remboursés au terme des cinq ans.

b. Remboursement par amortissement constant

Au terme de chaque période, l'entreprise rembourse une fraction du montant emprunté et paye les intérêts relatifs à cette période.
Amortissement = Montant de l'emprunt/durée de remboursement

Exemple

Emprunt de 100 000 € sur 5 ans, taux i = 8 %

Travail à faire

➥ **Dressez le tableau d'amortissement de l'emprunt**

Solution

Amortissement = 100 000/5 = 20 000

Années	Capital restant dû	Intérêts	Amortissements	Annuités
1	100000	8000	20000	28000
2	80000	6400	20000	26400
3	60000	4800	20000	24800
4	40000	3200	20000	23200
5	20000	1600	20000	21600
	Totaux	24000	100000	124000

Remarques

La dernière annuité est égale au dernier amortissement augmenté de ses intérêts $A_n \times (1 + i)$

Les annuités sont en progression arithmétique de raison : $-C/n \times i$ et de 1er terme $C/n + Ci$

c. Remboursement par annuités constantes

$$a = C \frac{i}{1-(1+i)^{-n}}$$

Exemple

Reprenons l'exemple précédent

Travail à faire

- **1. calculez l'annuité constante**
- **2. Dressez le tableau d'amortissement de l'emprunt**

Solution

$$a = \frac{100\ 000 \times 0{,}08}{1-(1{,}08)^{-5}} = 25\ 045{,}64 \text{ équivalent à } 25\ 046$$

Années	Capital restant dû	Intérêts	Amortissements	Annuités
1	100 000	8 000	17 045,64	25 045,64
2	82 954,35	6 636,35	18 409,3	25 045,64
3	64 545,05	5 163,61	19 882,04	25 045,64
4	44 663,01	3 573,05	21 472,6	25 045,64
5	23 190,41	1 855,23	23 190,41	25 045,64
	Totaux	25 228,25	100 000	125 228,25

Remarques

Les amortissements sont en progression géométrique de raison (1 + i)
a = An (1 + i), l'annuité est égale au dernier amortissement multiplié par (1 + i)

2. Application

Soit un emprunt remboursable par annuités constantes, sachant que la somme du 3e et du 7e amortissement fait 54 620,63 et que la différence entre le double du 3e amortissement et le 7e donne 9 051,67

Travail à faire

- **Calculez**
  1. Le taux d'intérêt
  2. L'annuité constante sachant que le dernier amortissement est de 41 892,60 €
  3. Le nombre d'annuité
  4. Le montant de l'emprunt
  5. Dressez les 2 premières lignes du tableau d'amortissement

Solution

$A1 + A7 = 54\ 620{,}63$ $\qquad$ $A3 = 21\ 224{,}1$

$2A3 - A7 = 9\ 051{,}67$ $\qquad$ $A7 = 33\ 396{,}53$

Les annuités étant constantes, les amortissements sont en progression géométrique de raison (1 + i).

$A7 = A3\,(1+i)^4$ — $i = 12\,\%$

$a = An\,(1+i)$ — $a = 41\,892{,}6\,(1{,}12) = 46\,919{,}72$

$An = A3\,(1+i)^{n-3}$ — $n = 9$ annuités

$$C = a \times \frac{1-(1+i)^{-n}}{i} = 250\,000$$

Années	Capital restant dû	Intérêts	Amortissements	Annuités
1	250000	30000	16919,72	46919,72
2	233080,28	27969,63	18950,09	46919,72

3. Emprunts obligataires

A. Définition et caractéristiques

C'est un emprunt à moyen long terme contracté par une société, divisé en parts égales représentées par des titres appelés obligations (représentent des droits de créance sur la société : droit à intérêt annuel, droit au remboursement de l'obligation).
Le remboursement peut être en fin de contrat ou échelonné sur la durée de l'emprunt, il se fait par tirage au sort.

Une obligation peut avoir 3 valeurs :

– Une valeur nominale : C, c'est une quote-part de l'emprunt on calcule l'intérêt en appliquant le taux nominal i à cette valeur C, Ci : coupon unitaire d'intérêt
  - **Prix d'émission E : il peut être égale à la valeur nominale C, mais le plus souvent E < C afin d'offrir un avantage aux souscripteurs et donc les inciter à acheter les obligations**
  - **Un prix de remboursement R : Le titre peut être remboursé à sa valeur nominale, mais pour accentuer l'avantage, le prix de remboursement peut être supérieur à C. (quand R > C alors i' = Ci/R)**

R – E : prime de remboursement au sens comptable, cette prime figure au bas de l'actif du bilan dans le compte 169.
Juridiquement :
C – E : Prime d'émission
R – C : Prime de remboursement au sens strict
Le taux d'intérêt nominal ou facial est déterminé librement par l'émetteur. Il faut le distinguer du taux actuariel (taux effectif global).
Taux actuariel = taux nominal + frais émission + toutes les caractéristiques de l'emprunt.
Taux actuariel net, c'est le taux net d'impôt.
Du fait de la concurrence les taux actuariels bruts des emprunts émis par les sociétés à une date donnée sont sensiblement égaux. Ce sont ces taux qui définissent le taux du marché financier à cette date.

En général, la valeur d'une obligation est composée du cours et du coupon couru :

- **le cours est présenté « au pied du coupon » i-e hors coupon et est exprimé en % du nominal.**

Les obligations sont cotées en pourcentage du nominal, au pied du coupon. Une obligation de 100 euros de nominal et qui cote 95 % vaut donc 95 euros.
La cotation au pied du coupon signifie que le cours de l'obligation n'inclut pas les intérêts qui ont couru depuis le détachement du dernier coupon, bien qu'ils soient à payer au vendeur de l'obligation.

- **le coupon couru correspond au prorata du taux d'intérêt en nombre de jours calendaires depuis la date d'émission auxquels il faut rajouter 2 ou 3 jours de règlements usuels. Il est également exprimé en % du nominal.**

Il faut tenir compte non pas de la date de cotation mais de la date de règlement, qui a lieu 2 ou 3 jours ouvrés après.
Coupon Couru = Taux nominal × (Nombre de jours depuis le dernier détachement + 3 jours ouvrés)/365
La valeur de l'obligation = valeur au pied du coupon (valeur nue) + coupon couru

B. Évaluation d'une obligation

Comme tout actif financier, la valeur d'une obligation correspond à la valeur actualisée de ses flux futurs (coupons et prix de remboursement*),* soit, dans le cas général d'une obligation à coupon fixe qui sera remboursée dans *n* années pour un obligataire :

$$V_{obli} = \text{Coupon } (1 + r)^{-1} + \ldots + \text{Coupon } (1 + r)^{-n} + R\ (1 + r)^{-n}$$

$$V_{obli} = \text{Coupon} \times \frac{1-(1+r)^{-n}}{r} + R\ (1+r)^{-n}$$

où r correspond au rendement attendu des obligations de même classe de risque
Au niveau de l'entreprise émettrice :

ÉLÉMENTS	0	1	...
Montant emprunt			
Frais émission			
– Économie d'IS/Amortissent frais			
+ coupon			
– Économie d'IS/coupon			
Économie d'IS/Amortissent prime			
+ Remboursement			
= Flux nets décaissés			

C. Relation entre le taux du marché et le prix des obligations

Expression du prix de l'obligation en fonction du taux du marché.
Ce prix est égal à la valeur actualisée au taux du marché des flux monétaires futurs liés à l'emprunt. Le prix de l'obligation est une fonction décroissante du taux du marché.

Lorsque le taux d'intérêt augmente, le prix des obligations diminue et inversement. Si le taux du marché augmente, le détenteur d'une obligation qui serait pressé de la vendre, risque de percevoir un prix inférieur au prix de remboursement prévu à l'échéance. Il supporte donc un risque de taux d'intérêt. Ce risque de taux encourus par l'obligataire est mesuré par la sensibilité du titre ou par sa duration.

La Sensibilité d'une obligation est le taux de variation du cours de cette obligation pour une variation d'un point du taux d'intérêt du marché.

La sensibilité s'exprime mathématiquement de cette manière : $S = \frac{\frac{\text{Var } C}{C}}{\text{Var } r}$

Avec S = sensibilité

C = cours de l'obligation

r = taux du marché

Var r = variation de taux

La duration est une moyenne pondérée des durées entre l'époque actuelle et les échéances futures. Les durées sont pondérées par les flux monétaires versés aux échéances. Ces flux étant actualisés au taux du marché. La duration pour un emprunt obligataire est le délai de récupération du capital investi.

Duration : Somme durée pondérée/somme des flux actualisés

Il y a une relation entre ma sensibilité et la duration, elle s'écrit :

$-S = D/(1 + r)$

Le risque de taux qui est mesuré par la sensibilité et la duration tend à diminuer quand on se rapproche de la fin de l'emprunt.

Dans la pratique, les grandes émissions obligataires font l'objet d'un remboursement in fine afin de garantir un revenu fixe à chaque obligataire, sur toute la durée de l'emprunt ainsi qu'une durée de placement fixe. Lorsque l'emprunt n'est pas remboursé en totalité à l'échéance mais par fractions au cours du temps, on tire au sort chaque année des séries d'obligations qui sont alors remboursées.

Un emprunt est dit émis ou remboursé au pair lorsque le prix d'émission remboursement est égal à sa valeur nominale. Dans certains cas, l'obligation ne verse aucun coupon, mais elle est émise, en contrepartie, à un prix significativement inférieur au nominal et/ou remboursée très au-dessus du pair. On parle alors d'obligation zéro coupon

D. Obligations particulières

a. Emprunt obligataire convertible en actions

La conversion a lieu dans les conditions prévues au contrat et au gré du porteur.

Cet emprunt doit comporter en plus des caractéristiques usuelles la base de conversion (parité) et la prime de conversion.

Conséquence pour l'émetteur : Cette option de conversion permet d'émettre l'emprunt obligataire à un taux inférieur au taux usuel. L'entreprise émettrice utilise cette stratégie de conversion pour obtenir des capitaux propres à une époque où il pourrait s'avérer délicat de les trouver. Cette augmentation de capital résultant de cette conversion est avantageuse dans la mesure où le nombre d'actions émis est moins important que lors d'une augmentation classique. Cependant cette opération présente un risque de non réalisation en cas d'évolution défavorable du cours des actions.

b. OBSA

Les conditions d'émission sont comparables aux emprunts obligataires convertibles. En plus des caractéristiques usuelles on aura la valeur du bon de souscription, la valeur de souscription des actions et la valeur de remboursement des obligations si le droit n'est pas exercé.

Une émission d'Obligations à Bons de Souscription d'Actions (OBSA) associe une émission classique d'emprunt obligataire, est le droit pour l'investisseur de devenir actionnaire dans des conditions définies dès l'émission.

À chaque obligation sont attachés un ou plusieurs bons de souscription qui donnent droit au détenteur de souscrire une ou plusieurs actions de la société pendant une période définie et à un prix déterminé. Les bons sont négociables séparément des obligations ils sont cotés.

N.B. : sur ce point vous pouvez consulter le livre comptabilité approfondie de la même collection

E. Conséquences

a. Pour l'entreprise émettrice

- L'émission de l'emprunt s'effectue à un taux moindre, donc les OBSA sont un financement peu onéreux.
- L'OBSA est un produit qui anticipe les hausses du cours de l'action ; il permet à l'entreprise en croissance ou à l'entreprise dont les cours sont anormalement bas (dépression du marché, politique de redressement) de se procurer des fonds par augmentation de capital, en évitant une trop grande dilution.
- L'OBSA procure, si le cours évolue dans le sens prévu par les dirigeants, une double source de fonds : un emprunt obligataire et une (ou plusieurs) augmentation de capital.

Cette option de conversion permet d'émettre l'emprunt obligataire à un taux inférieur au taux usuel. L'entreprise émettrice utilise cette stratégie de conversion pour obtenir des capitaux propres à une époque où il pourrait s'avérer délicat de les trouver. Cette augmentation de capital résultant de cette conversion est avantageuse dans la mesure où le nombre d'actions émis est moins important que lors d'une augmentation classique.

Cependant cette opération présente un risque de non réalisation en cas d'évolution défavorable du cours des actions.

– En effet, le risque est que le cours de l'action n'atteigne pas le prix d'exercice des bons ; dans ce cas, l'augmentation de capital n'a pas lieu et cet échec peut être analysé comme un signal négatif par le marché.
– En théorie, les OBSA permettent de réduire les conflits d'intérêt qui opposent actionnaires et créanciers ; elles permettent d'associer les obligataires aux gains (en valeur de l'action) liés aux projets d'investissements.
– L'existence d'OBSA (de bons de souscriptions exerçables) renchérit une éventuelle OPA dans la mesure où cela accroît le nombre d'actions potentielles.

b. Pour les souscripteurs

– Le souscripteur dispose de deux titres : une obligation émise à un taux inférieur à celui du marché, et en contrepartie d'un ou plusieurs bons côtés, qu'il peut immédiatement céder.
– Le bon de souscription est une option d'achat d'action à un prix d'exercice ; c'est un produit spéculatif. Pour des entreprises dont le titre est volatile, dont les perspectives sont bonnes et sur un marché haussier, la valeur du bon augmente plus vite que la valeur de l'action ; il s'ensuit un effet de levier important sur la rentabilité.

Pour le souscripteur, il y a donc possibilité de réaliser une opération intéressante si le cours de l'action est supérieur au prix fixé au moment de l'exercice des bons. Il a la possibilité de spéculer sur les bons de souscription. En revanche, si l'opération n'est pas réalisée, on a un placement à taux faible et des bons de souscription sans valeur.

F. Taux actuariel de l'emprunt

C'est le taux de rendement réel de l'emprunt. Il réalise l'équivalence entre le prix d'émission et les sommes reçues par l'obligataire

$E = C0\,(1+t)^{-1} + C0\,(1+t)^{-2} + \ldots\ldots\ldots\ldots + C0\,(1+t)^{-(n-1)} + (C0+R)\,(1+t)^{-n}$

Avec $C0 = C \times i$: coupon d'intérêt

On a

$$E = Co \times \frac{1-(1+t)^{-(n-1)}}{t} + (Co+R)(1+t)^{-n}$$

Exemple

Calculez le taux actuariel de l'emprunt de l'application

Solution

$E = 295$

$R = 315{,}79$ $\quad$ $C = 300$ $i = 10\,\%$ Coupon $Ci = 30$

$$295 = 30 \times \frac{1-(1+t)^{-4}}{t} + (30+315{,}79) \times (1+t)^{-5}$$

Le taux actuariel est nécessairement > au taux nominal 10 % du fait de la prime de remboursement. On va essayer les taux 11 et 12 %

Pour i = 11 %, on a $\frac{30 \times 1-(1{,}11)^{-4}}{0{,}11} + 345{,}79 \times (1{,}11)^{-5} = 298{,}28$

Pour i = 12 %, on a $\frac{30 \times 1-(1{,}12)^{-4}}{0{,}12} + 345{,}79 \times (1{,}12)^{-5} = 287{,}33$

Donc, i = 11 % + 1 % × $\frac{(298{,}28-295)}{(298{,}28-287{,}33)} = 11{,}299$ c'est 11,3 %

Ce taux est supérieur au taux nominal 10 % du fait de la prime de remboursement.

III. Le crédit-bail

Les contrats de crédit-bail sont des contrats de location assortis d'une option d'achat au terme d'une certaine durée à un prix fixé à l'avance.

Le crédit-bail a plusieurs avantages :
- **Il est facile à obtenir, les états financiers sont rarement demandés ;**
- **Les redevances sont des charges déductibles ;**
- **Permet le renouvellement plus rapidement et éviter l'obsolescence ;**
- **La capacité d'endettement est conservée.**

Mais il a des limites :
- **La société n'est pas propriétaire du bien, il ne rentre pas dans le patrimoine de la société (l'immobilisation n'est pas enregistrée dans la classe 2) ;**
- **La société ne peut pas l'amortir.**

1. Taux effectif de crédit-bail

Il faut connaître le coût de ce financement afin de le comparer à un financement par emprunt.

Valeur de bien – 1re redevance = Redevance × $\frac{(1-(1+i)^{-(n-1)})}{i}$

$+ \text{prix de levée de l'option} x (1+i)^{-n}$

2. Exemple

Une entreprise souscrit un contrat de crédit-bail pour un bien d'une valeur de 100 000 €, le paiement s'effectue sous la forme de cinq redevances de 22 000 € payées en début de période. Le prix de levée d'option est fixé à 10 000 €.

Travail à faire

➥ **Calculez le taux effectif de crédit-bail**

Solution

$$100\,000 - 22\,000 = 22\,000 \times \frac{1-(1+i)^{-4}}{i} + 10\,000 \times (1+i)^{-5}$$

$$78\,000 = 22\,000 \times \frac{1-(1+i)^{-4}}{i} + 10\,000 \times (1+i)^{-5}$$

Pour i= 9 %, on a 77 773,15

Pour i= 8 %, on a 79 672,62

On a : $8\,\% + [1\,\% \times \frac{(79\,672{,}62 - 78\,000)}{(79\,672{,}62 - 77\,773{,}15)}] = 8{,}88\,\%$, ce taux mesure le coût du crédit-bail.

IV. Subvention d'investissement

Les subventions sont des aides financières accordées par l'État, les collectivités, etc., elles sont destinées à compléter certaines recettes ou compenser certaines charges. Il y a

- Les subventions d'exploitation sont des aides qui permettent de compenser l'insuffisance de certains produits d'exploitation ou de faire face à certaines charges d'exploitation ;
- Les subventions d'équilibre sont des aides qui permettent de compenser tout ou partie de la perte globale que l'entreprise aurait constatée si cette subvention ne lui avait pas été accordée ;
- Les subventions d'investissement, appelées subvention d'équipement (pas de TVA), sont attribuées aux entreprises pour les aider à financer leurs opérations d'investissements à long terme.

Lors de son attribution, la subvention est considérée comme une ressource de financement. Elle est inscrite au crédit de compte 131 : subvention d'équipement. En principe, elle constitue un produit imposable de l'exercice. Le PCG prescrit de rapporter progressivement la subvention aux résultats en transformant la ressource externe en produit. À la fin du rapport de la subvention, il faut solder les comptes concernant cette subvention.

N.B. : sur ce point vous pouvez consulter les livres comptabilité et comptabilité approfondie de la même collection

Ce qu'il faut retenir

- Après une étude de rentabilité et la sélection d'un investissement, on fait le choix du financement le mieux adapté et le moins coûteux pour l'entreprise.
- L'entreprise peut recourir à différents modes de financement dont le coût varie en fonction de la nature du financement et du risque supporté par le bailleur de fonds.
- On distingue généralement trois grands types de financement : le financement par fonds propres, le financement par quasi-fonds propres et le financement par endettement.

Financement par fds propres	Autofinancement Cession d'éléments d'actif Augmentation de capital Subventions
Financement par quasi fds propres	Obligations remboursables ou convertibles en actions
Financement par endettement	Emprunt classique et obligataire Crédit-bail

- Tableau de synthèse des différents modes de financement.

Type de financement	Avantage	Inconvénients	Coût
Autofinancement	Financement interne selon la profitabilité de la société permettant Une indépendance financière. Pas de frais, ni de charges réelles liées.	L'autofinancement n'est pas toujours suffisant pour financer la croissance de la société.	Coût des capitaux propres (rendement exigé par les actionnaires).
Augmentation du capital	Renforce les capitaux propres de la société et améliore les garanties vis-à-vis des tiers. Renforce la structure financière et la capacité d'endettement.	Dilution du bénéfice et du contrôle des anciens actionnaires. Important coût de mise en place. Réglementation administrative lourde.	Coût des capitaux Propres (rendement exigé par les actionnaires).
Emprunt bancaire	Rapidité et flexibilité. Remboursement anticipé possible. Renégociation du taux possible.	Nécessité d'avoir une structure financière saine. Besoin de garantie financière pour les sociétés fortement endettées.	Taux d'intérêt bancaire.
Emprunt obligataire	Taux d'intérêt plus avantageux que le taux Obtenu pour un emprunt bancaire.	Frais d'émission importants. Seuls des financements importants sont possibles. Difficilement remboursable par anticipation Renégociation de taux impossible.	Taux d'intérêt obligataire.
Crédit-bail	Permet d'utiliser un bien sans avoir à le financer. Facilité à obtenir (par rapport à un emprunt) N'impacte pas la structure financière de la société. Déduction des loyers payés dans le compte de résultat.	Coût supérieur au taux d'intérêt bancaire. Pénalités dans le cas d'une rupture de contrat anticipée. Le bien ne peut être utilisé comme garantie.	Loyer demandé par la société de crédit-bail.

Cas Oazis

Le cabinet OAZIS vous confie quatre dossiers à traiter.

Dossier 1

Mission

Le bilan de la société anonyme NASSE se présente comme suit le 29 novembre.

ACTIF		PASSIF	
ACTIF IMMOBILISE	640 000	CAPITAUX PROPRES Capital (5 000 actions à 100 €) Réserves légales Réserves statutaires	 500 000 50 000 370 000
ACTIF CIRCULANT	760 000	Dettes	480 000
Total	1 400 000	Total	1 400 000

Le 1er décembre, cette société décide d'augmenter le capital par création de 2 500 actions nouvelles de nominal 100 € émises au prix unitaire de 120 €, à libérer du minimum légal lors de la souscription. Les fonds sont reçus par Maître Coca, notaire.

Le 15 décembre, Maître Coca informe la société que toutes les actions nouvelles ont été souscrites et qu'il a reçu la totalité des fonds correspondants au minimum légal appelé. Le 28 décembre, Maître Coca verse des fonds à la société par chèque bancaire remis à la BNP sous déduction de 4 900 € de droits, honoraires et frais divers.

Hypothèse : Valeur mathématique de l'action Marchand avant l'augmentation de capital = 180 €

Pour réaliser cette mission, vous devez :

1. Calculer la valeur théorique du droit préférentiel de souscription en étudiant
- **la situation de l'actionnaire ancien non souscripteur**
- **la situation de l'actionnaire nouveau**

Dossier 2

Mission

La SA REMY émis un emprunt obligataire portant sur 5 000 titres de valeur nominale 300 €, prix d'émission 295 €, prix de remboursement 316 €, taux nominal 10 %, durée de remboursement 5 ans.

Pour réaliser cette mission, vous devez :

1. Comment peut-on expliquer la variation du cours d'une obligation ?
2. Calculer le taux de rendement actuariel brut

Dossier 3

Mission

La société INES envisage de créer une nouvelle unité de production. Pour financer ce projet, elle a décidé d'émettre un emprunt obligataire d'un montant de 800 000 € dont les caractéristiques sont les suivantes:

Valeur nominale des obligations: 1 000 €

Émission au pair

Prix de remboursement: 1 050 €

Durée de l'emprunt: 5 ans remboursable in fine

Frais d'émission: 20 € par obligation

Taux nominal: 5 %

Les frais d'émission et les primes de remboursement sont amortissables sur la durée de l'emprunt.

Le taux d'impôt sur les sociétés est $33^{1/3}$ %.

Pour réaliser cette mission, vous devez:

1. Calculer le coût de l'emprunt obligataire.

Dossier 4

Mission

Un investisseur souhaite votre conseil sur le choix d'un placement obligataire, notamment en fonction de l'évolution possible des taux d'intérêt.

Pour réaliser cette mission, vous devez:

1re partie

1. Quelle est la relation qui lie la duration et la sensibilité?
2. Comment évolue la sensibilité en fonction de la duration?
3. Pour un taux d'intérêt donné, quels sont les facteurs qui ont une influence sur la duration?
4. Quelle doit être la stratégie relative à la duration, pour un investisseur qui pense que les taux d'intérêt vont baisser?
5. Quelle doit être la stratégie relative à la duration, pour un investisseur qui pense que les taux d'intérêt vont augmenter?

2e partie

Une obligation de valeur nominale 3 000 € remboursable au pair, porte un intérêt facial de 5 %. Détenue depuis plusieurs années, elle sera remboursable dans cinq ans. Le taux de rendement des obligations sur le marché est de 4 %.

Pour réaliser cette mission, vous devez :

1. Déterminez immédiatement après le versement du coupon :
   1.1 Le cours de cette obligation ;
   1.2 la duration ;
   1.3 la sensibilité.
2. Déterminez six mois après le versement du coupon :
   2.1 le cours de cette obligation ;
   2.2 la duration ;
   2.3 la sensibilité ;
   2.4 le cours au pied du coupon (en % du nominal) et le coupon couru.

Solution

Dossier 1

Tableau de calcul de la valeur mathématique de l'action après l'augmentation de capital

Éléments	Nombre d'actions	Valeur de l'action	Montant
Valeur des actions avant l'augmentation de capital	5000	180	900000
Augmentation par émission d'actions nouvelles de numéraire	2500	120	300000
Valeur des actions	7500	160	1200000

Situation de l'actionnaire ancien non souscripteur d'actions nouvelles

Valeur d'une action avant augmentation = 180 €

Valeur d'une action après augmentation = 160 €

La différence de valeur représente la valeur d'un droit de souscription = 20 €

Situation de l'actionnaire nouveau

2 500 actions nouvelles de numéraire sont réservées aux porteurs des 5 000 actions anciennes

ou 1 action nouvelle de numéraire réservée aux porteurs de 2 actions anciennes

ou 1 action nouvelle de numéraire réservée aux titulaires de 2 droits de souscription.

Valeur réelle d'une action nouvelle = 160 €

Valeur de souscription = 120 €

La différence représente la valeur théorique de 2 droits de souscription = 40 €

Valeur théorique d'un droit de souscription = 40/2 = 20 €

Dossier 2

1. **Comment peut-on expliquer la variation du cours d'une obligation ?**

   Les cours et les taux varient en sens contraire. Si le cours de l'obligation baisse, cela signifie que les taux longs ont augmenté.

2. **Calculer le Taux de rendement**

   Coupon = 300 × 10 % = 30 €

   $\mathbf{0 = -295 + [30 \times (1-(1+r)^{-5})/r] + 316 \times (1 + r)^{-5}}$

Dossier 3

ÉLÉMENTS	0	1	2	3	4	5
Frais émission	20					
Économie d'IS/Amortissent frais = 20/5 × 1/3		1.33	1.33	1.33	1.33	1.33
+ coupon		50	50	50	50	50
Économie d'IS/coupon = 50 × 1/3		16.67	16.67	16.67	16.67	16.67
Économie d'IS/Amortissent prime = 50/5 × 1/3		3.33	3.33	3.33	3.33	3.33
+ remboursement						1050
Flux nets décaissés	20	28.67	28.67	28.67	28.67	1078,67

$1\,000 = 20 + 28{,}67(1 + r)^{-1} + 28.67\,(1 + r)^{-2} + \ldots + 1\,078{,}67(1 + r)^{-5}$

La valeur de taux r est la solution de cette équation.

Dossier 4

1re partie

1. **Quelle est la relation qui lie la duration et la sensibilité ?**

$S = \dfrac{D}{1+r}$ avec r = taux d'intérêt du marché

2. **Comment évolue la sensibilité en fonction de la duration ?**

La formule précédente montre que lorsque D augmente, la sensibilité augmente également.

3. **Pour un taux d'intérêt donné, quels sont les facteurs qui ont une influence sur la duration ?**

La duration dépend, pour un taux d'intérêt donné :

De la maturité de l'emprunt, c'est-à-dire du temps restant à courir ;

Des modalités de remboursement : un emprunt remboursable in fine a une duration plus forte ;

Du taux facial servant à calculer les coupons : plus le taux est élevé, plus la duration est faible.

4. **Quelle doit être la stratégie relative à la duration, pour un investisseur qui pense que les taux d'intérêt vont baisser ?**

L'investisseur qui croit en une baisse des taux d'intérêt, souhaite bénéficier de la hausse du cours des obligations qui en résulte.

Or, plus la duration est longue, plus la sensibilité est forte. Pour bénéficier au maximum de la baisse des taux, il faut choisir des obligations dont la duration est la plus longue possible. Il en est ainsi, à maturité égale, des emprunts remboursables in fine.

5. **Quelle doit être la stratégie relative à la duration, pour un investisseur qui pense que les taux d'intérêt vont augmenter ?**

L'investisseur qui anticipe une hausse des taux, craint que son patrimoine diminue en raison de la baisse du cours des obligations. Il choisira de préférence des emprunts à duration faible tels que les emprunts en fin de vie.

2e partie

1. Déterminez immédiatement après le versement du coupon

1.1. Le cours de cette obligation ;

Les coupons annuels s'élèvent à : $3\,000 \times 0{,}05 = 150$ €

$$C = 150 \times \frac{1-(1{,}04)^{-4}}{0{,}04} + 3150\,(1{,}04)^{-5} = 3\,133{,}55$$

1.2. La duration

Durée (a)	Flux (b)	Flux actualisé (c)	Durée pondérée par le flux actualisé (d) = (a) × (c)
1	150	144,23	144,23
2	150	138,68	277,36
3	150	133,35	400,05
4	150	128,22	512,88
5	3150	2589,07	12945,35
Total		3133,55	14279,87

$$D = \frac{14\,279{,}87}{3\,133{,}55} = 4{,}56 \text{ ans}$$

1.4. La sensibilité

$$S = 4{,}56 \times (1{,}04)^{-1} = 4{,}38$$

2. Déterminez six mois après le versement du coupon

2.1. le cours de cette obligation

$$\mathbf{C = 3\,133{,}55} \times (1{,}04)^{0{,}5} = 3\,195{,}61$$

2.2. la duration

Durée (a)	Flux (b)	Flux actualisé (c)	Durée pondérée par le flux actualisé (d) = (a) × (c)
0,5	150	147,09	73,54
1,5	150	141,43	212,14
2,5	150	135,99	339,98
3,5	150	130,76	457,66
4,5	3150	2640,34	11881,55
Total		3195,61	12964,87

$$D = \frac{12\,964{,}87}{3\,195{,}61} = 4{,}06 \text{ ans}$$

La duration a diminué de 0,5 année par rapport à la première hypothèse ce qui correspond exactement au temps écoulé. Ceci est normal puisqu'on calcule la moyenne pondérée de durées, toutes réduites de six mois.

2.3. la sensibilité

$$S = 4{,}06 \times (1{,}04)^{-1} = 3{,}90$$

2.4. le cours au pied du coupon (en % du nominal) et le coupon couru

Les obligations sont cotées en pourcentage du nominal et au pied du coupon. Le cours affiché n'inclut pas le coupon couru (cotation au pied du coupon).

La cote des obligations indique le cours et la portion de coupon couru, en % du nominal.

Le coupon couru correspond au montant des intérêts accumulés et non encore versés depuis la dernière échéance.

Coupon couru = $3\,000 \times 0{,}05 \times 0{,}5 = 75$ €

Le coupon couru représente 3 % du nominal soit 75/3 000.

Le cours de l'obligation au pied du coupon = $3\,195{,}61 - 75 = 3\,120{,}61$ soit $\frac{3\,120{,}61}{3\,000} = 104{,}02$ % du nominal

Sur la cote, on lira 104,02 ....3 Ce qui signifie que le cours = 104,02 et coupon couru = 3 et ceci, en pourcentage du nominal.

Fiche 12 Le plan de financement

Schéma de synthèse

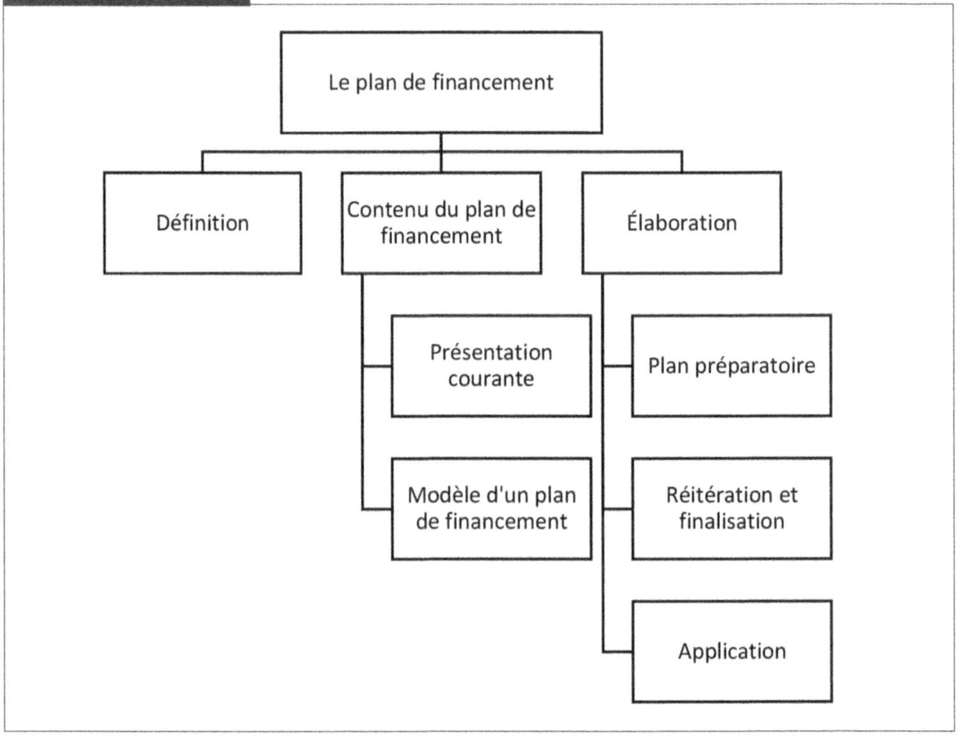

I. Définition

Le plan de financement est un document prévisionnel de synthèse établi sur plusieurs années (une durée de 3 à 5 ans) en fonction des projets permettant de mesurer l'impact des décisions stratégiques sur la trésorerie.

Il comprend :
- les ressources stables dont disposera l'entreprise ;
- les emplois durables auxquels elle devra faire face ;
- la trésorerie résultant de la différence entre ces ressources et ces emplois.

C'est donc un état financier prospectif qui permet d'analyser l'incidence sur la trésorerie des décisions d'investissement et financement.

Il a plusieurs objectifs :

- Un instrument de vérification de cohérence financière de la stratégie : permet de vérifier la faisabilité des projets d'investissement et de procéder aux arbitrages entre les investissements souhaités ;
- Un instrument de communication avec les actionnaires ;
- Un instrument de négociation auprès des banques : il permet de montrer que l'entreprise sera en mesure de faire face au remboursement des prêts tout en maintenant son équilibre financier ;
- Un instrument de prévention des difficultés des entreprises : la loi impose aux entreprises dépassant l'un des deux seuils (effectif > 300, CA > 180 millions d'€) d'établir un compte de résultat prévisionnel et un plan de financement.

II. Contenu du plan de financement

Le plan de financement comprend l'essentiel des rubriques étudiées dans le cadre des tableaux de flux de trésorerie ou du tableau de financement

Le plan de financement peut être présenté de plusieurs façons car aucune norme n'impose de modèle type.

1. Présentation courante

La présentation la plus répandue du plan de financement distingue clairement l'ensemble des besoins et l'ensemble des ressources, et, par différence, fait apparaître la trésorerie annuelle ainsi que la trésorerie de fin de période (ou trésorerie cumulée).

Ce type de présentation est relativement simple à établir car il suffit de raisonner en termes de besoins financiers ou de ressources financières Le plan comprend ainsi trois grandes rubriques : les ressources, les besoins et la trésorerie.

2. Modèle d'un plan de financement

Plan de financement	0	1	2	3
Ressources CAF Cession d'actifs immobilisés Remboursements de prêts Subventions d'investissement Ressource du BFRE Augmentation de capital et/ou apports Emprunts nouveaux				
Total des Ressources (1)				
Besoins : Investissements réalisés Accroissement du BFRE Réduction de capitaux propres Dividendes versés Remboursements d'emprunts				
Total des Besoins (2)				
Solde annuel (1)-(2)				
+ Trésorerie initiale				
Trésorerie finale = Solde cumulé de trésorerie				

Colonne 0 : flux d'investissement et de financement initiaux, antérieurs.

Colonne 1 et suivantes : flux relatifs aux années d'exploitation.

III. Élaboration

Quel que soit le mode de présentation retenu, la construction du plan de financement est réalisée selon plusieurs étapes itératives.

1. Plan préparatoire (ébauche)

À partir des prévisions d'activité, on détermine les besoins à financer par le financement interne.

La première phase d'élaboration du plan repose sur les hypothèses de base.

Elle nécessite d'avoir :

- **établi des prévisions d'activité synthétisées dans des comptes de résultat** prévisionnels ;
- déterminé l'impact du niveau d'activité sur le besoin en fonds de roulement ;
- défini une politique de distribution de dividendes en fonction des résultats ;
- retenu les investissements rentables selon les critères de choix d'investissements ;
- sélectionné le ou les financements les plus appropriés à la situation.

La synthèse de ces informations dans le plan de financement permet de déterminer la trésorerie provenant des flux d'emplois et des flux de ressources.
Le plan obtenu est en général déséquilibré. Il s'avère nécessaire de rechercher les financements externes.

2. Réitération et finalisation (équilibre)

Lorsque les hypothèses financières retenues ne permettent pas d'équilibrer le plan, il est procédé à de nouveaux arbitrages qui seront pris en compte dans un second plan et ainsi de suite jusqu'à ce que l'équilibre financier soit atteint. Il est cependant admis que la trésorerie soit négative en début de projet car cela correspond à une étape normale de décalage entre profitabilité et liquidité. Cette insuffisance de financement stable sera alors compensée par des crédits de trésorerie octroyés par la banque.
L'équilibre du plan de financement est donc obtenu par un processus itératif. Le plan est définitif lorsque la trésorerie finale est positive.

Remarques

- Dans un plan de financement on a toujours un BFR prévisionnel qui est décaissé au début de la période (sauf exceptions)
- Un plan de financement est toujours net d'impôt
- L'augmentation de BFR précède la réalisation de la CAF, c'est pourquoi on l'inscrit en colonne 0. Attention c'est toujours une variation. Parfois, on récupère ce BFRE et donc il sera inscrit en ressources.

3. Application

a. Première étape

Une entreprise envisage de réaliser un investissement de 6 00 K€ de l'année 1. Un matériel ancien sera repris pour un montant de 25 K€.
Elle a déterminé le montant de la CAF d'exploitation prévisionnelle : 270 K€ pour chacune des années 1 à 5.
La distribution annuelle de dividendes s'élèvera à 41 K€, et ceci pendant 5 ans.
L'augmentation du BFR sera de 4 00 K€ au début de la première année. La trésorerie au 1er janvier de l'année 1 présente un découvert de 10 K€.
L'ébauche de plan de financement se présente ainsi au terme de la 1re étape.

Plan de financement avant ajustement

Années	0	1	2	3	4	5
Ressources CAF. Cession d'immobilisations	 25	 270	 270	 270	 270	 270
Total ressources	25	270	270	270	270	270
Emplois Dividendes Acquisitions d'immobilisa Augmentation du B.FR.	 600 400	 41	 41	 41	 41	 41
Total emplois	1000	41	41	41	41	41
Ressources – Emplois	–975	229	229	229	229	229
Trésorerie initiale	–10	–985	–756	–527	–298	–69
Trésorerie finale	–985	–756	–527	–298	–69	160

On constate que le plan de financement est déséquilibré dès le début de la première année.

Il faut donc envisager d'autres financements.

b. Deuxième étape

L'entreprise décide de procéder à une augmentation de capital d'un montant de 250 K€ dès le début de la première année. En conséquence, les dividendes versés aux actions créées lors de l'augmentation de capital, impôt éventuel compris, s'élèveront à 6 K€ par an.

D'autre part, elle empruntera 750 K€ au début de la première année au taux de 10 % l'an et remboursera le capital emprunté, par fractions égales, à la fin de chaque année et ceci dès l'année 1, pendant 5 ans.

Le tableau d'amortissement de l'emprunt se présente ainsi

Tableau d'amortissement d'emprunt

Années	Capital restant dû	Intérêts	Amortissements	Annuités
1	750	75	150	225
2	600	60	150	210
3	450	45	150	195
4	300	30	150	180
5	150	15	150	165

La CAF doit être recalculée du fait des nouvelles charges financières.

Le tableau de calcul de la CAF est donc le suivant

Années	1	2	3	4	5
CAF antérieure Charges financières	270 –75	270 –60	270 –45	270 –30	270 –15
= CAF rectifiée	195	210	225	240	255

Le plan de financement équilibré se présente alors ainsi :

Plan de financement après ajustement

Années	0	1	2	3	4	5
Trésorerie initiale	**–10**	**15**	**19**	**22**	**50**	**93**
Ressources						
CAF		195	210	225	240	255
Cession d'immobilisations	25					
Augmentation de capital	250					
Augmentation dettes financières	750					
Total ressources	1025	195	210	225	240	255
Emplois						
Dividendes		41	47	47	47	47
Acquisitions d'immobilisa	600					
Augmentation du B.FR	400					
Remboursement dettes financières		150	150	150	150	150
Total emplois	1000	191	197	197	197	197
Ressources – Emplois	25	4	13	28	43	58
Trésorerie finale	**15**	**19**	**22**	**50**	**93**	**151**

Ce plan est donc équilibré et l'entreprise peut alors envisager de réaliser l'investissement.

Ce qu'il faut retenir

- Le plan de financement est un document prévisionnel établi pour une durée de 3 à 5 ans
- Après avoir sélectionné un projet d'investissement et choisi les modes de financement, l'entreprise doit établir un plan de financement afin d'apprécier la pertinence de sa politique financière et vérifier l'équilibre de sa trésorerie
- Il comprend :
  – les ressources stables dont disposera l'entreprise ;
  – les emplois durables auxquels elle devra faire face ;
  – la trésorerie résultant de la différence entre ces ressources et ces emplois.
- Le plan de financement a plusieurs objectifs :
  – Un instrument de vérification de cohérence financière de la stratégie : permet de vérifier la faisabilité des projets d'investissement et de procéder aux arbitrages entre les investissements souhaités ;
  – Un instrument de communication avec les actionnaires ;
  – Un instrument de négociation auprès des banques : il permet de montrer que l'entreprise sera en mesure de faire face au remboursement des prêts tout en maintenant son équilibre financier ;

– Un instrument de prévention des difficultés des entreprises : la loi impose aux entreprises dépassant l'un des deux seuils (effectif > 300, CA > 180 millions d'€) d'établir un compte de résultat prévisionnel et un plan de financement.

- Le plan de financement est souvent réalisé en deux étapes : un plan initial est d'abord élaboré puis un plan définitif permettant d'intégrer de nouveaux financements (emprunts, augmentation de capital) et/ou une diminution des emplois

Cas Noussa

Dossier 1

Mission

La société NOUSSA spécialisée dans la fabrication et la distribution des jouets. Confrontée à une forte concurrence et à la stagnation du marché français, sa dirigeante a adopté un programme d'investissement devant permettre l'accroissement de son chiffre d'affaires à l'exportation.

À l'aide des annexes

Pour réaliser cette mission, l'aide de document 1 et 2, vous pouvez :

1. Calculez la CAF pour les années N+1, N+2 et N+3
2. Présentez le plan de financement pour les années N+1, N+2 et N+3. Conclure

Document 1 : Bilan résumé au 31/12/N (en milliers d'euros)

Actif	Net	Passif	Net
Actif immobilisé	6 500	Capitaux propres	
Actif circulant		Capital (6 000 actions)	3 000
Stocks	2 920	Réserves	3 500
Créances	3 280	Dettes	
Disponibilité	150	Emprunt (1)	4 120
		Dettes non financières	2 230
Total	12 850	Total	12 850

Cet emprunt est remboursable par amortissement annuel constant. Le taux est 12 %. La prochaine annuité est payable le 1/10/N+1. Il reste 4 amortissements à pratiquer.

Document 2 : Informations complémentaires

	N	N+1	N+2	N+3	N+4
CA	21 000	25 300	29 095	33 459	35 000
BFRE	3 706	4 376	5 091	5 913	6 543

La marge sur coût variable est égale à 40 %.

Les charges fixes décaissables y compris les charges d'intérêt sur l'emprunt figurant au bilan au 31/12/N. En N+1 ces charges fixes s'élèvent à 7 036.

Deux investissements sont réalisés, un de croissance d'un montant de 3 500 K€, amortissable en linéaire au taux de 15 %. L'autre de renouvellement d'un montant de 1 000 K€. On considère qu'il ne modifie pas le montant des amortissements.

En N+1 double augmentation de capital :

En numéraire 2 000 actions nouvelles valeur nominale 500 € émises à 600 €. Les actions sont entièrement libérées à la souscription ;

Par incorporation des réserves : 3 000 actions de valeur nominale 500 €
On néglige les frais d'augmentation de capital.
Une subvention de 500 K€ sera consentie début N+1, elle sera réintégrée au résultat proportionnellement aux amortissements.
La société doit contracter un emprunt début N+1 d'un montant de 3 700 K€ remboursable par 5 annuités constantes de fin de période au taux de 10 % avec une possibilité de différé d'amortissement de 2 ans.
Les dividendes versés s'élèvent à 0,1 K€ par action et par an.

Dossier 2

Mission

La société NOUSSA va se diversifier, envisage de réaliser un nouveau processus de production au début N+1.
À l'aide de l'annexe
Pour réaliser cette mission, l'aide de document 1, vous pouvez :

1. Citez les objectifs du plan de financement.
2. Pour les années N à N+2, présentez le plan de financement de ce projet sans tenir compte des financements externes.
3. Présentez le plan de remboursement de l'emprunt destiné au financement de l'investissement (arrondir les calculs à l'euro le plus proche).
4. Ajustez le plan de financement en prenant en compte les moyens de financement externes de l'investissement.
5. Commentez les résultats obtenus.
6. D'une manière générale, quelles raisons peuvent pousser un dirigeant à privilégier l'emprunt comme mode de financement externe des investissements ?

Document 1 : Projet d'investissement et financement

Montant global de l'investissement...270 000 €
Cession début N d'un matériel ancien complètement amorti (net d'IS) 11 250 €
Chiffre d'affaires additionnel prévu (années N à N+2) 810 000 €
Le taux de marge sur coût variable sera 30 %.
Les charges fixes d'exploitation seront de 135 000 € par an dont 45 000 € d'amortissements.
Le taux de l'impôt sur les bénéfices est 33 1/3 %.
Le BFRE représentera 100 jours de chiffre d'affaires HT en N. Il devrait se maintenir au même niveau en N+1 et N+2.
Il sera versé aux actionnaires un montant de dividendes de 19 875 € en N+1 et 18 000 € en N+2.
Pour financer son investissement, l'entreprise contracte un emprunt de 150 000 € en début de N au taux de 5 % remboursable par annuités constantes sur 5 ans. Elle procède à la même date à une augmentation de capital d'un montant de 225 000 €.

Solution

Dossier 1

1. Calculez la CAF

	N+1	N+2	N+3
CA	25300	29095	33459
MSCV (1)	10120	11638	13384
CF (2)	−7036	−6916	−6796
DAP (3)	−1525	−1525	−1525
Quote-part de subvention (4)	75	75	75
Charges d'intérêt (5)	−370	−370	−370
Résultat avant IS	1264	2902	4768
IS (6)	−421	−967	−1589
Résultat après IS	843	1935	3179
DAP	1525	1525	1525
Quote-part de subvention	−75	−75	−75
CAF	2293	3385	4629

La marge sur coût variable = 40 % du CA

Charges fixes décaissables : les frais fixes comprennent les charges d'intérêt. Au bilan figure en emprunt 4 120. Comme il reste 4 remboursements X à faire. 4 120 = 4 X + intérêts courus du 1/10 au 31/12 soit

4 120 + 4 X = (4X × 0,12 × 3/12) alors X = 1 000. Les charges fixes décaissables diminuent chaque année de 1 000 × 0,12 = 120.

Dotations aux amortissements = 1 000 + (3 500 × 15 %) = 1 525

Quote-part de subvention : 500 × 15 % = 75

Charges d'intérêt : l'emprunt nouveau peut comporter un différé d'amortissement de 2 ans.

Intérêts de années N+1, N+2 et N+3 = 3 700 × 0,1 = 370

Annuité de l'emprunt : $3\ 700 = a\,\dfrac{1-(1{,}10)^{-5}}{0{,}1}$

L'annuité a = 976,05

Amortissement = 976,05 – 370 = 606,05

L'IS est calculé à un taux de 33,1/3 % et arrondi à l'euro le plus proche.

2. Présentez le plan de financement pour les années N+1, N+2 et N+3. Conclure

Variation de BFRE

	N	N+1	N+2	N+3	N+4
BFRE	3706	4376	5091	5913	6543
Variation du BFRE		670	715	822	630

Plan de financement

	N+1	N+2	N+3
Ressources CAF Subvention Augmentation de capital Emprunt	 2 293 500 1 200 3 700	3 385	4 629
Total des ressources	7 693	3 385	4 629
Emplois Immobilisations de croissance Immobilisations renouvellement Variation du BFRE Remboursement ancien emprunt Remboursement nouvel emprunt Dividendes (1)	 3 500 1 000 670 1 000 600	 1 000 715 1 000 1 100	 1 000 822 1 000 606 1 100
Total emplois	6 770	3 815	4 528
Ressources – Emplois	923	–430	101
Cumuls	923	473	574

Dividendes distribués en N+1 = 6 000 × 0,1 = 600

Les dividendes distribués à partir de N+2 = (6 000 + 2 000 + 3 000) × 0,1 = 1 100.

Le plan de financement est équilibré. L'entreprise peut utiliser l'excédent pour payer l'IS ou rembourser l'emprunt ou le placer.

Dossier 2

1. Citez les objectifs du plan de financement

Dans le cadre d'une politique d'investissements, le plan de financement permet d'apprécier l'aptitude financière de l'entreprise à s'assurer de la compatibilité de ces financements et des besoins de l'activité avec la capacité financière de l'entreprise.

Le plan de financement est élaboré, notamment, pour répondre aux exigences spécifiques des banquiers car l'entreprise, pour obtenir ses financements, doit prouver qu'elle est en mesure de disposer de la capacité financière nécessaire pour faire face au remboursement de ses emprunts.

2. Pour les années N à N+2, présentez le plan de financement de ce projet sans tenir compte des financements externes

Calcul de la CAF

	N
CA **MSCV** **CF**	810 000 243 000 135 000
Résultat avant IS **IS** **Résultat après IS** **DAP**	108 000 36 000 7 200 45 000
CAF	117 000

Plan de financement

Éléments	N	N+1	N+2
Ressources CAF Cessions d'immobilisations	 117000 11250	117000	117000
Total ressources (1)	128250	117000	117000
Emplois Acquisitions d'immobilisations Augmentation BFRE Dividendes	 270 00 225000	 19875	 18000
Total emplois (2)	495000	19875	18000
Soldes (1) – (2)	−366750	97125	99000
Trésorerie initiale	0	−366750	−269625
Trésorerie finale	−366750	−269625	−170625

3. **Présentez le plan de remboursement de l'emprunt destiné au financement de l'investissement (arrondir les calculs à l'euro le plus proche)**

$$\text{Annuité} = 150\ 000 \times \frac{0{,}05}{1-\left(1{,}05\right)^{-5}} = 34\ 646$$

Année	Capital restant dû	Intérêt	Amortissement	Annuité
N	150000	7500	27146	34646
N+1	122854	6143	28503	34646
N+2	94351	4718	29928	34646
N+3	64423	3221	31425	34646
N+4	32998	1648	32998	34646
Total		23230	150000	173230

4. **Ajustez le plan de financement en prenant en compte les moyens de financement externes de l'investissement**

Plan de financement après l'opération d'emprunt

Éléments	N	N+1	N+2
Ressources avant emprunt Augmentation du capital Emprunt – Intérêts nets	128250 225000 150000 −5000	117000 −4095	117000 −3145
Total ressources (1)	498250	112905	113855
Emplois avant emprunt Remboursement de l'emprunt	495000 27146	19875 28503	18000 29928
Total emplois (2)	522146	48378	47928
Soldes (1) – (2)	−23896	64527	65927
Trésorerie initiale	0	−23896	40631
Trésorerie finale	−23896	40631	106558

5. **Commentez les résultats obtenus**

Le plan de financement est équilibré. L'opération d'investissement s'avère intéressante.

6. **D'une manière générale, quelles raisons peuvent pousser un dirigeant à privilégier l'emprunt comme mode de financement externe des investissements ?**

L'emprunt permet de bénéficier de l'effet de levier à condition que la rentabilité avant financement soit supérieure au taux d'intérêt après impôt.

Fiche 13

Les moyens de financement et de placement à court terme

Schéma de synthèse

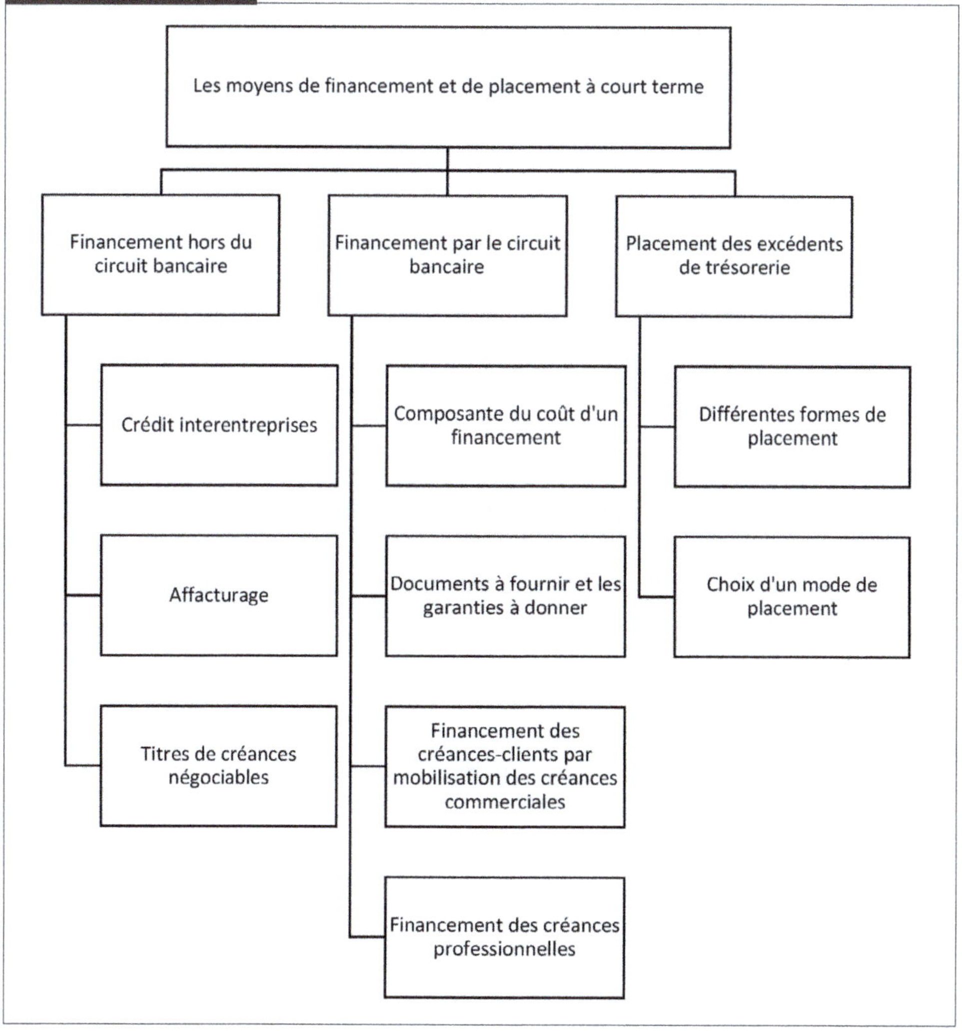

L'activité d'exploitation entraîne des besoins que l'entreprise doit financer. Il s'agit donc d'identifier les modes de financement et de placement à court terme.

Les prévisions financières à court terme concernent la trésorerie de l'entreprise. Il s'agit :
- d'établir les prévisions de trésorerie ;
- d'équilibrer la trésorerie en faisant appel à des sources de financement et éventuellement en plaçant les excédents de trésorerie.

Dans les entreprises, des décalages plus ou moins importants interviennent régulièrement entre les flux d'entrée de trésorerie et les flux de sortie.
L'entreprise doit financer son besoin en fonds de roulement d'exploitation de préférence par des crédits à court terme modulables selon les variations de l'activité.
En effet, en raison du cycle d'exploitation, les flux de décaissement peuvent précéder les flux d'encaissement, d'où un besoin de liquidités. De ce fait, les entreprises ont fréquemment recours aux crédits bancaires et non bancaires.

I. Financement hors du circuit bancaire

1. Crédit interentreprises

Le crédit interentreprises est un crédit que les entreprises fournisseurs accordent aux entreprises clientes et qui est lié à la livraison d'un bien ou d'un service. C'est une alternative au paiement comptant. Les effets de commerce sont les supports les plus fréquents du crédit interentreprises.
Crédit interentreprises = Créances clients + Avances et acomptes versés – Dettes fournisseurs – Avances et acomptes
Cette forme de financement échappe totalement au système bancaire. Les entreprises se substituent ainsi aux banques. Le crédit interentreprises varie selon les secteurs et la taille de l'entreprise.
Sauf dispositions contraires figurant aux conditions de vente ou convenues entre les parties, le délai de paiement entre entreprises est fixé à 30 jours de réception des marchandises. Le délai contractuel ne peut dépasser 45 jours fin de mois ou 60 jours à compter de la date de la facture
Pourquoi le crédit interentreprises ?
Le développement du crédit interentreprises trouve son explication dans les raisons développées ci-après.
Les délais de paiement sont un élément de la stratégie commerciale des entreprises ;
L'accès au crédit bancaire est inégal selon les entreprises ;
L'escompte permet le financement bancaire du crédit interentreprises.

Le crédit interentreprises est en dernier ressort financé par les banques. En effet, l'entreprise fournisseur peut tirer des effets en représentation de ses créances sur les entreprises clients. Elle pourra ensuite facilement escompter ces effets auprès de sa banque.

2. Affacturage

A. Définition

L'affacturage (*factoring*) est une opération de gestion financière, par laquelle, dans le cadre d'une convention préalable, un établissement de crédit spécialisé (factor ou affactureur) se charge de l'encaissement des créances clients d'un commerçant (appelé adhérent ou fournisseur).

Le plus souvent, le factor :
- bénéficie de l'exclusivité de l'encaissement des créances de l'adhérent ;
- acquiert la propriété des créances en payant immédiatement le montant à l'adhérent ;
- est subrogé dans les droits de l'adhérent sur les créances (subrogation personnelle conventionnelle)
- encaisse les créances pour son propre compte ;
- garantit l'adhérent contre le risque de non-recouvrement.

L'affacturage a donc généralement trois fonctions :
- le financement des créances clients ;
- leur garantie de paiement ;
- leur gestion.

B. Avantages pour l'entreprise

L'affacturage s'est développé en France, comme solution à l'augmentation du nombre des impayés.

Les avantages pour l'entreprise résultent des fonctions définies précédemment :
- l'entreprise adhérente se trouve déchargée de la gestion des comptes clients et du recouvrement des créances, ce qui constitue à la fois un gain de temps et d'argent ;
- elle ne supporte plus le coût des impayés ;
- elle bénéficie d'une sorte de crédit de mobilisation des créances commerciales.

C. Coût de l'affacturage

Le montant du financement pour l'entreprise adhérente varie entre 0 et 100 % du montant de l'en-cours clients. Le factor peut prendre en charge la totalité du chiffre d'affaires de l'adhérent.

Il existe différentes commissions proportionnelles au temps ou non.

Le coût de l'affacturage est composé de trois commissions.

a. Commission d'affacturage

La commission d'affacturage s'applique au montant TTC des factures prises en charge par le factor. Elle assure la rémunération du travail et des risques pris par le factor. Son taux varie selon les sociétés d'affacturage
Elle est soumise à la TVA. C'est le montant TTC × taux de commission.

b. La commission de financement

Elle sert à rémunérer le crédit accordé. Elle n'est pas soumise à la TVA.
C'est le montant TTC × taux de commission × nombre de jours restants à courir jusqu'à l'échéance.

c. Commission de bordereau

Lorsque le règlement du client est réalisé par un billet à ordre, le factor perçoit une commission calculée *prorata temporis.*

Exemple

Une entremise adhérente à une Société d'affacturage remet au factor une série de factures pour un montant de 600 000 €.
Calculer la commission spéciale de financement 4 % sachant que l'échéance moyenne des factures est de 80 jours.

Solution

La commission spéciale de financement est égale à : 600 000 × 0.04 × 60/360 = 4 000
L'affacturage consiste donc à céder des créances commerciales à un établissement financier. L'entreprise n'a plus à assurer le suivi de ses créances clients.

Exemple

Le 20/03/N, cession à une société d'affacturage pour 15 000 € de créances. Le 31/03/N, la société d'affacturage vire les fonds sous déduction d'une commission d'affacturage de 2 % et d'une commission de financement à un taux de 10 % sur 45 jours.

Travail à faire

- **Calculez la commission de financement et d'affacturage**
- **Calculez le taux réel**

Solution

1. Calculez la commission de financement et d'affacturage

Commission de financement

15 000 × 0,1 × 45/360 = 187,5

Commission d'affacturage
$15\,000 \times 2\,\% = 300$

2. Calculez le taux réel ?
Agio HT = 300 + 187,5 = 487,5
Montant net reçu (hors TVA) : 15 000 – 487,5 = 14 512,5

$$487{,}5 = \frac{14\,512{,}5 \times 45 \times t}{36500}$$

$t = 27{,}25\,\%$

3. Titres de créances négociables (TCN)

Les billets de trésorerie, les certificats de dépôt et les bons à moyen terme négociables sont des titres de créances négociables. Ils constituent, pour les entreprises, des moyens de financement hors du circuit bancaire.
Le marché des titres de créances négociables procède d'une volonté d'unifier le marché des capitaux à court et à long terme.

A. Définition des TCN

Les titres de créances négociables sont des « titres financiers émis au gré de l'émetteur, négociables sur un marché réglementé ou de gré à gré, qui représentent chacun un droit de créance (c. mon. et fin. art. L. 213-1).
Les TCN présentent des similitudes avec les valeurs mobilières et les effets de commerce.
Les titres sont « dématérialisés », c'est-à-dire inscrits en compte tenu par un intermédiaire habilité (Banque de France, Caisse des dépôts et consignations, établissements de crédit, maisons de titres).
Les TCN sont transmissibles par virement de compte à compte ;
Les conditions d'émission ressemblent à celles des obligations ;
Les titres constatent une créance d'argent ;
Les titres ne sont pas cotés en Bourse ;
Les titres sont négociés sur un marché réglementé différent de la Bourse.

B. Classement des TCN

	Billets de trésorerie (BT)	Certificats de dépôt Négociables (CD)	Bons à moyen terme Négociables (BMTN)
Échéance	1 jour à 1 an Échéance fixe	1 jour à 1 an Échéance fixe	1 jour à 1 an
Émetteur	Entreprises résidentes et non résidentes –sociétés par actions au capital > 225 000 € et siège social en France ou à l'étranger –entreprises d'investissement –entreprises du secteur public faisant une offre au public de titres financiers –sociétés coopératives agricoles et par actions aux capitaux propres > 225 000 € –exclusion des établissements de crédit	–établissements de crédit habilités à recevoir du public des fonds à vue (entreprises résidentes et non résidentes) –caisse des dépôts et consignations	Tout émetteur de titres de créances négociables: Banques et Institutions financières, Entreprises
Contrainte d'ancienneté	Avoir 2 années d'existence	Aucune	Aucune
Devise autorisée	Toutes (euros ou devises étrangères)		
Montant unitaire minimum	150 000 €		
Dématérialisation	Obligatoire (c. mon, et fin., art. L. 213-2)		

	Billets de trésorerie (BT)	Certificats de dépôt négociables (CD)	Bons à moyen terme négociables (BMTN)
Taux	Fixe	Fixe	Fixe ou Variable
Notation	Facultative mais dispense du recours au visa de l'AMF [autorité des marchés financiers)	Facultative	Facultative

Remarques

La Banque de France est l'autorité du marché des TCN. L'autorité des marchés financiers (AMF) veille au respect des informations spécifiques aux TCN.

II. Financement par le circuit bancaire

L'entreprise doit trouver des sources de financement destinées à couvrir les besoins de financement du cycle d'exploitation (stocks, créances-clients).

1. Composantes du coût d'un financement

A. Taux d'intérêt nominal

C'est le taux annoncé par les banques lors des négociations. Il est fixé en fonction de taux de base bancaire (TBB), de l'EURIBOR ou de l'EONIA et des majorations variables en fonction de type de crédit et la qualité du client (la majoration appliquée selon la qualité du client est appelée prime de risque).
Taux d'escompte = Taux de base bancaire + Majoration

Il y a deux modes de calcul des intérêts :
- le taux post compte lorsque les intérêts sont payés en fin d'opération. On vous donne 100 €, remboursement 103 € dans 90 jours avec un taux de 12 %.
- le taux précompté lorsque les intérêts sont payés au début de l'opération. La banque verse 97 € au client qui rembourse 100 € dans 90 jours.

B. Taux d'intérêt réel ou coût du crédit

Le taux réel du crédit est le taux d'intérêt qui mesure le coût effectif du crédit. Il inclut toutes les majorations qui s'ajoutent au taux d'intérêt nominal et qui résultent des particularités présentées ci-après (jours de valeur, année bancaire, jours de banque, commissions diverses ...).
Le taux effectif global (TAEG) est défini dans le code de la consommation.
Deux décrets du 10 juin 2002 précisent le champ d'application et le mode de calcul du TAEG des crédits à la consommation (méthode *équivalente).* Cependant, les prêts destinés au financement d'une activité professionnelle relèvent de la méthode *proportionnelle.*
La loi du 28 décembre 1966 fait obligation aux établissements de crédit de préciser le TEG appliqué aux opérations de crédit, notamment dans tout écrit qui les constate.

Le texte a deux objectifs
- alerter et sanctionner en cas de dépassement du taux de l'usure ;
- permettre à l'emprunteur de pouvoir comparer les taux pratiqués par les diverses banques.

La loi reste cependant assez vague sur le mode de calcul du taux effectif global. Il doit normalement inclure les intérêts, frais, commissions, rémunérations de toute nature. Sont exclues les commissions qui rémunèrent un service distinct du crédit.
Date de valeur, les jours de valeur, l'heure de caisse et les jours de banque
La durée d'une opération de financement s'exprimera en jours de valeur à partir d'une date et en tenant compte d'un ou plusieurs jours de banque.
Date de valeur : C'est la date à partir de laquelle une opération sera prise en compte par la banque (dans l'entreprise date réelle = date de l'opération)

Les jours de valeur : C'est le nombre de jours précomptés par la banque dans un calcul d'intérêts ou de commission. C'est la différence entre la date de l'opération et la date de valeur. Les jours ouvrés : les jours effectivement travaillés par la banque, les jours ouvrables : tous les jours de la semaine, excepté le dimanche et les jours fériés et les jours calendaires : tous les jours du calendrier.

C. Tableau des jours de valeur généralement appliqués par les banques

Espèces	Retraits Versements	DO – 1 jour calendaire DO + 1 jour calendaire
Chèques	Paiements Encaissements : sur place Hors place	DO – 2 jours calendaire DO + 2 jours ouvrés DO + 5 jours ouvrés
Virements	Donnés Reçus	DO – 1 jour calendaire DO + 1 jour calendaire
Effets	Domiciliés À l'escompte À l'encaissement	DO – 1 jour calendaire DO + 1 jour calendaire DO + 4 jours calendaire

DO : date d'opération
L'heure de caisse : C'est l'heure à partir de laquelle les opérations bancaires ne seront prises en compte que le lendemain (habituellement à partir de 15 heures).
Les jours de banque : Ce sont les jours supplémentaires ajoutés par la banque dans le calcul de la durée d'une opération de financement.
Année bancaire : l'intérêt est le prix payé par l'entreprise à la banque pour utiliser un capital pendant un temps donné. C'est le loyer de la somme prêtée. Les intérêts perçus par les banques sont calculés par le système des intérêts simples. L'année bancaire de 360 jours utilisée dans le calcul a pour effet de majorer l'intérêt effectif.

D. Les commissions bancaires

Il y a des commissions liées aux effets de commerce.

a. Commissions d'endos

Elles servent à rémunérer les services rendus par la banque ; elle est calculée au prorata du montant de l'effet et du temps tout comme l'intérêt. Elle s'ajoute au taux nominal de l'escompte. Elle s'applique à toutes les opérations d'escompte.

b. Commissions fixes

Elles sont soumises à la TVA (frais de manipulation) ; elle est variable selon les banques. Elle est appliquée pour chaque effet remis à l'escompte.
Des commissions sont également appliquées lors des incidents d'impayés, ou encore lorsque la banque se charge, à la place du tireur, de faire accepter les effets par les tirés.

Et des commissions liées aux découverts.

c. Commission du plus fort découvert

Elle sert à rémunérer le risque couru par la banque ; est égale à 0,05 % du plus fort découvert du mois. Elle est plafonnée à la moitié des intérêts débiteurs du mois. Elle n'est pas soumise à la TVA. Elle est payée chaque trimestre, sur les plus forts découverts de chaque mois. Elle est négociable et un forfait est actuellement envisageable ;

d. Commission de mouvement

Elle est soumise à la TVA ; est calculée sur le montant des opérations portées au débit.

e. Commission de dépassement

Elle est appliquée lorsque l'entreprise dépasse le plafond de découvert qu'elle a obtenu de sa banque. Elle est égale à 0,25 % du plus fort dépassement mensuel.

Remarque

En raison de son mode de calcul, la commission du plus fort découvert pénalise fortement les entreprises qui ont un découvert sur une courte période.

E. Minimum de perception

a. Minimum décompté

Pour le calcul des agios prélevés par la banque, un minimum de 10 jours est souvent décompté à l'entreprise lors de la remise à l'escompte d'effets de commerce. Le coût du crédit en est augmenté. La banque tente ainsi de décourager la remise à l'escompte d'effets dont l'échéance est proche.

b. Forfait d'agios et de commissions

Parfois aussi, lors d'opérations d'escompte, la banque fixe un montant minimum d'agios en euros. Cette pratique a pour but de décourager la remise à l'escompte d'effets de faible montant.

2. Documents à fournir et les garanties à donner

A. Documents

Le bilan : pour voir le taux d'endettement, si le seuil critique n'est pas atteint (total des dettes > au total du bilan) ;
Le compte de résultat : le banquier apprécie les facultés de remboursement de l'entreprise ;

Le plan de trésorerie : permet d'apprécier les périodes de découvert et à partir de quel moment sa trésorerie redevient excédentaire.

B. Garanties

Pour être certains d'être remboursés à l'échéance, les banquiers prennent souvent des garanties : ce sont des sûretés.

a. Réelles

Hypothèque : c'est un droit réel accessoire sur les immeubles affecté à l'acquittement d'une obligation (art 2114 code civil) ;
Nantissement : c'est une forme de gage qui entraîne ou non la dépossession du bien sur lequel il porte.

b. Personnelles

Cautionnement : c'est un contrat par lequel un tiers, appelé caution promet à un créancier de le payer si le débiteur n'exécute pas son obligation (art 2011 c. civil) ;
Aval : engagement pris par une personne de payer à l'échéance une lettre de change ou un billet à ordre à la place de porteur (généralement le tireur).
Crédits de trésorerie (non affectés)
Les crédits de trésorerie sont des prêts non affectés. Ils correspondent à des crédits en blanc. Cela signifie que le bénéficiaire peut disposer du crédit et l'utiliser comme il le souhaite, sans avoir aucune justification à donner à la banque.

C. Typologie

a. Crédit par caisse

Il se réalise au moyen d'une avance en compte courant. Le banquier accepte que le compte de son client soit débiteur. On parle alors de découvert. Il s'agit d'un crédit *revolving,* c'est-à-dire que le remboursement progressif du découvert permet un renouvellement de celui-ci.

b. Crédit par billet

L'entreprise, bénéficiaire de ce type de crédit, souscrit un billet à ordre à son banquier. Ce dernier escompte l'effet et crédite alors le compte du bénéficiaire.

c. Crédits spots

Ils sont destinés aux grandes entreprises industrielles qui ont des besoins de trésorerie importants mais pour des durées très courtes (parfois quelques heures).

d. Facilités de caisse

Ce sont des concours bancaires utilisés périodiquement pendant quelques jours, afin de permettre aux entreprises de faire face à des décalages de trésorerie.
La facilité de caisse, elle permet au banquier d'honorer les paiements sans avoir chaque fois à appeler l'entreprise.

e. Découvert

Le découvert est destiné à faire face à des besoins renouvelés plusieurs fois dans l'année mais sans qu'il y ait une périodicité régulière. Normalement, un découvert ne devrait pas être utilisé de manière continue pendant plus de quelques semaines.
Le découvert, c'est une autorisation donnée à l'entreprise à faire fonctionner son compte sur une base débitrice. Il peut être dénoncé à tout moment avec un délai de préavis de 30 jours.
Facilités de caisse et découvert sont des avances de fonds destinées à faire face à un déficit temporaire de trésorerie.
Il n'y a pas de compensation entre les comptes banque de l'entreprise à solde créditeurs et à solde débiteur en vertu de principe de la non-compensation.
Pour rémunérer le risque encouru par la banque, il y a deux sortes de commissions :
La commission du plus fort découvert est égale à 0,05 % du plus fort découvert du mois. Plafonnée à la ½ des intérêts débiteurs du mois. Elle est payée chaque trimestre sur les plus forts découverts de chaque mois.
La commission de dépassement est appliquée lorsque l'entreprise dépasse le plafond de découvert obtenu de sa banque, elle égale à 0,25 % du plus fort dépassement mensuel.
Ces deux commissions ne sont pas soumises à la TVA. Les intérêts sont post-comptés.

Exemple

L'entreprise CG a négocié les conditions de découvert suivant :
Taux de découvert : 7,5 %
Commission plus fort : 0,05 %
Commission dépassement : 0,25 %
Plafond de découvert : 6 500 €
Le dernier trimestre de l'année, la trésorerie a présenté les soldes suivants :
Du 28/10 au 2/11 inclus : 6 000 €
Du 03/11 au 15/11 inclus : 3 500 €
Du 20/12 au 28/12 inclus : 5 800 €

Travail à faire

→ **1. Calculez le montant des agios du 4e trimestre**

→ **2. Calculez le taux réel de découvert**

Solution

1. Calcul des agios

- *Calcul de nombre de jours*

Dates	Découvert	Nombre de jours	Nombre débiteurs
Du 28/10 au 2/11 inclus	6 000	6	6 000 × 6=
Du 03/11 au 15/11 inclus	3 500	13	3 500 × 13
Du 20/12 au 28/12 inclus	5 800	9	5 800 × 9
Total			133700

- *Calcul des intérêts* (6 000 × 6) + (3 500 × 13) + (5 800 × 9) × (7,5/36 000) = 27, 85 Ou 133 700 × 7.5 %/360
- *Commission du plus fort :*
  Octobre : 6 000 × 0,05 % = 3
  Novembre : 6 000 × 0,05 % = 3 ou (6 000 + 6 000 + 5 800) × 0,05 = 8,9
  Décembre : 5 800 × 0,05 % = 2,9
- *Commission de dépassement*
  Néant, le plafond de 6 500 € n'est pas atteint.
- *Total des agios*
  27,85 + 3 + 3 + 2,9 = 36,75

2. Taux réel

$$36{,}75 = \frac{\left(6\ 000 \times 6 + 3\ 500 \times 13 + 5\ 800 \times 9\right) \times \mathrm{i}}{36500}$$, le taux i = 10,03 %

f. Risque des crédits de trésorerie

Les crédits de trésorerie sont risqués pour la banque en raison de leur absence de garanties. Cependant, la banque exige souvent des garanties complémentaires comme une caution, un nantissement des valeurs mobilières ou de marchandises, ou encore la signature d'un billet à ordre susceptible d'être escompté auprès d'une autre banque.

3. Financement des créances-clients par mobilisation des créances commerciales

A. Crédits de campagne

Les crédits de campagne sont destinés à financer les stocks et le cycle de fabrication des entreprises à activité saisonnière (activités agricoles, tourisme, ventes de nature saisonnière comme les ventes de jouets).

Leur *montant* est déterminé à partir d'un budget de trésorerie et en fonction de la situation financière de l'entreprise ;
Leur *durée* est fonction de la nature de l'activité.
Les crédits de campagne restent un financement particulier.

B. Escompte des effets de commerce

a. Effets de commerce

Ce sont les lettres de change et les billets à ordre traditionnels, qui pouvaient circuler entre commerçants par endossement, ne sont plus admis dans le circuit bancaire et sont remplacés par les lettres de change relevé (LCR) et les billets à ordre relevé (BOR). Deux formes de lettre de change relevé existent.
LCR papier est un effet de commerce qui s'apparente à une lettre de change classique ;
LCR magnétique est, en principe, créée par le tireur sur un support informatique.
Le support magnétique transforme la nature de l'opération, lui faisant quitter le domaine du droit cambiaire (droit attaché aux effets de commerce qui rend tous les signataires solidairement responsables) pour celui de crédit bancaire de droit commun.
L'escompte des effets de commerce est une opération de crédit par laquelle une banque avance à une entreprise le montant d'une créance détenue par cette dernière. La créance est représentée par un effet de commerce (lettre de change mais aussi billet à ordre ou warrant). La banque verse au client le montant nominal des effets escomptés, diminué des *agios* (intérêts et commissions).
La banque fixe, après négociation, le plafond annuel d'escompte qu'elle consent à l'entreprise
À l'escompte, la banque prélève une somme appelée agios en rémunération du service rendu.
Valeur nette = valeur nominale – Agios
Agios = escompte + commissions + TVA
Commission d'endos : se calcule de la même façon que l'escompte, on peut ajouter son taux au taux d'escompte.
L'escompte se calcule sur la valeur nominale, la durée c'est le nombre de jours qui sépare la date de remise à l'escompte et l'échéance plus les jours de banque (ou date de crédit de compte). L'année est prise pour un forfait de 360 jours ce qui n'empêche pas de calculer exactement la durée en jours de prêt. Ce système majore l'intérêt dû (le taux n'est plus i mais $i \times 365/360$).
Le coût réel de l'escompte : c'est le taux appliqué à la somme effectivement reçue dans les mêmes conditions, donnera l'agio HT.
La durée réelle : c'est la durée qui sépare la remise à l'escompte (ou la date de crédit du compte) à l'échéance plus les dates de valeur sans tenir compte de jours de banque et on tient compte de la date où le compte est crédité.

$$T = \frac{36500 \times GHT}{VNHT \times n}$$

Avec GHT : agios hors taxe

VN HT : valeur nominale hors taxe

n : le nombre de jour

Exemple

Un effet de 1 000 € échéant le 15 mai est escompté le 12 avril. Taux d'escompte : 10 %, commission de service 2 € HT, commission d'endos 0,65 %, TVA taux normal. La banque applique un jour de banque. Les effets remis à l'escompte supportent 4 jours de valeur. Le bordereau d'escompte est adressé par la banque le 17 avril.

Travail à faire

➥ **Déterminez l'agio, la valeur nette et le taux réel d'escompte**

Solution

Calcul de nombre de jours :

Avril : 30 – 12	18
Mai	15
Jours de banque	1
Nombre pour calculer les agios	34

Escompte : 1 000 × 10 × 34/36 000 = 9, 44

Commission d'endos : 1 000 × 0,65 × 34/36 000 = 0,61

Commission fixe 2

TVA : 2 × 0,196 =0,39

Agios HT = 9,44 + 0,61 + 2 = 12,05 et TTC 12,44 = 12,05 + 0,39

Valeur Nette = 1 000 – 12,44 = 987,56

Valeur Nette HT = 987,95

Taux réel d'escompte

Nombre de jours : 33 + 4 = 37

Taux Réel = $12{,}05 = \frac{987{,}95 \times 37 \times i}{36500}$ = (36 500 × 12,05)/(987,95 × 37)

= 12,03 %

b. Avantages et inconvénients de l'escompte des effets de commerce

Pour les *entreprises,* l'escompte des effets est un mode de financement simple et facile car les banques accordent ce crédit rapidement et avec le minimum de formalités.

Pour les *banques,* l'escompte des LCR papier, surtout quand elles sont acceptées par le tiré, a l'avantage de comporter peu de risques en raison

– des garanties offertes par le droit cambiaire ;

– de la possibilité de refuser d'escompter les effets tirés sur des commerçants d'une solvabilité douteuse.

L'avantage de la sécurité est cependant compensé par les frais élevés de traitement des effets papier. L'escompte des LCR magnétiques présente un coût de gestion réduit car le traitement est entièrement automatisé. L'absence des garanties du droit cambiaire peut être palliée en adossant la LCR magnétique à un bordereau Dailly.

c. Comparaison du coût de l'escompte et de découvert

Tableau : Comparaison des paramètres du coût de l'escompte et du découvert

	Escompte	**Découvert**
Taux d'intérêt de base	Taux de base bancaire ou EURIBOR ou EONIA	Taux de base bancaire ou EURIBOR ou EONIA
Majoration spécifique au crédit	S'ajoute au taux de base bancaire	S'ajoute au taux de base bancaire majoration supérieure à celle relative à l'escompte
Majoration catégorielle propre au client	S'ajoute au taux d'intérêt de base	S'ajoute au taux d'intérêt de base
Nombre de jours	Égal au nombre de jours séparant la date de remise de l'effet à l'escompte de la date d'échéance, augmenté d'un ou deux jours de banque un minimum de 10 jours est souvent retenu	Nombre de jours de découvert, déterminé à partir des dates de Valeur : jours de valeur
Année bancaire	360 jours	360 jours
Commissions	d'endos : de service : montant fixe par effet. Un minimum d'agios peut être retenu	De plus fort découvert : 0,05 % par mois de découvert (plafonnée à la moitié des intérêts débiteurs du mois) de compte : 0,025 % (soumise à TVA)
Principe de calculs des agios	Précomptés	Post-comptés

C. Crédit de mobilisation des créances commerciales (CMCC)

a. Procédure

L'entreprise regroupe des créances clients (hors secteur public, créances sur l'étranger et créances internes dans un groupe).
Elle souscrit un billet à l'ordre de sa banque pour le montant global de ces créances et le transmet à la banque. Cette dernière escompte le billet à ordre et crédite le compte de l'entreprise.
Le CMCC ne comporte aucune garantie pour la banque. Il repose sur la confiance.
L'entreprise créancière se charge du recouvrement des créances

b. Coût

Le coût est plus faible que celui de l'escompte des LCR papier, en raison de la transmission d'un effet unique.
Le CMCC a peu de succès en raison de l'absence de garanties pour la banque.

D. Crédit de mobilisation des créances à court terme sur l'étranger

Les entreprises exportatrices ont à supporter des délais de règlement particulièrement longs,
Ces entreprises ont la possibilité de financer à des coûts avantageux des délais de paiement allant jusqu'à 18 mois, grâce au crédit de mobilisation des créances nées sur l'étranger (MCE).
Les effets de mobilisation sont dispensés de la signature du client étranger. Ce financement nécessite l'accord préalable de la Compagnie Française de Commerce Extérieur (COFACE).
Il existe par ailleurs des crédits de préfinancement qui peuvent être spécialisés [destinés à financer un contrat exceptionnel) ou revolving (pour les exportateurs qui justifient d'un mouvement continu d'exportations).

4. Financement des créances professionnelles

A. Procédure

La loi Dailly (2 janvier 1981) permet à une entreprise d'obtenir un crédit de sa banque en lui cédant, en propriété ou en nantissement, un ensemble de créances professionnelles à l'aide d'un unique bordereau.
Seules les créances, nées ou futures, dans le cadre d'une activité professionnelle peuvent être cédées ou nanties
Dans le cas d'une cession, les créances sont encaissées par la banque tandis que, dans le cas du nantissement, c'est l'entreprise qui se charge d'encaisser les créances.

Un *bordereau* (acte de cession ou de nantissement de créances professionnelles) est remis à la banque ; il comporte des mentions imposées par la loi.
Comme dans le cas de l'escompte des effets de commerce, l'entreprise est garante envers la banque des créances qu'elle lui a cédées ou données en nantissement.
Le crédit est obtenu sous la forme
Soit d'un *crédit d'escompte* (cas d'un bordereau de cession, souvent jumelé avec une LCR magnétique) ;
Soit d'une *avance en découvert* (cas d'un bordereau de nantissement).

B. Avantages

- Le crédit couvre l'ensemble des créances professionnelles ;
- Le crédit est rapide à obtenir ;
- Aucune caution personnelle n'est exigée car le transfert des créances constitue une garantie suffisante ;
- Le taux du crédit se situe entre le taux de l'escompte et le taux du découvert.

III. Placement des excédents de trésorerie

L'objectif d'une entreprise est d'avoir en permanence des liquidités proches de zéro, soit en empruntant soit en plaçant les fonds disponibles.

1. Différentes formes de placement

A. Dépôt à terme

C'est un placement sur un compte spécial pendant une durée minimale d'un mois. Aucun risque pour l'entreprise.

B. Règlement au comptant des fournisseurs

Si l'entreprise dispose de liquidité à placer, il peut être intéressant pour elle d'effectuer un paiement anticipé sous déduction d'un escompte financier.

Exemple

> Une facture de 20 000 € venant à échéance dans 45 jours, l'entreprise peut bénéficier d'un escompte de règlement de 2 % si elle règle par anticipation, ou elle peut les placer sur un compte à terme à 6 % par an.

Travail à faire

↬ **Aidez l'entreprise dans son choix.**

Solution

Escompte : 20 000 × 2 % = 400 €

Placement : 20 000 × 6 % × 45/360 = 150 €

L'escompte est préférable au placement

C. Placement par l'intermédiaire des OPCVM

Définition : les OPCVM (organismes de placement collectif en valeurs mobilières) comprennent essentiellement les SICAV (sociétés d'investissement à capital variable) et les FCP (fonds commun de placement).

Les placements en OPCVM sont des placements plus ou moins risqués mais dont la liquidité est grande.

Ils sont adaptés aux entreprises qui ont des liquidités fluctuantes d'un jour à l'autre.

D. Achat de titres de créances négociables (TCN)

Ce sont des instruments financiers du marché monétaire. Leur montant minimal est de 150 000 €.

L'émetteur peut être une banque, un établissement financier et dans certains cas une entreprise.

Seuls les billets de trésorerie et les bons à moyen terme négociables (BMTN) peuvent être émis également par les entreprises.

TCN

- Billets de trésorerie compte : 5075
- BMTN compte : 5077
- Certificat de dépôt compte : 5071

L'acquisition peut se faire

- À sa valeur nominale, lors de l'émission
- Au prix du marché, après l'émission (sur le marché secondaire), le prix se divise dans ce cas en 3 parties : la valeur nominale, la prime ou la décote selon l'évolution des taux d'intérêt sur le marché entre l'émission et l'achat des TCN, et les intérêts courus.

2. Choix d'un mode de placement

A. Critères de choix

La rentabilité et la sécurité du placement sont les deux critères à prendre en compte. Plus la rentabilité est élevée et plus le risque sera grand.

B. Facteurs de décision à prendre en compte

– La taille de l'entreprise
– Le montant de placement, la durée, les anticipations sur l'évolution des taux d'intérêt
– L'attitude des entreprises face au risque de taux
– Le régime fiscal des différents types de placement.

Ce qu'il faut retenir

- **La gestion de trésorerie a plusieurs objectifs :**
  - assurer la solvabilité à court terme de l'entreprise (capacité à faire face à ses échéances) ; l'entreprise doit rechercher les financements permettant d'assurer l'équilibre de sa trésorerie ;
  - optimiser le résultat financier (différence entre les produits financiers et les charges financières). L'entreprise doit choisir les types de financement et leur durée, afin d'en réduire le coût. Le cas échéant, elle doit également placer ses excédents de trésorerie afin d'obtenir des produits financiers
- L'objectif principal de la gestion de la trésorerie est la prévention de risque de cessation de paiement.
- **Principaux financements à court terme**
  - L'escompte d'effets de commerce
    - L'escompte consiste à céder des effets de commerce (en général, des lettres de change) à la banque, avant leur échéance.
    - La banque crédite le compte de l'entreprise du montant nominal des effets net des
  - L'affacturage
    - L'entreprise peut céder ses créances à une société financière spécialisée, la société d'affacturage (ou factor).
    - La société d'affacturage assume le risque d'impayés et assure la gestion des créances clients (suivi, relance, encaissement). Pour cette raison, l'affacturage est plus coûteux que l'escompte commercial.

– Le découvert

- Le coût du découvert se calcule sur le nombre exact de jours de découvert et est obtenu en totalisant les deux éléments suivants :
- Intérêts débiteurs + Commission du plus fort découvert (CPFD)

– Le crédit spot

- Il s'agit d'un crédit accordé par les banques pour de courtes durées (10 jours à 3 mois).
- Son montant est généralement égal ou supérieur à 150 000 euros ; il est donc réservé aux grandes sociétés.

– Les titres de créances négociables (TCN)

- Les grandes entreprises (en pratique, celles qui sont cotées en bourse) peuvent émettre des titres spécifiques sur le marché monétaire pour se financer à court terme
- billets de trésorerie négociables (BTN) pour les autres entreprises ;
- certificats de dépôt négociables (CDN) pour les établissements de crédit.
- Caractéristiques :
- montant minimum : 150 000 € ;
- durée : de quelques jours à 1 an ;

Cas Bicsou

Mission

M. Lavare toujours préoccupé par les coûts des financements, vous communique le bordereau de décompte d'agios que lui a envoyé sa banque. Les intérêts sont précomptés (1 an = 360 jours).

Pour réaliser cette mission, vous pouvez :

À propos de ce bordereau :

1. Calculez le nombre de jours de banque appliqué par la Banque industrielle et commerciale du Sud-ouest en précisant à M. Lavare ce que sont les jours de banques.
2. Calculez le taux d'escompte (commission d'endos comprise) appliqué par la banque.
3. Calculez le taux réel du crédit obtenu par l'escompte de l'effet n° 10 562, sachant que la date de valeur d'un effet remis à l'encaissement est la date d'échéance + 4 jours calendaires.

Par ailleurs, les prévisions de trésorerie au jour le jour faisaient apparaître les soldes suivants nom – *le compte* bancaire

Dates	Solde banque Avant toute opération d'escompte
Du 1-9 au 12-9 Du 13-9 (inclus) au 10-10 (inclus) Du 11-10 (inclus) au 16-10 (inclus) Du 17-10 et au-delà	Solde voisin de 0 –68 000 –40 000 Solde positif

4. M. Lavare vous demande de lui indiquer s'il n'aurait pas été préférable de laisser le compte à découvert, sachant que cela était possible aux conditions suivantes :

Taux d'intérêts débiteurs : 13,25 % ;

Commission du plus fort découvert : 0,05 %.

5. Déterminez quel aurait été le coût réel du découvert.

Document 1 : Banque Industrielle et Commerciale du Sud-Ouest.
Bordereau de décompte d'appoints remis à l'escompte

Remise reçue le 12-09-N.

Code établissement : 30 025. Numéro de compte : 047 19 21 69 55

N°	Lieu de paiement	Montant	Échéance	Commission	Jours	Intérêts et Endos
10 562	République BNP	3 641,71	10-10-N	21,50	29	36,23
10 563	Pasteur SG	4 988,64	10-10-N	21,50	29	49,63
10 564	St Jean CA	5 190,67	10-10-N	21,50	29	51,64
10 565	Gambetta BP	2 096,78	10-10-N	21,50	29	20,86
10 566	St Pierre BP	13 865,25	10-10-N	21,50	29	137,94
10 567	Terrasses BNP	25 877,73	10-11-N	21,50	60	532,65
10 568	Arcas SG	11 901,86	10-11-N	21,50	60	244,98
10 569	Fondaud CA	2 110,45	10-11-N	21,50	60	43,44

Montant brut sous réserve d'encaissement	Total commissions	TVA sur commission	Total intérêts et endos	Valeur au	Montant au débit de votre compte
69 673,09	172,00	34,4	1 117,37	13-09-N	1 323,77

Solution

Dossier 1

Calcul du nombre de jours de banque appliqué par la Banque industrielle et commerciale du Sud-Ouest, c'est quoi les jours de banque

Les opérations financières sont toujours portées en compte par les banques avec un certain décalage par rapport au jour où elles sont effectuées.

Les jours de banque correspondent ainsi aux jours supplémentaires ajoutés par les banques sur certaines opérations banques/entreprises.

L'opération d'escompte se calcule sur le nombre de jours qui sépare la date de négociation de la date d'échéance majoré du nombre de jours de banque

Cette pratique n'est pas sans incidence puisqu'elle permet aux banques d'augmenter leur rémunération.

1. Calcul du nombre de jours de banque

	Date de crédit en valeur	Date d'échéance	Nbre de jours décomptés par la banque	Nbre de jours réels	Nbre de jours de banque
12/09/N	13/09/19N	10/10/19N	29	28	1
12/09/9N	13/09/19N	10/11/19N	60	59	1

Le tableau ci-dessus indique que la Banque applique 1 jour de banque.

2. Calcul du taux d'escompte appliqué par la banque

Ce calcul peut être effectué à partir de l'un des effets. En retenant comme base de calcul l'effet n° 10 562 :

Soit t, le taux d'escompte recherché, il est possible d'écrire :

$$\frac{3\,641{,}71 \times t \times 29}{36\,000} = 36{,}23$$

$$t = \frac{36{,}23 \times 36\,000}{3\,641{,}71 \times 29} = 12{,}35\ \%$$

3. Calculez le taux réel du crédit

Date d'échéance	Nbre de jours calendaires	Date de négociation	Date de valeur de l'effet remis à l'encaissement	Durée réelle du crédit
10/10/N	4 jours	12/09/N	14/10/N	32 jours

Calcul du coût du crédit obtenu par escompte

Charges	Montant
Intérêts et endos	36,23
Commissions	21,50
Total	57,73

Calcul du montant du crédit obtenu

Base de calcul	Montant
Valeur nominale de l'effet	3641,71
Agios (à déduire)	57,73
Total	5583,98

4. Taux réel du crédit obtenu (on peut le calculer sur la base de 365 jours)

Si t représente le taux de revient recherché

$$57,73 = \frac{3\ 583,98 \times t \times 32}{36\ 000}$$

$(57,73 \times 36\ 000) = (3\ 583,98 \times t \times 32)$

$2\ 078\ 280 = 114\ 687,36 \times t$

t est donc égal à :

$$t = \frac{2\ 078\ 280}{114\ 687,36} = 18,12\%$$

Arbitrage : escompte/découvert

Le découvert représente le solde débiteur du compte courant de l'entreprise autorisé par banque pour une durée de quelques semaines à plusieurs mois.

Destiné à financer principalement les besoins cycliques, la durée et le montant du découvert sont fonction de la qualité du client. C'est un crédit souple et s'adapte parfaitement aux besoins

L'arbitrage entre l'escompte et le découvert nécessite de calculer le coût du découvert afin de le rapprocher au coût de l'escompte.

Le coût du découvert est composé :

- des intérêts débiteurs ;
- de la commission du plus fort découvert.

Cette commission est calculée au taux de 0,05 % sur le fort découvert de chaque mois. Elle est en principe obligatoire, mais n'est pas assujettie à la TVA.

La commission du plus fort découvert est plafonnée par trimestre, à la moitié des intérêts débiteurs du trimestre.

Calcul du nombre de jours de découvert

Période à financer	Montant du découvert	Nombre de jours à financer
13/09/N au 10/10/N	68000	28
11/10/N au 16/10/N	40000	6

Calcul des intérêts débiteurs

$$\frac{\left[(68\ 000 \times 28) + (40\ 000 \times 6)\right] \times 13,25}{36\ 000} = 789,11$$

Calcul de la commission du plus fort découvert (mensuel)

CPFD = 68 000 × 0,05 = 34.

Cette commission est perçue deux fois car elle porte sur deux trimestres bancaires (3e et 4e trimestres). Elle s'élève ainsi à :

34 × 2 = 68.

Calcul du coût du découvert

Le coût du découvert s'élève donc à :

789,11 + 68 = 857,11.

Comparé au coût hors taxe du financement par escompte qui s'élève à 1 289,37 (1 323,77 – 34,4 de TVA), le découvert aurait été préférable.

5. Calcul du coût réel du découvert (on peut le calculer sur la base de 365 jours)

Il s'agit de déterminer le taux de revient réel du découvert. Si t représente ce taux, il est possible d'écrire :

$$\frac{\left[(68\ 000 \times 28)+(40\ 000 \times 6)\right] \times t}{36\ 000}=857{,}11$$

$$t=\frac{30\ 855\ 960}{2\ 144\ 000}=14{,}39\%$$

Fiche 14

La prévision de la trésorerie

Schéma de synthèse

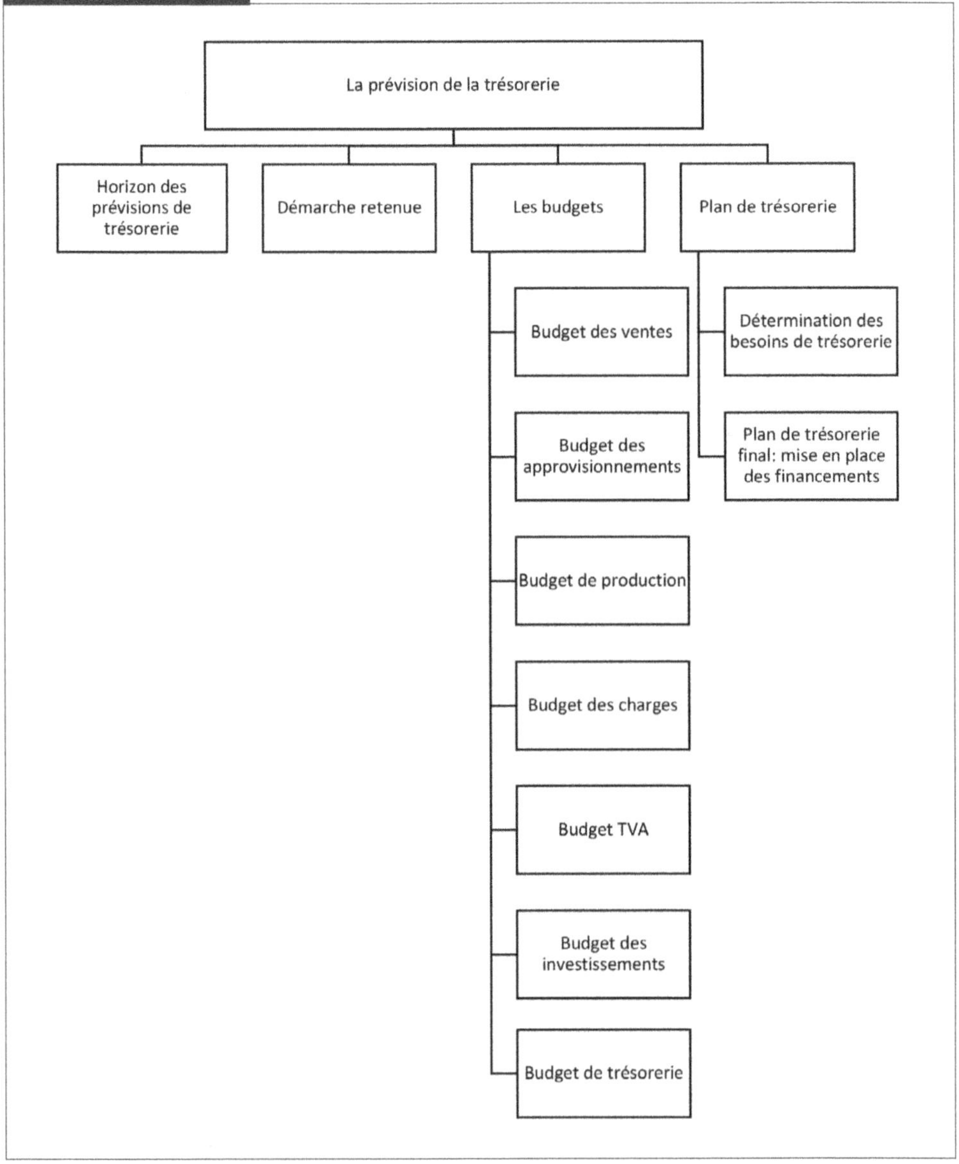

Le trésorier a une double mission
- gestionnaire de risques : il protège l'entreprise contre le risque de taux ou le risque de change contribuant ainsi à la pérennité et à la compétitivité de l'entreprise ;
- mise en place d'une politique continue d'optimisation tant dans la recherche de modes de financement les mieux adaptés que dans celle des placements.

I. Horizon des prévisions de trésorerie

Les prévisions de trésorerie peuvent se faire :
- à un an avec un découpage mensuel ; un budget de trésorerie limité à une estimation de la trésorerie en fin d'année serait insuffisant pour déterminer les lignes de crédit que l'entreprise doit obtenir de sa banque ;
- le découpage mensuel (ou trimestriel, à la rigueur) permet d'affiner les prévisions, notamment si l'entreprise a une activité saisonnière ou simplement irrégulière ;
- à trois ou quatre mois, avec un découpage hebdomadaire, au moins pour le premier mois ; ceci permet des prévisions plus fines ;
- au jour le jour pour une gestion à très court terme ; c'est notamment le cas quand l'entreprise établit des prévisions en dates de valeur. Elle réalise alors une prévision « glissante » sur un horizon de 30 à 60 jours.

II. Démarche retenue

La gestion de trésorerie suppose une démarche en deux temps :
- l'élaboration du budget de trésorerie, document prévisionnel récapitulatif des encaissements et des décaissements de l'entreprise sur une période donnée ;
- l'élaboration du plan de trésorerie, document issu du précédent et intégrant les moyens de financement à court terme ainsi que leur coût (frais financiers), ou indiquant les placements envisageables par l'entreprise.

L'objectif est de parvenir à une **trésorerie zéro** où il n'y aurait ni excédents inemployés, ni découverts coûteux en agios. Préalablement aux prévisions de trésorerie, nous allons présenter les modes de financement et de placement à court terme.

III. Les budgets

Les budgets sont établis à partir d'un programme d'action. Ils sont interdépendants. Cependant, il existe une certaine hiérarchie quant à leur établissement.

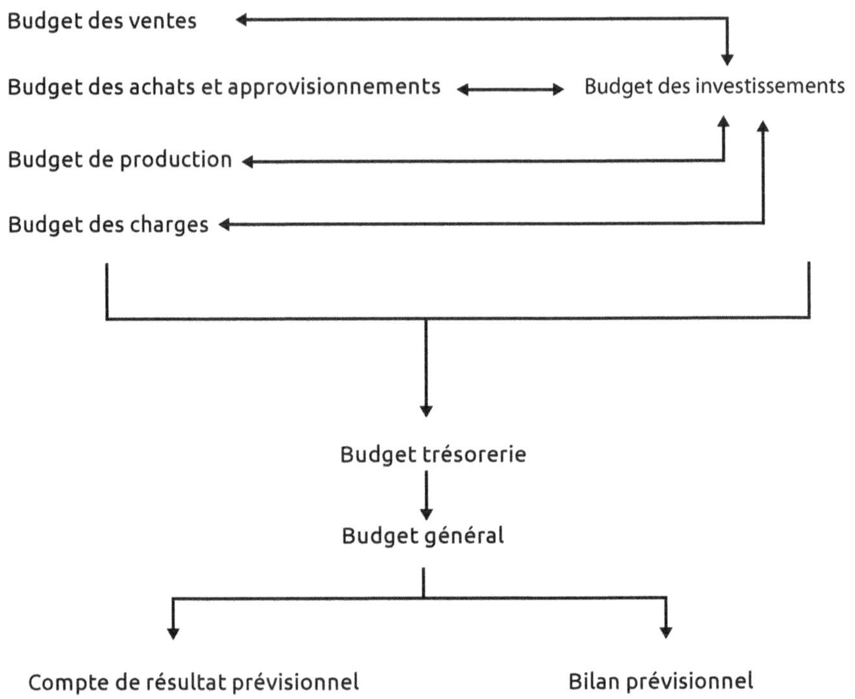

1. Budget des ventes

Il est à la base de la gestion budgétaire. Il présente les ventes HT et TTC compte tenu de contraintes liés au marché et l'évolution de variables stratégiques (marchés, revenus…)

Éléments	Mois	Mois + 1	…
Ventes HT + TVA collectée			
= Ventes TTC			

2. Le budget des approvisionnements

Il présente la valeur des achats HT et TTC, selon les quantités et les cadences d'approvisionnements prévu, et en fonction de la gestion des stocks.

Éléments	Mois	Mois + 1	...
Achats HT +TVA déductible			
= Achats TTC			

3. Le budget de production

Il présente les quantités et les coûts pré établis pour un niveau d'activité prévu. En effet, l'entreprise doit déterminer le niveau de production souhaité, lui permettant de minimiser les coûts tout en maximisant les marges.

4. Le budget des charges

Les charges annexes, à chaque fonction doivent être budgétées puisqu'elles font partie de l'activité de l'entreprise. Parfois, certaines d'entre elles peuvent être rattachées ou réincorporées au budget auxquelles elles dépendent.

5. Le budget TVA

Il suit la règle du décalage.

Éléments	Mois	Mois + 1	...
TVA collectée – TVA Déductible/immobilisations – TVA déductible/ABS – Crédit TVA (M – 1)			
= TVA à décaisser *ou* crédit de TVA			
= TVA décaissée			

6. Le budget des investissements

Il s'agit de présenter l'acquisition et son financement pour une courte période.

7. Le budget de trésorerie

Il résulte de tous les autres. Par souci de clarté, il est préférable de dresser le budget.

– Des encaissements

– Des décaissements

Le budget de trésorerie qui reprend les 2 premiers en leur adjoignant une trésorerie de départ ou initiale.

Éléments	Mois	Mois + 1	...
Trésorerie Initiale + Total encaissements – Total décaissements			
= Trésorerie Finale			

Dans les budgets de trésorerie, on ne tient jamais compte des Dotations aux Amortissement (DADP).

Le but est de tendre vers une trésorerie nulle
- en cas d'excédent : recherche de placements
- en cas de déficit : recherche de sources de financement

N.B. : vous pouvez consulter le livre de contrôle de gestion de la même collection.

IV. Plan de trésorerie

Comme le plan de financement dont le but est d'assurer la cohérence des décisions d'investissement et de financement à LT, le plan de trésorerie est un outil d'aide à la coordination des décisions courantes d'exploitation et de financement, à l'intérieur du cadre pluriannuel défini par le plan de financement.

Le plan de trésorerie permet de :
- déterminer mois par mois les déséquilibres qui peuvent survenir ponctuellement entre les ressources durables et les emplois stables et prendre les mesures notamment à court terme dans le but d'y faire face ;
- déterminer le profil annuel de trésorerie ;
- négocier en conséquence les concours bancaires nécessaires ;
- affiner les informations fournies par le budget de trésorerie en faisant intervenir l'escompte des effets escomptables et les placements des excédents prévus.

Mais il a des limites
- Le plan de trésorerie ne permet pas de prendre les décisions au jour le jour (pilotage à vue) pour lesquelles il est nécessaire de travailler sur un horizon beaucoup plus court.
- L'information communiquée est globale.
- L'information demeure uniquement prévisionnelle.

Il constitue également un instrument de contrôle de gestion et d'aide à la négociation dans le choix des concours bancaires nécessaires.
Il détermine le profil annuel de la trésorerie et discute des concours bancaires nécessaires.

Il se construit en deux étapes :
– évaluer les besoins de trésorerie hors incidence des modes de financement ;
– mise en place des financements à CT en tenant compte des incidences financières.

1. Détermination des besoins de trésorerie

Il faut mettre en place d'abord, le tableau prévisionnel des flux de trésorerie pour mettre en évidence des besoins de trésorerie et ensuite, le plan de trésorerie avant la mise en place de concours bancaires.
En général, le plan de trésorerie est constitué à partir des différents éléments des budgets. Les recettes doivent être déterminées en évaluant les flux de trésorerie que l'entreprise aurait perçue sans avoir recours à l'escompte.
En effet, l'escompte est une opération ayant pour effet d'avancer dans le temps la réalisation d'un flux de trésorerie.

2. Plan de trésorerie final : mise en place des financements

Connaissant le besoin prévisionnel à financer, l'entreprise doit mettre en œuvre tous les financements nécessaires. Le choix entre les différents modes de financement se fera en fonction des critères tels que disposition, coût, souplesse.

En règle générale, on a le choix suivant :
– crédit de trésorerie découvert
– escompte et/ou immobilisation des créances

Le plan de trésorerie doit prévoir une réserve de flexibilité afin de faire face à une évolution favorable ou défavorable d'une activité.
La trésorerie à CT, c'est la gestion des actifs circulants et le choix des investissements. Mais c'est aussi une trésorerie au jour le jour.

Ce qu'il faut retenir

- L'élaboration des prévisions est une tâche fondamentale qui comprend trois niveaux : les prévisions annuelles mensualisées, les prévisions mensuelles et les prévisions quotidiennes.
- L'entreprise se doit d'effectuer une synthèse des flux de trésorerie prévisionnels contenus dans les divers budgets établis pour l'année à venir afin de vérifier leur impact sur la trésorerie finale. Le document qui en résulte s'appelé « budget de trésorerie ».
- Le budget de trésorerie, comme les autres budgets, est d'une périodicité mensuelle et peut couvrir une période qui va du trimestre jusqu'à l'année.

- La gestion de trésorerie consiste à gérer au mieux les flux et à prendre les meilleures décisions possibles en cas de déficit ou d'excédent.
- L'objectif poursuivi est généralement celui de la trésorerie « zéro » qui consiste à minimiser les frais financiers (nets des produits financiers). Cet objectif pourra être atteint en sélectionnant les financements à court terme les moins coûteux et les placements à court terme les plus intéressants.
- Le plan de trésorerie est un document permettant de vérifier l'équilibre de la trésorerie mois par mois à l'intérieur du cadre défini sur plusieurs années par le plan de financement.
- Il permet notamment de compléter les informations fournies par le budget de trésorerie en faisant intervenir l'escompte, le découvert et les placements des excédents prévus.
- En revanche, il ne permet pas de prendre les décisions au jour le jour, ce qui nécessite de travailler sur un horizon beaucoup plus court. Par ailleurs, les informations communiquées sont prévisionnelles. Le plan de trésorerie doit donc être réajusté régulièrement.

Cas Tresor

Vous avez deux dossiers à traiter.

Dossier 1 élaboration d'un budget

Mission

La société anonyme Malalatete établit pour chaque trimestre une étude prévisionnelle de sa trésorerie (l'exercice comptable coïncide avec l'année civile). Le service financier dispose des renseignements documents 1 et 2.

Pour réaliser cette mission, à l'aide des documents 1 et 2, vous devez :

1. Établir les différents budgets
2. Commentez la situation de la trésorerie.

Document 1 : Renseignements

VENTES

Les ventes du 4e trimestre N+1 (montants HT) sont présentées dans le tableau suivant.

Éléments	Octobre	Novembre	Décembre
Ventes HT	250 000	240 000	190 000

Ces ventes sont soumises au taux de TVA de 20 %

En général, les clients règlent 20 % au comptant et le solde à 30 jours.

ACHATS, APPROVISIONNEMENTS ET CHARGES EXTERNES

Les prévisions d'achats de marchandises, d'approvisionnements et de charges externes s'élèvent à :

Les ventes du 4e trimestre (montants HT) se sont élevées à :

Éléments	Octobre	Novembre	Décembre
Achats HT	180 000	1 600 000	175 000

Ces achats sont soumis à la TVA au taux de 20 % et les paiements aux fournisseurs s'effectuent à 30 jours.

OPÉRATIONS D'INVESTISSEMENT

Un matériel, prix d'acquisition HT 50 000 € (TVA 20 %), doit être reçu et payé en octobre.

AUTRES CHARGES

Les salaires s'élèvent à 25 000 € par mois et sont payés le dernier jour de chaque mois. Les charges de

Sécurité Sociale et autres s'élèvent à 45 % du montant des salaires et sont payées dans les quinze premiers jours du trimestre suivant.

IMPÔT SUR LES BÉNÉFICES DES SOCIÉTÉS

Paiement du 4e acompte en décembre N+1 sachant que le montant du 4e acompte s'élèvera à 10 000 €.

Document 2 : Extrait de la balance au 30 septembre N+1

401	Fournisseurs		220 000 (1)
411	Clients	195 000 (2)	
43	Sécurité Sociale et autres organismes		36 000 (3)
4455	État, TVA à décaisser		3 000 (4)
512	Banque	200 000	
53	Caisse	15 000	

(1) Payables en octobre.
(2) Dont 45 000 € payables en octobre et 150 000 € en novembre.
(3) Montant des cotisations dues au titre du 3e trimestre.
(4) À payer avant le 24 octobre.

Dossier 2 plan de trésorerie

La société NASS, en raison d'un ralentissement des commandes pendant l'été, prévoit des difficultés de trésorerie dans les prochains mois. Elle tient une comptabilité prévisionnelle et a établi son budget de trésorerie pour les 6 prochains mois (document 1).

Pour équilibrer sa trésorerie, elle utilise les moyens de financement décrits au document 2.

Pour réaliser cette mission, à l'aide des documents 1 et 2, vous devez :

1. Indiquez la définition, l'utilité et les limites d'un plan de trésorerie.
2. Présentez le plan de trésorerie du dernier trimestre à l'aide de l'ANNEXE A.

Les calculs seront arrondis au millier d'euros le plus proche.

Document 1 : Budget de trésorerie (en K€)

Trésorerie début mois	1300	−1265	−3070
Acomptes reçus	940	1050	1130
Ventes au comptant	1545	2250	4330
Ventes à 30 jours fin de mois par traite	50	1495	1210
Total des encaissements	2535	4795	6670
Total des décaissements	5100	6600	3190
Trésorerie fin de mois	−1265	−3070	410

Document 2 : Moyens de financement

- En cas de déficit de trésorerie, la société INASSE escompte les effets qu'elle détient en portefeuille. Les intérêts sont perçus le mois même au taux annuel de 7 %. Par simplification, les agios sont arrondis au K€ le plus proche.
- Si l'escompte s'avère insuffisant pour combler le déficit, la banque consent à l'entreprise un découvert bancaire au taux de 8 % l'an. Le calcul des intérêts se fera mensuellement, mais les agios seront prélevés le mois suivant. Par simplification, le découvert de fin de mois sera considéré comme représentatif du découvert moyen du mois et les intérêts seront arrondis au K€ le plus proche. Tout découvert accordé sera considéré comme devant être remboursé le mois suivant.

ANNEXE A : Plan de trésorerie

	Octobre	Novembre	Décembre
Trésorerie début de mois	+1300		
Acomptes reçus			
Ventes au comptant			
Ventes à 30 jours fin de mois par traite			
Décaissements			
Trésorerie fin de mois avant escompte et découvert			
Montant des effets escomptés au cours du mois précédent	0		
Montant net escompté			
Découvert bancaire			
Remboursement du découvert	0		
Intérêts sur découvert	0		
Trésorerie de fin de mois après escompte et découvert			

Montant net escompté = Montant brut des effets remis à l'escompte – intérêts.

Solution

Dossier 1 : élaboration d'un budget

1. Établissez les différents budgets

Budget des ventes

Éléments	Octobre	Novembre	Décembre
Ventes HT	250 000	240 000	190 000
Tva collectée	50 000	48 000	38 000
=Ventes TTC	300 000	288 000	228 000

Budget des achats

Éléments	Octobre	Novembre	Décembre
Achats HT	180 000	160 000	175 000
Tva déductible	36 000	32 000	35 000
=Achats TTC	216 000	192 000	210 000

Budget des investissements

Éléments	Octobre	Novembre	Décembre
IMMOBILISATION HT	50 000		
Tva déductible	10 000		
=IMMOS TTC	60 000		

Budget TVA

Éléments	Octobre	Novembre	Décembre
Tva collectée	50 000	48 000	38 000
Tva déductible/IMMOS	10 000		
Tva déductible	36 000	32 000	35 000
=tva à décaisser	4 000 →	16 000 →	3 000
Tva décaissée	3 000 cf. balance	4 000	16 000

Budget des encaissements

Éléments	Octobre	Novembre	Décembre
Créances	45 000	150 000	
Ventes comptant (20 %)	60 000	57 600	45 600
Ventes 30 j (80 %)		240 000	230 400
Total encaissements	105 000	447 600	276 000

Budget des décaissements

Éléments	Octobre	Novembre	Décembre
Dettes	220 000		
Achats 30 j		216 000	192 000
Immobilisations	60 000		
Salaires	25 000	25 000	25 000
Organismes sociaux	36 000		
Acomptes impôt			10 000
TVA décaissée	3 000	4 000	16 000
Total décaissements	344 000	245 000	243 000

Budget trésorerie

Éléments	Octobre	Novembre	Décembre
Trésorerie initiale	215 000	–24 000	398 600
Total encaissements	105 000	447 600	276 000
Total décaissements	344 000	245 000	243 000
Trésorerie finale	–24 000	398 600	431 600

2. **Commentez la situation de la trésorerie.**

Commentaire : la trésorerie est négative sur le 1er mois du trimestre ; on conseillera au chef d'entreprise d'étaler dans le temps le paiement de l'immobilisation. Ainsi la trésorerie deviendra positive et on pourrait la placer.

Dossier 2 : plan de trésorerie

1. **Indiquez la définition, l'utilité et les limites du plan de trésorerie**

Le plan de trésorerie est un outil d'aide à la coordination des décisions courantes d'exploitation et de financement, à l'intérieur du cadre pluriannuel défini par le plan de financement.

Utilité

Le plan de trésorerie permet de :

- déterminer mois par mois les déséquilibres qui peuvent survenir ponctuellement entre les ressources durables et les emplois stables et prendre les mesures notamment à court terme dans le but d'y faire face ;
- déterminer le profil annuel de trésorerie
- négocier en conséquence les concours bancaires nécessaires ;
- affiner les informations fournies par le budget de trésorerie en faisant intervenir l'escompte des effets escomptables et les placements des excédents prévus

Limites

Le plan de trésorerie ne permet pas de prendre les décisions au jour le jour pour lesquelles il est nécessaire de travailler sur un horizon beaucoup plus court.

L'information communiquée est globale. L'information demeure uniquement prévisionnelle.

2. Présentez le plan de trésorerie du dernier trimestre à l'aide de l'annexe A

Plan de trésorerie

	Octobre	Novembre	Décembre
Trésorerie début de mois	1300	0	0
Acomptes reçus	940	1050	1130
Ventes au comptant	1545	2250	4330
Ventes à 30 jours fin de mois par traite	50	1495	1210
Décaissements	−5100	−6600	−3190
Trésorerie fin de mois avant escompte et découvert	**−1265**	**−1805**	**3480**
Montant des effets escomptés au cours des mois précédents	0	−1272	−1210
Montant net escompté	1265	1203	
Découvert bancaire	0	1874	
Remboursement du découvert	0	0	−1874
Intérêts sur découvert	0	0	−12
Trésorerie fin de mois après escompte et découvert	0	0	384

Détails des calculs :

Montant net escompté = Montant brut des effets remis à l'escompte – intérêts.

Système financier

Fiche 15

Schéma de synthèse

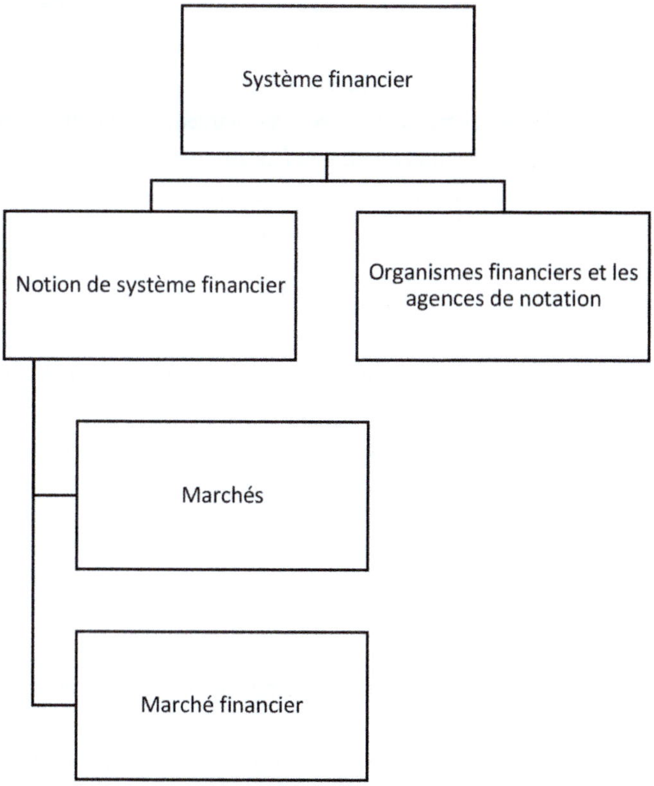

Le fonctionnement de l'entreprise est lié au contexte et environnement national et international. L'analyse financière ne peut être appréciée en dehors de la connaissance de son environnement financier.

Les marchés financiers occupent donc une place importante dans l'approche de la gestion financière.

I. Notion de système financier

Le fonctionnement de l'économie implique que les agents économiques ayant des besoins de financement puissent être mis en rapport avec les agents désireux de placer leur épargne.

La notion de système financier désigne les institutions et les mécanismes qui permettent cette rencontre.

Il est classique d'utiliser la distinction finance directe/finance indirecte pour caractériser un système financier.

Pour se procurer des capitaux, un agent a besoin de financement va émettre des titres qu'on appelle primaires (marché primaire ou marché du neuf) : actions, obligations, différents types de titres et créances. Ces titres peuvent être vendus, soit directement aux agents à capacité de financement, soit à des intermédiaires.

Cette distinction permet d'opposer les systèmes financiers qui relèvent de la finance directe à ceux qui reposent sur la finance indirecte.

1. Marchés

La rencontre entre l'offreur et le demandeur se fait sur un *marché organisé ou de gré à gré.*

Un marché de gré à gré est un marché sur lequel des agents économiques, éprouvant simultanément des besoins complémentaires, échangent directement des actifs financiers.

Ce type de marché, où les opérations s'effectuent « face à face » (sans intervention d'un organisme centralisateur), s'il permet des contrats « sur mesure » répondant précisément aux besoins des parties, présente néanmoins deux inconvénients majeurs

- un risque d'illiquidité *:* il est souvent difficile de trouver la contrepartie répondant à un besoin spécifique ;
- un risque de *contrepartie :* le contrat passé n'est pas garanti par un organisme centralisateur, et en cas de défaillance de l'une des parties, les dommages subis par l'autre partenaire peuvent être importants.

Pour éviter ces risques, **les *marchés organisés*** se sont développés sur lesquels :

- les contrats sont standardisés en ce qui concerne le montant, la durée et les échéances ; leur cotation publique assure la transparence nécessaire ;
- un organisme centralisateur assure :
- la liquidité du marché : chaque opération est enregistrée et dès lors, l'organisme central s'intercale entre acheteurs et vendeurs, devenant ainsi la contrepartie unique de chaque opérateur. Il assure la compensation et pour sortir du marché, il suffit de prendre une position inverse ;

– la sécurité du marché : l'organisme central limite le nombre d'adhérents, exige des dépôts de garantie pour chaque transaction, calcule quotidiennement la position de chaque opérateur et en cas de pertes exige leurs règlements sous forme d'appels de marges.

2. Marché financier

A. Définition

C'est le marché des capitaux à LT sur lequel s'échangent des produits financiers tels que les valeurs mobilières : actions et obligations ou les instruments financiers. Il est appelé aussi bourse des valeurs. C'est le lieu de rencontre entre les agents qui ont besoin de financement et les agents à capacité de financement.
Le marché boursier, dans sa fonction de marché primaire, met en relation les offreurs et les demandeurs de capitaux à long terme et sert à réaliser l'appel public à l'épargne. Il permet la création de titres neufs, c'est-à-dire l'émission de titres créés par les institutions publiques ou privées lorsqu'elles lancent un emprunt ou réalisent une augmentation de capital.
L'Autorité des Marchés Financiers (AMF) contrôle le fonctionnement du marché.

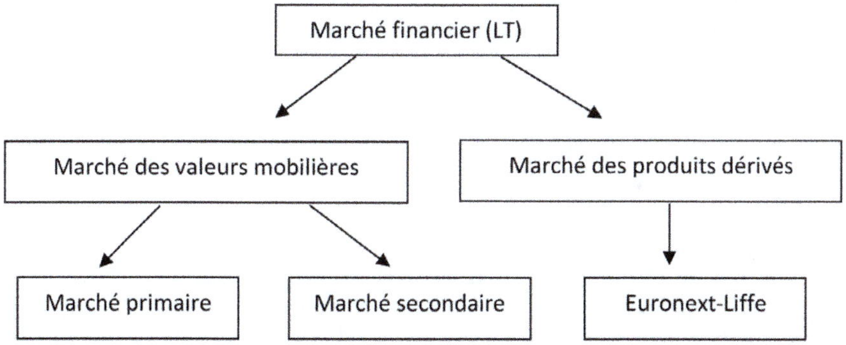

Euronext est la principale place boursière de la zone euro. Euronext gère des marchés au comptant et dérivés **réglementés et transparents.**

Euronext Growth (précédemment **Alternext** jusqu'au 19 juin 2017) Il n'est pas un « marché réglementé ». Dédié aux valeurs moyennes et sera soumis aux règles de cotations adaptées aux spécificités des PME.

Euronext Access (précédemment **marché libre** jusqu'au 19 juin 2017) est un marché boursier français régulé mais non réglementé. Constitue une porte d'entrée pour les start-up et aux PME en croissance.

On distingue les marchés organisés et les marchés de gré à gré.

– les marchés organisés sont gérés par une organisation publique ou privée et offrent un cadre réglementaire spécifique (système de cotation, modes de compensation, de règlement et de livraison des titres). Ils proposent des produits standardisés qui conviennent mieux aux entités de taille plus importante (moyennes et grandes entreprises, investisseurs institutionnels, fonds d'investissement, établissements financiers). Ils garantissent contre le risque de défaillance et liquidité. Le NASDAQ par exemple.
– les marchés de gré à gré assument la couverture des besoins des petites et moyennes entreprises (PME et TPE). La transaction porte sur un contrat spécifique et non standardisé. C'est une opération ponctuelle entre deux agents, un trésorier d'entreprise demande une couverture de change particulière à son banquier. Il y a plus de souplesse et plus d'innovation.

B. Rôle

Marché primaire (marché de neuf) : le lieu de mise en relation des agents ayant besoin de financement et d'autres disposant d'épargne à placer. C'est le marché des émissions des titres nouveaux auquel l'épargnant accède en payant le prix de souscription (actions) et le prix d'émission (obligations).
Marché secondaire (marché d'occasion) c'est le marché des titres déjà émis et cotés, il assure la liquidité et la mobilité de l'épargne. Il permet l'évaluation permanente des titres cotés et rend ainsi les transactions plus rapides et plus efficaces. Localisé dans un lieu unique, la bourse, pour les titres cotés.

C. Qualité du marché financier

Le marché financier est organisé pour présenter les qualités d'un marché efficient.

Atomicité	Grand nombre d'acheteurs et de vendeurs sont présents sur le marché financier. Aucun d'entre eux n'est en situation de monopole ou d'oligopole.
Diversification	Les valeurs mobilières ne sont pas toutes homogènes. Cette absence d'homogénéité a l'avantage de permettre aux épargnants de diversifier leurs placements.
Liquidité	Les intervenants sont suffisamment nombreux pour que leurs ordres trouvent une contrepartie.
Transparence	Les sociétés et les titres sont cotés et sont soumises à l'obligation de publication de leurs comptes et d'information sur leur gestion.
Sécurité	Des organismes de compensation et des fonds de garantie assurent aux intervenants la bonne fin des opérations.

Pour être introduite en bourse, la société doit choisir le marché boursier sur lequel elle souhaite s'introduire : Les trois marchés d'Euronext Paris : Euronext réglementé ou Euronext Growth ou Euronext Access

Les conditions d'admission sont les suivantes.

Éléments	Euronext	Euronext Growth (ex Alternext)	Euronext Access
Marché	Réglementé	Non réglementé régulé	Non réglementé
Entreprises	Blue Chips et valeurs moyennes	PME/PMI	Petites entreprises
Secteurs d'activité	Tous	Tous	Tous
Diffusion minimum de titres au public	25 % du capital ou 5 % du capital si cela représente plus de 5 M€	2,50 M€ minimum	Pas de minimum
Visa AMF	Oui	Oui si OAP	Oui sauf pour placement privé
Historique des comptes	3 années de comptes certifiés, derniers comptes semestriels certifiés si admission plus de 9 mois après clôture	2 années de comptes certifiés	2 années de comptes si l'ancienneté le permet
Normes comptables	IFRS obligatoires	Locales : PCG (France) (IFRS non obligatoires)	Locales : PCG (France) (IFRS non obligatoires)
Informations financières	Comptes annuels audités et Comptes semestriels revus CA semestriels publiés au BALO	Comptes annuels audités et semestriels non audités publiés sur le site	Les comptes annuels et rapport de gestion
Franchissement du seuil à déclarer	5 %, 10 %, 15 %, 20 %, 25 %, 33,1/3 %, 50 %, 66,2/3 %, 90 %, 95 % des droits de vote ou du capital	50 % et 95 % du capital	Aucun
Protection des minoritaires	Lancement d'une offre publique si franchissement de 33,1/3 % des droits de vote ou du capital	Lancement d'une offre publique si franchissement de 50 % des droits de vote ou du capital	

Il existe trois compartiments sur le marché :

– le compartiment A regroupe les sociétés dont la capitalisation boursière est supérieure à un milliard d'euros. Les sociétés du compartiment A sont appelées les blues chips.
– Le compartiment B regroupe les sociétés dont la capitalisation boursière est comprise entre 150 millions d'euros et un milliard d'euros, il s'agit des mid caps.
– Le compartiment C regroupe les sociétés dont la capitalisation boursière est inférieure à 150 millions d'euros, il s'agit des small caps.

Une société ne peut être cotée que dans un seul compartiment, selon sa taille.

II. Organismes financiers et les agences de notation

L'intermédiaire financier, généralement une banque, assure le lien entre l'entreprise et les autres acteurs du marché pour la vente de titres au public. Cet intermédiaire dénommé PSI (prestataire de services en investissement) est membre des marchés d'Euronext.

Les agences de notation sont des entreprises privées qui apprécient le risque d'insolvabilité des entreprises, des États, de collectivités locales ou même d'opérations financières (introduction en bourse, émission d'un emprunt obligataire).

Elles sont chargées de mesurer le risque de non-remboursement des dettes et font passer l'information au marché (signal donné aux investisseurs) en attribuant une note. Plus la note est élevée, moins le risque est important. Exemple de bonne note : AAA.

Ce qu'il faut retenir

- Le marché financier comprend trois types de marché : le marché monétaire (opérations de courte durée), le marché des capitaux (opérations de moyen et long terme) et le marché des produits de couverture de risques. Ces trois types de marché sont étroitement liés.
- **Le marché monétaire (opérations de courte durée) :** Le rôle de ce marché est de permettre aux établissements de crédit de se refinancer entre eux ou auprès de la Banque de France
- **Le marché des capitaux (opérations de moyen et long terme) :** Le marché de capitaux assure la rencontre entre les agents économiques qui ont des excédents de ressources et les agents économiques qui ont des besoins de financement.
- Par opposition au marché monétaire, le marché financier est le marché des capitaux à long terme. Les transactions portent sur les valeurs mobilières (actions, obligations...) qui s'échangent sur des places financières appelées Bourses.
- Le marché primaire est celui de l'émission de titres nouveaux non encore cotés distribués par les banques.
- Le marché secondaire (la Bourse) est celui qui permet les échanges de titres (liquidité) payables au comptant, à terme ferme ou à terme conditionnel.
- Le rôle du marché secondaire est d'assurer la liquidité des actifs.
- Ce marché est encadré par l'AMF et Euronext.
- Un marché est dit efficient si les investisseurs sont rationnels et disposent de toute l'information disponible.

- Les avantages et inconvénients des deux types de marchés peuvent se synthétiser ainsi

	Marché de gré à gré	Marché organisé
Avantages	Prix d'exercice adapté aux besoins de l'entreprise ; Nombre important de produits proposés.	Sécurité, liquidité et facilité d'emploi.
Inconvénients	Risque de contrepartie : défaillance d'un cocontractant ; Risque de liquidité : difficulté d'annuler sa position avant l'échéance.	La standardisation des contrats nuit à une couverture optimale

- Les agences de notations contribuent à informer les investisseurs sur le risque de solvabilité des sociétés

Fiche 16

La valeur et le risque

Schéma de synthèse

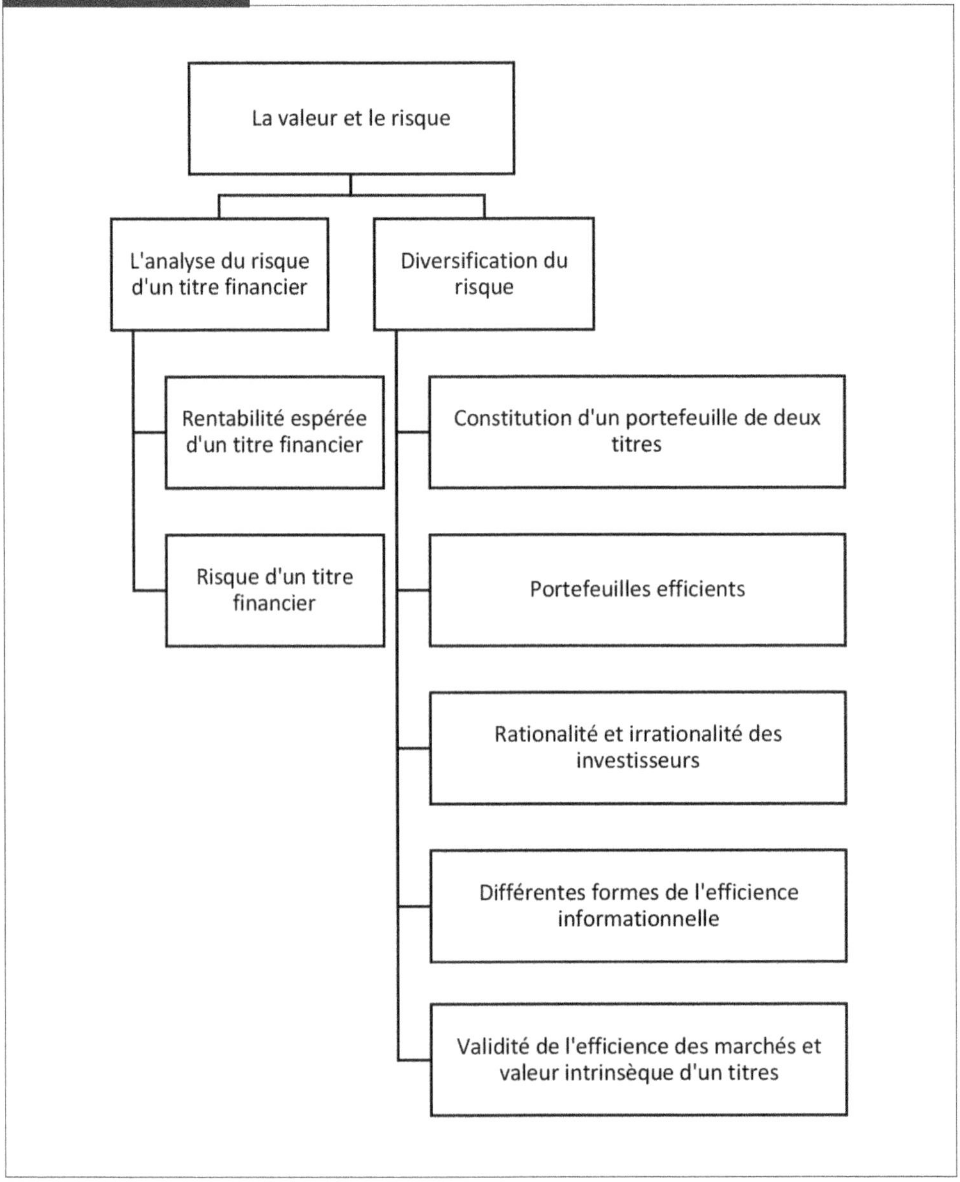

Posséder un actif financier permet à son détenteur de bénéficier de deux types de revenus : les produits générés par l'actif au cours du temps et un prix de revente à la fin de la période de détention.

Ceci est tout aussi vrai pour une action que pour une obligation. Dans chacun de ces cas, il convient d'actualiser les flux nets de trésorerie procurés par l'actif sur sa période de détention

La valeur d'un actif financier est égale à la valeur actualisée des flux de trésorerie qu'il procure.

Un investisseur n'accepte de renoncer à une consommation immédiate que si son placement lui procure un taux de rentabilité minimum.

Pour évaluer le taux de rentabilité de son placement, l'investisseur doit comparer le montant investi aux flux générés par son investissement.

L'actualisation est la méthode généralement utilisée pour pouvoir comparer à une même date plusieurs flux perçus ou versés à des dates différentes.

Le taux de rentabilité exigé par un investisseur est non seulement fonction du temps mais aussi du risque du titre financier.

« Un euro perçu demain est plus risqué qu'un euro perçu aujourd'hui parce qu'un euro reçu aujourd'hui est certain. », conformément à l'adage « un tient vaut mieux que deux tu l'auras ».

En conséquence, les investisseurs exigent un supplément de rémunération pour accepter d'acquérir des actifs financiers représentant une promesse de revenus aléatoires.

Le taux de rentabilité exigé comprend, en plus du taux d'intérêt rémunérant le temps (taux sans risque), une prime de risque.

I. L'analyse du risque d'un titre financier

Le risque d'un titre est lié à l'incertitude concernant le taux de rentabilité attendu du titre. La décision d'achat repose sur une espérance de rentabilité formée à partir de prévisions et sur le risque encouru mesuré par la volatilité du taux de rentabilité.

1. Rentabilité espérée d'un titre financier

A. Caractéristique d'une action : PER ou multiple de capitalisation

Le PER (*price earning ratio*) est un ratio fourni par les analystes financiers. C'est un ratio boursier qui permet, par exemple, de repérer les actions surcotées et sous-cotées du marché et ainsi prendre les décisions d'achat ou de vente qui s'imposent.

PER = cours de l'action/bénéfice par action

PER = capitalisation boursière/bénéfice

Pour effectuer un choix il est nécessaire de comparer le PER de l'action à celui du secteur d'activité auquel la société cotée appartient :

- si le PER est élevé et supérieur à celui du secteur, alors la rentabilité du titre est plus faible que la rentabilité moyenne du secteur et l'action est surcotée. La décision à prendre est de vendre ses titres. Ainsi le cours de l'action va augmenter et permettre un retour à l'équilibre ;
- si le PER est faible et inférieur à celui du secteur alors la rentabilité du titre est plus élevée que la rentabilité moyenne du secteur et l'action est sous cotée. La décision à prendre est d'acheter ses titres. Ainsi le cours de l'action va diminuer et permettre un retour à l'équilibre.

B. Taux de rentabilité d'un titre financier

La rentabilité d'un titre se mesure en rapportant la somme des flux générés par ce titre et de la plus ou moins-value éventuelle sur la cession du titre au montant investi lors de son acquisition.

On calcule le taux de rentabilité d'un titre à partir de la formule suivante pour une période (cf. taux de rendement).

Avec RA, le taux de rentabilité

Po : cours achat du titre

P1 : cours actuel ou le prix de vente du titre

D1 : le flux généré par l'actif au cours de la période 1 (en principe le dividende)

Taux de rendement = [(Dividende + (cours actuel – cours achat)]/Cours achat

$$RA = \frac{D1 + (P1 - P0)}{P0}$$

Le **taux de rendement** d'une valeur mesure le gain financier rapporté par l'action. Ce taux est calculé en tenant compte de la plus-value potentielle.

Exemple

Un investisseur achète une action au prix de 1 000 €. Le dividende obtenu est de 10 €. À la fin de la période, l'investisseur revend cette action au prix de 1 100 €.

Le taux de rentabilité de l'action est donc de : $\frac{(1\,100 - 1\,000) + 10}{1\,000} = 11\,\%$

C. Taux de rentabilité espéré d'un titre financier

En univers incertain, l'investisseur envisage différents taux de rentabilité possibles selon différents états de la nature auxquels il affecte une probabilité de réalisation.

Le taux de rentabilité est alors une variable aléatoire qui peut prendre différentes valeurs, chacune étant affectée d'une probabilité de réalisation.

La rentabilité espérée du titre est égale à la moyenne des rentabilités possibles pondérée par leur probabilité d'occurrence.

$E(Ra) = p_1R_1 + p_2R_2 + \ldots + p_nR_n$

$E(Ra) = \sum p_t R_t$

Avec E(Ra) : le taux de rentabilité espéré ; Rt : le taux de rentabilité possible, pt : la probabilité de réalisation

Exemple

Un investisseur souhaite évaluer la rentabilité espérée d'une action qui vaut actuellement 100 €. Ses prévisions concernant les taux de rentabilité possibles de cette action sont les suivantes :

États de la nature	Probabilité (p_k)	Taux de rentabilité (Rk)	$p_k \times Rk$
Hypothèse pessimiste	10 % = 0.1	−5 %	−0.50
Hypothèse moyenne	80 % = 0.8	8 %	6.40
Hypothèse optimiste	10 % = 0.1	10 %	10
Total	1		6.9

La rentabilité espérée de l'action est alors de :

$[(0{,}1 \times (-5\ \%) + (0{,}8 \times 8\ \%) + (0{,}1 \times 10\ \%)] = 6{,}9\ \%$

2. Risque d'un titre financier

Le risque se traduit par une fluctuation du taux de rendement du titre qui peut être mathématiquement mesurée.

L'analyse du risque d'un titre met en évidence qu'une part de cette fluctuation est imputable aux fluctuations du marché, l'autre part étant liée à des facteurs propres au titre.

A. Mesure du risque d'un titre financier

Le risque d'un titre se mesure par la volatilité de son taux de rendement. Plus la variabilité du taux de rentabilité du titre autour de sa rentabilité moyenne est forte, plus le risque est élevé (et inversement).

Mathématiquement, le risque d'un titre peut être mesuré par la variance de sa rentabilité.

$Var(R) = \sum P_t \times \left[R_t - E(R_t)\right]^2$

Ou par l'écart-type des rentabilités : $\sigma = \sqrt{Var(R)}$.

Avec E : le taux de rentabilité espéré, Rt : le taux de rentabilité possible

Pt : la probabilité de réalisation

La variance ou l'écart-type mesure la dispersion d'une variable autour de sa moyenne. Pour un titre, plus la variance (ou l'écart-type) est élevée, plus les fluctuations du taux de rendement sont fortes et plus le risque est grand.

Exemple

Soit deux actions qui présentent les caractéristiques suivantes

	Action A		Action B	
	Taux de rentabilité	Probabilité	Taux de rentabilité	Probabilité
Hypothèse pessimiste	−5 %	0.2	25 %	0.2
Hypothèse moyenne	15 %	0.5	−25 %	0.5
Hypothèse optimiste	20 %	0.3	75 %	0.3

Calculez la rentabilité espérée et conclure.

Solution

Rentabilité espérée et risque du titre A				Rentabilité espérée et risque du titre B			
R_A	p_A	$R_A \times p_A$	$R_{A^2} \times p_A$	R_B	p_B	$R_B \times p_B$	$R_{B^2} \times p_B$
−5	0.2	−1	5	25	0.2	5	125
15	0.5	7.5	112.5	−25	0.5	−12.5	312.5
20	0.3	6	120	75	0.3	22.5	1687,5
TOTAL		12.5	237.5			15	2125

$E(R_A) = 12.5\ \%$ $\quad$ $Var\ (R_A) = 237,5 \rightarrow \sigma\ (R_A) = 15.41\ \%$

$E(R_B) = 15\ \%$ $\quad$ $Var(R_B) = 2\ 125 \rightarrow \sigma\ (R_B) = 46.10\ \%$

Conclusion

La rentabilité espérée du titre B est supérieure à celle du titre A mais la variabilité du taux de rentabilité du titre B est plus élevée (la dispersion des taux de rentabilités du titre B autour du taux de rentabilité moyen est plus grande). Le titre B est donc plus risqué que le titre A.

B. Composantes du risque d'un titre financier

Le risque d'un titre est constitué d'un risque spécifique et d'un risque de marché.

– La droite caractéristique d'un titre

Chaque titre subit l'influence du marché dans son ensemble. En général, lorsque le marché augmente, le cours d'un titre a lui aussi tendance à augmenter.

Inversement, lorsque le marché baisse, le cours d'un titre quelconque à tendance à baisser lui aussi.

À partir de séries chronologiques passées, il est possible d'avoir une idée de cette influence du marché sur un titre particulier A. On peut calculer le rendement du titre A pendant une période et le rendement du marché dans son ensemble (en utilisant par exemple un indice de marché) pendant la même période.

On obtient sur la période, une série de couple (RA, RM) que l'on peut représenter graphiquement en portant RM en abscisse et RA en ordonnée.

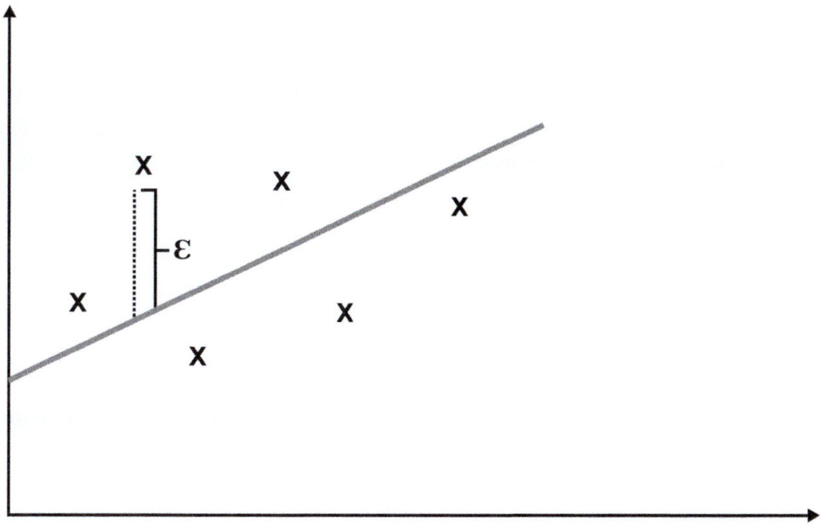

Pour préciser l'influence de R_M sur R_A, on procède à un ajustement linéaire (par la méthode des moindres carrés). La droite obtenue est appelée *droite caractéristique du titre*

Si les variations du titre A étaient entièrement déterminées par les variations du marché, tous les points seraient situés sur la droite caractéristique. Ce sont des *causes propres au titre.*

Le risque spécifique est le risque lié aux fluctuations du cours d'un actif financier dues aux caractéristiques propres de son émetteur. Ce risque peut être réduit ou éliminé par diversification.

Le risque de marché ou risque **systématique** est le risque lié à des fluctuations dues à des phénomènes globaux (variation des taux d'intérêt, conjoncture économique, etc.) et affectant l'ensemble du marché. Ce risque ne peut être supprimé par diversification.

Le risque systématique est donc proportionnel au coefficient bêta.

– Le bêta

Coefficient $\beta = \frac{\text{Co var iance}\left(\text{Ra, Rm}\right)}{\text{V}\left(\text{Rm}\right)}$

Le coefficient β exprime la sensibilité de la rentabilité d'une action aux fluctuations de la rentabilité du marché :

- si le coefficient β = *1*, l'évolution de la rentabilité de l'action est identique à celle du marché,
- si le coefficient β > *1,* l'évolution de la rentabilité de l'action est amplifiée par rapport à celle du marché.

Le coefficient *β* est presque toujours positif.

Le β a permet de quantifier cette sensibilité plus ou moins grande des variations d'un titre au marché dans son ensemble. Si β= 2, cela signifie que lorsque le marché augmente (baisse) de 1 %, le cours du titre augmente (baisse) de 2 % en moyenne. Le bêta des titres représentatifs d'une créance (les dettes) est toujours inférieur au bêta des actions dans la mesure où le risque supporté par les apporteurs de capitaux propres est toujours supérieur à celui des créanciers. En effet, en cas de liquidation de l'entreprise, les actionnaires sont remboursés après les créanciers.

II. Diversification du risque

La combinaison de plusieurs actifs dans un même portefeuille peut permettre de réduire le risque associé à la détention d'un seul actif.

1. Constitution d'un portefeuille de deux titres

La rentabilité espérée et le risque d'un portefeuille constitué de deux titres se mesurent avec les mêmes outils mathématiques que ceux utilisés pour l'étude du taux de rendement et du risque d'un titre.

A. Rentabilité espérée d'un portefeuille de deux titres

Considérons le portefeuille PF d'un investisseur, constitué de deux titres A et B dont les rentabilités espérées sont respectivement R_A et R_B.
Soit X_A, la proportion du portefeuille investie dans le titre A et X_B la proportion du portefeuille investie dans le titre B, la rentabilité espérée du portefeuille PF est égale à la moyenne pondérée des rentabilités espérées des titres qui le composent
$\mathbf{R_{PF} = X_A \times E(R_A) + X_B \times E(R_B)}$

Exemple

Soit un portefeuille constitué de deux titres :
Titre DCG dont la rentabilité espérée est de 5 %
Titre CG dont la rentabilité espérée est de 15 %
La proportion du portefeuille investie dans le titre DCG est de 60 % et dans le titre CG, de 40 %.
La rentabilité espérée du portefeuille DCG est donc :
$E(R_{PF}) = (60\,\% \times 5\,\%) + (40\,\% \times 15\,\%) = 9\,\%$

B. Risque d'un portefeuille de deux titres

Considérons le portefeuille PF d'un investisseur, constitué de deux titres A et B dont les rentabilités espérées sont respectivement R_A et R_B. Le risque du titre A est $\sigma(R_A)$ et le risque du titre B est $\sigma(R_B)$.

Soit X_A, la proportion du portefeuille investie dans le titre A et X_B la proportion du portefeuille investie dans le titre B, le risque du portefeuille PF est donnée par la formule suivante.

$$\mathbf{Var\ (R_{PF}) = X^2_A\ Var\ (R_A) + X^2_B\ Va\ r(R_B) + 2\ X_A \times X_B \times r_{AB} \times \sigma_A \times \sigma_B}$$

Avec $r_{AB,}$ le coefficient de corrélation des rentabilités des titres A et B.

Avec $r_{AB,}$ =covariance (Ra, Rb)/$\sigma_A \times \sigma_B$

Ainsi, le risque d'un portefeuille dépend non seulement du risque des titres qui le composent mais aussi du degré de liaison entre les taux de rentabilité des deux titres.

- si r_{AB} est positif, les rentabilités des titres A et B évoluent dans le même sens ;
- si r_{AB} est négatif, les rentabilités des titres A et B évoluent en sens contraire (lorsque la rentabilité du titre A augmente celle de B diminue et inversement) ;
- si r_{AB} est nulle, l'évolution de la rentabilité du titre A est indépendante de celle du titre B.

2. Portefeuilles efficients

Les investisseurs acceptent de prendre des risques uniquement si ces derniers sont compensés par une performance accrue. À un taux de rentabilité identique, ils auront tendance à préférer le portefeuille le moins risqué.

L'arbitrage rentabilité/risque implique que l'investisseur désirant une rentabilité élevée devra tolérer un risque important, alors qu'un investisseur, peu « aventurier », devra se contenter d'une rentabilité inférieure.

Quel que soit le choix de l'investisseur entre des portefeuilles de risque différent, il existe des portefeuilles meilleurs que d'autres, c'est-à-dire des portefeuilles qui offrent :

- **pour un risque donné, une rentabilité espérée maximale ;**
- **pour une rentabilité espérée donnée, un risque minimum.**

Ces portefeuilles sont appelés portefeuilles efficients. L'ensemble des portefeuilles efficients constitue la frontière efficiente.

Sachant que les investisseurs prennent leur décision de placement en utilisant le critère rentabilité espérée/risque, tout investisseur optera pour un portefeuille qui, pour une rentabilité donnée, minimise le risque ou encore qui, pour un risque donné, maximise le taux de rentabilité attendu. Tout investisseur est donc amené à choisir un portefeuille efficient.

3. Rationalité et irrationalité des investisseurs

La rationalité des investisseurs sous-tend deux comportements :

- les investisseurs agissent de manière cohérente par rapport aux informations qu'ils reçoivent,

– ils cherchent au travers leurs actes d'achat ou de vente, à maximiser leur espérance d'utilité.

Bon nombre de modèles financiers (Efficience des marchés, MEDAF, etc.) se basent sur l'hypothèse de la rationalité des individus dans leur réflexion et comportements en matière d'investissements. Cette hypothèse permet de normaliser les comportements des investisseurs au travers de modèles mathématiques.
Pourtant ces dernières années, de nombreux tests empiriques ont montré la fragilité du concept de l'efficience basé sur la seule rationalité, laissant place à une analyse plus psychologique où l'irrationalité (exemple : des biais comportementaux) expliquerait une partie de l'évolution des cours boursiers (Krach boursier, bulles spéculatives, etc.) au cours de certaines périodes.

4. Différentes formes de l'efficience informationnelle

E. Fama (1965) identifiait trois formes d'efficience informationnelle, pour vérifier si les marchés financiers étaient efficients :
– la forme faible de l'efficience, implique que les variations futures des cours sont sans rapport avec les évolutions passées (par exemple : Informations tirées de la publication des comptes annuels antérieurs). La simple observation des cours et volumes (analyse technique) ne serait d'aucune utilité pour battre le marché.
– la forme semi-forte, suppose que les prix reflètent toute l'information disponible publiquement (Informations fournies par les alertes sur résultat, résultats, PER, etc.). Dans cette forme d'efficience, les cours boursiers réagissent instantanément à l'annonce publique d'informations macro-économiques, et financières.
– la forme forte, se dit d'un marché financier, lorsque celui-ci intègre toutes les informations publiques et non publiques (informations privilégiées). Les détenteurs d'informations privilégiées (dirigeants, auditeurs, etc.) ne peuvent tirer profit de leurs informations (délits d'initiés).

5. Validité de l'efficience des marchés et valeur intrinsèque d'un titre

L'hypothèse de l'efficience des marchés sous-tend un certain nombre de conditions comme la rationalité des individus, la libre circulation de l'information, l'absence de coûts de transaction, etc.
Accepter le principe de l'efficience des marchés, suppose qu'à tout moment le marché donne la vraie valeur (intrinsèque) d'une action, puisque le marché incorpore immédiatement les conséquences des événements passés, et reflète les anticipations exprimées sur les événements futurs.

Ce qu'il faut retenir

- **Rentabilité et risque**
  - En finance, on distingue deux grands groupes d'actifs financiers : les actifs sans risque et les actifs risqués.
    - Actif sans risque : se caractérise par une rentabilité certaine (connue à l'avance) et un remboursement certain, par exemple, les obligations à taux fixe émises par l'État : les OAT (obligations assimilables du Trésor).
    - Actif risqué : (exemple actions), investir dans un actif risqué revient à accepter l'incertitude. Plus un actif est risqué, plus l'espérance de rentabilité est élevée.
  - Le risque est rémunéré par la prime de risque (ou prix du risque).

Taux de rentabilité d'un actif risqué
= Taux de rentabilité d'un actif non risqué + Prime de risque

- **Mesure de la rentabilité et du risque d'une action et obligation**
  - Pour la rentabilité d'une action, on attend d'une action deux types de flux :
  - un dividende versé chaque année ;
  - une plus-value (éventuellement, une moins-value) réalisée au moment de la cession de l'action.
  - Sur les marchés d'actions, les investisseurs anticipent la rentabilité des actions cotées en fonction des prévisions de résultats publiées par les sociétés et des perspective économiques ;
- **Risque d'une action**
  - Plus le cours est susceptible de fluctuer, plus la volatilité est grande et plus le risque est important. La volatilité varie en fonction de plusieurs facteurs :
    - le niveau de l'endettement de l'entreprise ;
    - les stratégies ;
    - le marché.
  - Le risque est mesuré par l'écart-type (ou la variance) de la rentabilité.
  - Plus l'écart-type de la rentabilité est élevé, plus le risque est important et plus la rémunération attendue et proposée est élevée
- **Risque d'une obligation**
  - L'obligation court deux types de risque :
    - Risque de non-paiement ou de défaut : les agences de notation évaluent le risque relatif aux émetteurs. Les obligations les plus risquées proposent des taux d'intérêt plus élevés.
    - Risque de marché ou de taux d'intérêt : le cours de l'obligation varie en sens inverse du taux d'intérêt
  - En période de hausse des taux d'intérêt, l'acquisition d'obligations peut donc être risquée. Une hausse de ces taux affecte négativement la valeur de marché et donc de revente des obligations.

Cas Spirale

Vous avez deux dossiers à traiter.

Dossier 1 gestion portefeuille

Mission

La société SPIRALE SA a placé une partie de ses liquidités dans des actions MADOUR. Dans les revues spécialisées de finance de marché, le directeur financier a repéré l'action ROCA. Il désire analyser les caractéristiques de cette action.

Pour réaliser cette mission, à l'aide de document 1, vous devez :

1. Définir la notion d'efficience de marché.
2. Préciser à quels risques est soumise une action cotée sur le marché financier.
3. Expliquer le PER et le coefficient bêta
4. Calculer la rentabilité moyenne et le risque associés à l'action ROCA. Calculer le PER de l'action ROCA.
5. Indiquer l'intérêt de constituer un portefeuille comprenant des titres ROCA et MADOUR.

Document 1 : Annexe Données relatives au portefeuille de la société SPIRALE S.A.

Caractéristiques des actions MADOUR

Rentabilité moyenne : 18,28 %

Risque de l'action : 9,4 %

PER de l'action : 18

PER du secteur d'activité auquel appartient l'action : 12

Caractéristiques des actions ROCA

Rentabilité moyenne : **à déterminer**

Risque de l'action : **à déterminer**

PER de l'action : **à déterminer**

PER du secteur d'activité auquel appartient l'action : 13

Au 31 décembre N, la société ROCA a annoncé un bénéfice net par action de 2,9 €.

Le cours de l'action ROCA s'établit au 31 décembre N à 20 €

Informations concernant l'évolution de la rentabilité de l'action ROCA au cours des trois derniers mois :

	Octobre	Novembre	Décembre
Rentabilité	22 %	8 %	12,6 %

Les actions ROCA et M ADOUR concernent des sociétés de secteurs d'activité différents et indépendants l'un de l'autre.
Le bénéfice net par action des sociétés ROCA et MADOUR n'augmentera pas de manière significative dans les années à venir.

Dossier 2 espérance, variance de rentabilité

Mission

L'analyste financier de la société Gazelle a établi les prévisions suivantes concernant les distributions des rentabilités de l'action S et de l'indice de marché :

b	Rentabilité de l'action : Ra	Rentabilité du marché : Rm
0,1	−25 %	−15 %
0,3	12 %	10 %
0,5	20 %	15 %
0,1	30 %	25 %

Pour réaliser cette mission, vous devez :

1. Calculer le taux de rendement espéré du marché et du titre ;
2. Calculer la variance de la rentabilité espérée du marché et du titre ;
3. Calculer le coefficient de corrélation et commenter

Solution

Dossier 1 : gestion portefeuille

1. Définir la notion d'efficience de marché

1-Un marché est dit efficient s'il intègre de manière immédiate et en totalité l'information disponible (information disponible et sans biais) et qu'il permet ainsi de prendre la meilleure décision possible compte tenu de cette information disponible (idée faisant référence au comportement rationnel) (marché de concurrence pure et parfaite).

Plus l'information pertinente est complète plus les cours s'ajustent rapidement et reflètent la valeur réelle de l'entreprise (idée faisant référence à la détermination des prix).

2. Préciser à quels risques est soumise une action cotée sur le marché financier

Le risque lié à une action cotée est constitué :

- d'un risque systématique ou risque de marché : le risque systématique ne peut être réduit par la diversification dans la mesure où il est lié à l'environnement des marchés financiers ;
- d'un risque non systématique ou risque spécifique : le risque spécifique peut être réduit grâce à la diversification dans la mesure où il dépend des caractéristiques intrinsèques de chaque titre composant le portefeuille.

3. Rappeler ce qu'est un PER et le coefficient β

Le PER est le coefficient par lequel est multiplié le bénéfice par action (BPA) pour obtenir le cours : PER= cours/BPA

Les variations du cours d'une action ne sont pas indépendantes des fluctuations du marché.

Lorsque le marché est à la baisse, de nombreux titres baissent, mais certains diminuent moins que le marché, d'autres plus ; il y a une sensibilité différente des titres aux fluctuations du marché.

β est le coefficient mesurant la sensibilité d'un titre par rapport à la rentabilité du marché

4. Calculer la rentabilité moyenne et le risque associés à l'action ROCA. Calculer le PER de l'action ROCA

Rentabilité moyenne de l'action ROCA : moyenne des rentabilités sur le trimestre

$$\text{E (ROCA)} = \frac{(22\% + 8\% + 12{,}6\%)}{3} = 14{,}2\ \%$$

Risque de l'action ROCCA : écart type de la rentabilité sur le trimestre

$$\text{Var (ROCA)} = \frac{\left[(22-14{,}2)^2 + (8-14{,}2)^2 + (12{,}6-14{,}2)^2\right]}{3} = 33{,}95 \text{ et } \sigma\ \text{(ROCA)} = 5{,}82\ \%$$

Calcul du PER

PER = Cours de l'action/BNPA = 20/2,9 = 6,89

5. Indiquer l'intérêt de constituer un portefeuille comprenant des titres MADOUR et ROCA.

Le PER de l'action ROCA est inférieur au PER du secteur d'activité (13), l'action est donc sous-cotée. La rentabilité de celle-ci est supérieure à la rentabilité moyenne du secteur. Comme il n'est pas envisagé de modification significative du bénéfice net par action de l'action ROCA, la société SPIRALE.SA devrait acheter cette action.

Au-delà de l'intérêt propre à cette action, la constitution d'un portefeuille diversifié, avec des actions représentatives de secteurs non corrélés, permettra de faire baisser le risque global du portefeuille par rapport au risque de chaque titre, tendant à le rapprocher de celui du marché (même si la diversification reste ici très minime).

Dossier 2 : espérance, variance de rentabilité

pi	Ra %	Rm %	piRa	piRm	piRa^2	piRm^2	piRaRm	
0,1	−25	−15	−2,5	−1,5	62,5	22,5	37,5	
0,3	12	10	3,6	3	43,2	30	36	
0,5	20	15	10	7,5	200	112,5	150	
0,1	30	25	3	2,5	90	62,5	75	
1			14,1	11,5	395,7	227,5	298,5	
1)	E(Rm) = 11,5 %			2)	V(Rm) = 227,5 − 11,5^2		95,25	σ = 9,76 %
	E(Rs) = 14,1 %				V(Rs) = 395,7 − 14,1^2		196,89	σ = 14,03 %
3)	cov (Rm,Rs)=298,5 − (11,5 × 14,1)			136,35	%			
	coef de corrélation = cov(Rm,Rs)/(σ(Rm) × σ(Rs)				= 136,35/(9,76 × 14,03)		0,996	
	coef de corrélation = cov(Rm,Rs)/(σ(Rm) × σ(Rs)				= 136,35/(9,76 × 14,03)		0,996	

Table des matières

Imprimé en France par CPI
en août 2021

Dépôt légal : août 2021
N° d'impression : 165574